高等学校交通运输与工程类专业规划教材

Basic Methodology of Traffic Engineering
交通工程基础方法论

臧晓冬　主　编

人民交通出版社股份有限公司
China Communications Press Co.,Ltd.

内 容 提 要

本书从方法论的角度系统介绍了交通工程专业需要掌握的理论和方法。全书共分 10 章，包括系统工程方法论、控制论、交通流基础理论、交通流的统计分析方法、车辆跟驰理论、连续交通流模型、排队理论、元胞自动机模型、系统评价方法和可靠性理论。

本书可作为高等院校交通工程专业、交通运输工程专业教材，也可供初涉交通工程领域的专业人士参考。

图书在版编目（CIP）数据

交通工程基础方法论 / 臧晓冬主编. —北京：人民交通出版社股份有限公司，2017.11
高等学校交通运输与工程类专业规划教材
ISBN 978-7-114-14299-4

Ⅰ.①交… Ⅱ.①臧… Ⅲ.①交通工程学 – 高等学校—教材 Ⅳ.①U491

中国版本图书馆 CIP 数据核字（2017）第 264044 号

高等学校交通运输与工程类专业规划教材

书　名：	交通工程基础方法论
著　作　者：	臧晓冬
责任编辑：	李　晴
出版发行：	人民交通出版社股份有限公司
地　　址：	（100011）北京市朝阳区安定门外外馆斜街 3 号
网　　址：	http://www.ccpress.com.cn
销售电话：	(010)59757973
总　经　销：	人民交通出版社股份有限公司发行部
经　　销：	各地新华书店
印　　刷：	北京市密东印刷有限公司
开　　本：	787×1092　1/16
印　　张：	14.5
字　　数：	351 千
版　　次：	2017 年 11 月　第 1 版
印　　次：	2017 年 11 月　第 1 次印刷
书　　号：	ISBN 978-7-114-14299-4
定　　价：	38.00 元

（有印刷、装订质量问题的图书由本公司负责调换）

前言

交通工程学发展到今天,面临的科学问题越来越突出,交通工程学科的综合性越发凸显。从人才培养的角度,学生需涉猎的专业知识也越来越广泛。在人才培养过程中专注学科发展主线,掌握主动学习的脉络,对于新时期交通工程专业人才的培养至关重要。

交通工程专业的学生一入学就会提出"交通工程专业到底学什么"的疑问,本教材的主旨是将交通工程专业涉及的基础理论知识进行梳理,从方法论的角度介绍本专业所要掌握的理论和方法,理清知识层次和主线,以达到答疑解惑的目的,同时也为学生进一步学好高等数学、概率论与数理统计、计算机基础等基础课程和其他专业课打好基础。

本教材共分10章,包括系统工程方法论、控制论、交通流基础理论、交通流的统计分析方法、车辆跟驰理论、连续交通流模型、排队理论、元胞自动机模型、系统评价方法和可靠性理论,主要讲述各种方法论的基本思想和主要方法,教材的难易适合本科生教学,也可供初涉交通工程领域的专业人士参考。

本教材由广州大学臧晓冬教授任主编,并编写第三章交通流基础理论、第十章可靠性理论。其他章节的参编人员如下:广州大学秦钟编写第二章控制论,广州大学郭香妍编写第九章系统评价方法,并与杨俊恒共同编写第一章系统工程方法论,广州大学龚华炜编写第四章交通流的统计分析方法和第七章排队理论,广州大学罗强编写第六章连续交通流模型和第八章元胞自动机模型,广州市城市规划勘测设计研究院吕连恩编写第五章车辆跟驰理论。

  本教材是广东省质量工程项目"交通工程专业综合改革试点"的研究成果,是在提高人才培养质量、提高人才创新能力、提高实际应用能力培养目标指导下的实践成果。

  本教材的编写参考了大量前人的研究成果和相关教材,在此一并表示感谢!

编 者

2017 年 6 月

目录

第一章　系统工程方法论 ··· 1
　第一节　系统 ·· 1
　第二节　系统理论概述 ·· 6
　第三节　系统工程 ·· 13
　练习题 ··· 20
第二章　控制论 ··· 22
　第一节　控制论基本概念 ·· 22
　第二节　自动控制系统的类型和组成 ····································· 30
　第三节　控制系统模型 ·· 36
　第四节　神经网络系统 ·· 39
　第五节　智能控制方法 ·· 48
　第六节　自主车辆与交通控制 ·· 53
　练习题 ··· 55
第三章　交通流基础理论 ··· 56
　第一节　交通流基本参数 ·· 56
　第二节　流量—速度—密度三维关系模型 ······························ 60
　第三节　突变理论模型 ·· 61
　练习题 ··· 64
第四章　交通流的统计分析方法 ·· 65
　第一节　交通流的统计分布特性 ··· 65
　第二节　交通流离散型分布分析方法 ····································· 66
　第三节　交通流连续型分布分析方法 ····································· 77

练习题 · 94

第五章　车辆跟驰理论 · 95
　　第一节　车辆跟驰理论的基本假设 · 95
　　第二节　线性车辆跟驰理论 · 96
　　第三节　线性跟驰模型实例分析 · 98
　　第四节　稳定性分析 · 101
　　第五节　跟驰理论与交通流模型 · 106
　　第六节　加速度干扰 · 115
　　练习题 · 119

第六章　连续交通流模型 · 120
　　第一节　简单连续交通流模型 · 120
　　第二节　交通波理论 · 128
　　练习题 · 136

第七章　排队理论 · 138
　　第一节　排队理论的基本概念 · 138
　　第二节　排队过程分析 · 140
　　练习题 · 148

第八章　元胞自动机模型 · 150
　　第一节　概述 · 150
　　第二节　元胞自动机的定义、构成和特征 · 151
　　第三节　单车道元胞自动机模型 · 154
　　第四节　单向多车道元胞自动机模型 · 164
　　第五节　双向双车道元胞自动机模型 · 169
　　第六节　城市路网交通流中的元胞自动机模型 · 172
　　练习题 · 176

第九章　系统评价方法 · 177
　　第一节　概述 · 177
　　第二节　系统评价指标体系 · 180
　　第三节　系统综合评价方法 · 185
　　练习题 · 206

第十章　可靠性理论 · 208
　　第一节　可靠性理论基本概念 · 208
　　第二节　常用的分布形式 · 212

第三节　常见系统可靠性分析 ·· 215
第四节　交通系统可靠性分析 ·· 219
练习题 ·· 222

参考文献 ·· 223

第一章

系统工程方法论

第一节 系 统

一、系统的定义

系统一词来自拉丁语 systema，即"群"或"集合"的意思。在韦氏(Webster)大辞典中，"系统"一词的定义为"有组织的或被组织化的整体"，是"形成集合整体的各种概念、原理的综合"，是"以有规律的相互作用或相互依存形式结合起来的对象的集合"，等。

一般认为，系统是由相互作用和相互联系的若干组成部分(要素)结合而成的、具有特定功能的有机整体。它包含三层意思：

(1)系统必须由两个以上要素组成。要素是构成系统的最基本的单元，是系统存在的基础。

(2)要素之间存在着有机的联系和相互作用的机制，从而形成一定的结构或秩序。

(3)系统都具有一定的功能或特性，而这些功能或特性是它的任何一个部分都不具备的。这种新功能是由系统内部的有机联系或结构所决定的。

在自然界和人类社会中，许多事物都与其他事物相互联系、相互作用，因而几乎所有的事物都可以被视为系统。人们在认识和改造客观世界的过程中,用综合分析的思维方式看待周围的事物,根据事物内在的、本质的、必然的联系,从整体的角度进行分析和研究,那么这类事物就被看作为一个系统。

在客观世界中,一个系统中的任何组成部分可以被视为一个子系统,而每一个系统又可以被视为一个更大规模系统中的一个组成部分。系统与环境是一对范畴。任何一个系统都处于一定的环境中。

二、系统的特性

1. 集合性

集合性是指系统是由两个或两个以上可以相互区别的要素组成的集合体。如简单的制造系统,一般由工作机、操作者、工具、材料、图纸、工艺卡、电力等要素组合而成。复杂系统则是由许多要素、单元体和活动过程等组成的集合体。如一个工厂通常是由各种类型的设备、各种原材料、能源、生产过程、经营以及各类人员等要素或子系统组成的集合体。

2. 相关性

相关性是指系统内部要素之间的某种相互作用、相互依赖的特定关系。以交通运输系统为例,其基本构成要素包括载运工具、通路、场站、动力、控制与通信、人员及经营管理六大部分。它们之间的相互联系和相互作用密切,任何要素的变化都将影响到其他要素。某一要素发生了变化就意味着其他要素也相应地改变和协调。

过去由于人们在改造自然的过程中对系统的相关性认识不够,一味地向自然索取,结果受到了大自然的报复和惩罚。例如20世纪70年代初期,埃及在尼罗河上游修建了阿斯旺水库。水库修成后,曾给埃及人民带来了一定的效益,基本上控制了尼罗河的水灾,又可以获得廉价的电力。但是,由于在建设大坝时,没有考虑到可能出现的各种不良影响和后果,结果由于尼罗河的泥沙和有机质大量沉积到水库底部,从而使尼罗河下游两岸的农田失去了肥源,土壤日趋盐碱化,农作物大面积减产;由于尼罗河河口供沙不足,使河口三角洲平原由向地中海中延伸变为向大陆退缩,结果使一些沿海工厂、港口国防工事有陷入地中海的危险;由于缺乏陆地的盐分和有机物,致使盛产沙丁鱼的渔场毁于一旦;更为严重的是,由于大坝阻隔,使尼罗河下游原来奔腾不息的活水变成了相对静止的"湖泊",从而为血吸虫和蚊子的繁殖提供了条件,使水库一带居民的血吸虫发病率高达80%~100%。这一切使埃及人民付出了沉重的代价,蒙受了巨大的损失。

3. 目的性

目的性是指系统有明确的目的或目标。系统工程的研究对象一般为人工系统,而人工系统都具有一定的目的性。例如,企业经营管理系统的目的就是在限定资源和现有运行机制的作用下,完成或超额完成生产经营计划,实现规定的质量、品种、成本、利润指标等。而一个生产技术系统的目的,则是实现某种技术要求,达到规定的性能、经济和进度指标等。

为了实现系统的目的,系统必须具有控制、调节和管理的功能。管理的过程就是使系统有序化的过程,使系统进入与其目的相适应的状态。

4. 阶层性

阶层性是指系统各组成要素之间具有层次结构。系统作为一个相互作用的诸要素的集合体,可以分解为一系列的子系统,并且这些子系统存在于一定的层次结构中。例如,生物系统是分层次的,从活的分子到多细胞个体,再到超个体的聚合体,层次分明、等级森严。又如,整个自然界犹如一座巨大的建筑物,其中各层次系统逐级地组织起来,成为越来越高级、越来越庞大的系统。再如,构成交通运输大系统的公路、铁路、水路、航空、管道既是交通运输系统的五个基本要素,又分别构成了公路、铁路、水路、航空、管道五个子系统。

系统的层次结构,通常呈金字塔形,如图1-1-1所示。在塔的底部,通常是一些结构和功能相对简单的子系统,越往上越复杂,而占据塔顶的则是结构和功能相当复杂的系统。对于中间层次的系统来说,它既是独立的,又与上下层次的系统有着密切的联系。相对上层,它只是要素或子系统,处于被支配和被控制的地位;相对下层,它又是系统,处于支配和控制的地位。

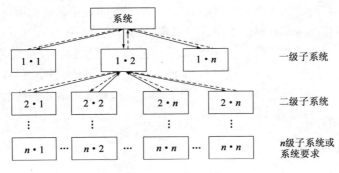

图1-1-1 系统层次结构

5. 整体性

系统的整体性主要表现为系统的整体功能或特征,系统的整体功能或特征不是各组成要素功能或特征的简单叠加,也不是组成要素功能的简单拼凑,而是呈现出各组成要素所没有的新功能或特征。一般系统论的创始人贝塔朗菲把这一特性概括为:"整体大于它的各个孤立部分之和"。意思是说,系统整体的特征与组成它的要素的特征相比,好像是"新增加的""多出来的"。

系统的整体性具体可以从以下几个方面来理解:

(1)系统整体联系的统一性。在系统中各个要素对整体的影响不是独立的,而要依赖于其他若干个要素的协同作用。也就是说,系统要素的性质和行为并非独立地影响系统整体的功能或特征,而是相互影响、相互协调地来适应系统整体的要求,实现系统的功能。因此,任何一个要素都不能脱离整体,要素的联系和作用也不能离开整体的协调。例如,人体的每个器官的性质和行为都会影响到人体系统的功能和行为,但它们并非独立地影响人体的功能和行为,而是相互影响的。如心脏对人体系统的影响又依赖于肺脏等。因此,人体的任何一个局部都不能脱离人体而独立存在,否则其功能将不复存在。

(2)系统功能的非加和性,即系统的整体功能不等于各要素功能之和。系统作为诸要素的集合体永远具有一定的特性,而这些特性不是它的任何一个要素所能具备的。系统是一个不可分割的整体。如果把系统分割开,那么它将失去其原来的性质。

(3)构成系统的要素不一定都很完善,但可以构成性能良好的整体。反之,即使每个要素是良好的,但组成的整体不一定具有良好的整体功能,也就不能称为完善的系统。

系统之所以产生整体性或新质,是因为组成系统整体的各个部分或要素相互联系和相互作用,形成一种协同作用。只有通过协同作用,系统的整体功能才能显现。

6. 环境适应性

环境适应性是指系统适应外界环境变化的能力。所谓环境,是指系统的外部条件,也就是系统外部对该系统有影响、有作用的诸因素的集合。在一个大系统中,对于某一个特定的子系统来说,其他子系统就是它的环境。环境是一种更高级、更复杂的系统。

系统与环境是密切联系的,系统必然要与外部环境产生物质的、能量的和信息的交换,外界环境的变化必然会引起系统内部要素的变化。系统必须适应环境的变化。能够经常与外部环境保持最佳适应状态的系统才是理想的系统,不适应外部环境变化的系统是没有生命力的。自然界一些系统本能地存在着适应外部环境的特性。生物进化过程就是系统不断适应外部环境的过程,适应者生存,不适应者被淘汰。同样,一个工业企业必须适应市场的变化,不断调整和完善企业的经营策略,只有这样,才能在激烈竞争的市场经济中生存和发展壮大。

系统与环境的作用是相互的。一方面,系统不能脱离环境而独立存在。环境对系统有很大的影响,甚至在某种情况下会限制系统功能的发挥。另一方面,系统又可以通过输出对环境施加影响。人类一方面不仅能够适应自然环境,另一方面还能够利用和改造自然环境,使其满足人类的需求。

三、系统的分类

系统不仅普遍存在,而且形态也是多种多样的。为了对系统进行研究,揭示不同类型系统之间的联系,人们按照不同原则将系统划分为各种类型。

1. 自然系统和人工系统

自然系统是指由自然物(矿物、植物、动物、海洋等)构成的系统,其特点是自然形成的。人工系统是指为了达到人类的某种目的,由人类设计和建造的系统。工程技术系统、经营管理系统和科学技术系统就是三种典型的人工系统。工程技术系统是由人们对自然物等进行加工,用人工方法建造出来的工具和机械装置等所构成的工程技术集合体。经营管理系统是人们通过规定的组织、制度、程序、手段等建立的经营与管理的统一体。科学技术系统是人们通过对自然现象和社会现象的科学认识,概括和总结研究出来的科学与技术的综合体。系统工程研究与处理的对象主要是人工系统和经人们加工了的自然系统,即复合系统。在这类系统中往往包括人的因素,是由人参与的复杂系统。

2. 实体系统和概念系统

实体系统是指由矿物、生物、能源、机械等实体组成的系统。其组成要素是具有实体的物质,如水电站、工厂和楼房等。概念系统是指由概念、原理、原则、方法、制度、程序等非实体物质所组成的系统,如经济管理体制、法律系统、教育体系、程序系统等。

实体系统与概念系统有时是交织在一起的,是不可分割的,如一座水电站是实体系统,而修建水电站的方案、规划和程序等则属于概念系统。所以,实体系统是概念系统的基础和服务对象,而概念系统则是为实体系统提供指导、方案和服务的,两者是不可分的。

3. 封闭系统和开放系统

封闭系统是指与外部环境没有任何联系的系统,即系统与环境没有物质、能量和信息的交换。现实生活中任何系统都与外部环境有着各种各样的联系,不存在绝对的封闭系统。有时为了研究的方便,把某些与外部环境联系很少的系统,忽略其外部影响,近似地看作封闭系统,如自给自足的小农经济、闭关锁国的封建国家等。开放系统是指系统与外部环境存在相互联系,有物质、能量、信息交换的系统。系统从环境中获得必要的物质、能量或信息,经过加工,转化成新的物质、能量或信息而输出。环境对系统的作用,一方面,给系统提供必需的物质、能量或信息;另一方面,对系统也会产生干扰和限制作用。因而,围绕系统在外部环境影响下的行为方式和活动来认识、识别系统,是研究系统特性的有效途径。

4. 静态系统和动态系统

静态系统是指系统的状态和功能在一定的时间内不随时间而改变的系统。它没有既定的输入和输出,在系统运动规律的表征模型中不包含时间因素。如城市规划布局、企业平面布置等都属于静态系统。动态系统是指系统的状态随时间变化的系统。它有输入和输出及转换过程,其状态变量为时间的函数。如社会系统、企业生产系统和管理信息系统等都是动态系统。

5. 控制系统和行为系统

控制系统是指具有控制功能和手段的系统。所谓控制就是为达到一定目的给对象系统所施加的必要动作。控制对象要由控制装置操纵,使其达到规定目的。当控制系统由控制装置自动进行时,则称为自动控制系统。行为系统是以完成任务的行为为构成要素而形成的系统。所谓行为就是为达到某一确定目的而执行某特定任务的作用,这种作用对外部环境能产生一定的影响。区分行为系统的不是系统的组成部分及其结构特征,而是行为特征的内容。也就是说,尽管有些系统的组成部分及有关内容是相同的,但如果其执行特定功能的作用不同,那么它们也不属于同一类系统。行为系统一般需要通过组织体系来体现,如工程指挥系统、企业经营管理系统等。

6. 简单系统、简单巨系统和复杂巨系统

系统按复杂程度可分为简单系统、简单巨系统和复杂巨系统。简单系统是指组成系统的子系统(要素)数量比较少,而且子系统之间的关系也比较简单的系统,如一个工厂、一台设备等。

简单巨系统是指组成系统的子系统数量非常多、种类相对也比较多(如几十种,甚至上百种),但它们之间的关系较为简单的系统,如激光系统等。研究处理这类系统的方法不同于一般系统的直接综合法。于是,人们就想到 20 世纪初统计力学的巨大成就。这种方法把亿万分子组成的巨系统的功能略去其细节,用统计方法加以概括,从而获得了成功。耗散结构理论和协同学理论在这方面做出了突出贡献。

复杂巨系统是指组成系统的子系统数量很多,具有层次结构,它们之间的关系又极其复杂的系统,如生物体系统、人脑系统、社会系统等。其中社会系统是以有意识活动的人作为子系统的,是最复杂的系统,所以又称为特殊的复杂巨系统。这些系统又都是开放的,所以也称为开放的复杂巨系统。

四、交通运输系统

交通运输系统是由公路运输系统、铁路运输系统、水路运输系统、航空运输系统、管道运输系统构成的一个复杂大系统。交通运输系统的基本结构如图 1-1-2 所示。

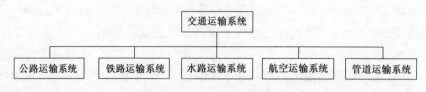

图 1-1-2　交通运输系统的基本结构图

交通运输系统的五种运输方式都有其适用区域,其在交通运输系统纵向上分化细密,横向上重叠交错。在满足人或物的空间位移的要求上具有同一性,但它们所采取的技术手段、运输工具和组织形式等都不相同。因此,各运输子系统所形成的技术性能(如速度,质量,连续性,保证货物的完整性和旅客的安全、舒适性等)、对地理环境的适应程度和经济指标(如能源和材料消耗、投资、运输费用、劳动生产率等)都是不同的。

第二节　系统理论概述

系统论、信息论、控制论等学科从不同侧面揭示了客观事物的本质联系和内在运动规律,由于它们从本质上讲都是研究系统的理论,所以统称为系统理论。

系统理论扩大了人们研究问题的广度和深度,极大地提高了人们认识世界和改造世界的能力,同时推动了系统科学的形成和发展,成为系统工程的重要理论基础。

一、系统论

一般系统论是奥地利生物学家贝塔朗菲在20世纪40年代提出来的。他在谈到一般系统论时曾指出:"存在着适用于一般系统或子系统的模式、原则和规律,而不论其具体种类、组成部分的性质和它们之间的关系或'力'的情况如何。我们提出一门称为一般系统论的新学科。它属于逻辑和数学的领域,它的任务是确立适用于各种系统的一般原则"。

现在,我国学术界对系统论的研究取得了很大进展。一般认为:系统论是研究一切系统的一般模式、原则和规律的理论体系。它包括系统概念、一般系统理论、系统方法论和系统方法的应用等,其任务就是确定适合于各种系统的一般方法论及原则。

1. 一般系统论的产生

一般系统论产生的直接原因,可追溯到20世纪初生物学界对机械论和活力论的批判。当时在生物学领域中围绕"生命的本质"存在着机械论和活力论之争。机械论认为人和动物都是机器,并把生命归结为物理和化学过程。它虽然正确地指出要弄清楚生命现象必须研究它赖以发生的机械的、物理的和化学的过程,但不能说明生命现象的整体属性,如一个正常的活的动物与一个死的动物的区别。活力论则认为生物体内存在着一种特殊的超物质的"活力",这种活力支配着整个生命过程。后来,德国生物学家杜里舒(H. Driesch)通过海胆胚胎实验,又提出了新活力论。他认为生物体内存在着类似灵魂的活力因素,它控制着生物体按预定目的形成一个有机整体。这一实验对机械论是个沉重打击。这时,一些生物学家和哲学家认为只有把生命看成是一个有机整体,才能解释生命现象,并提出用机体论代替机械论和活力论。在此期间,贝塔朗菲多次发表文章,指出用机械论模式不能解决生物学中的理论问题和现代科学技术提出的实践问题。他强调要把有机体当作一个整体或系统来考虑，认为生物学的主要任务就是发现生物系统中不同层次的组织原则。他还把这一思想应用到生物学以外的其他领域，并于1945年发表了一篇文章——"关于一般系统论"。但是，由于当时正处战争期间，这一理论几乎不为人知，直到1947年和1948年贝塔朗菲在美国讲学期间，再次阐述他所倡导的系统概念，这时一般系统论才为人们所认识。

2. 一般系统论的基本观点

贝塔朗菲总结了机体论发展的成就，并把协调、秩序、目的性等概念用于研究有机体，提出了下列三个基本观点：

（1）系统观点。一切有机体都是一个整体（系统），这个整体是由部分结合而成的，其特性和功能不等于各部分特性和功能的简单相加。贝塔朗菲认为，系统是"相互作用的诸要素的复合体"，系统的性质取决于复合体内部的特定关系。我们不仅要知道它的组成部分（要素），而且还必须知道它们之间的相互关系，才能确定系统的性质。

（2）动态观点。一切有机体本身都处于积极的运动状态。贝塔朗菲认为一切生命现象始终处于积极活动的状态。生物的基本特征是有组织，有机体之所以能有组织地处于活动状态并保持其活的生命运动，是由于系统与环境不断地进行物质和能量交换的结果。他把这种能够与环境进行物质、能量交换的系统称为开放系统，认为生命系统本质上都是开放系统。任何一个开放系统，都能在一定条件下保持其自身的动态稳定性。

（3）等级观点。各种有机体都是按严格的等级组织起来的。贝塔朗菲认为生物系统层次分明、等级森严，通过各层次逐级组合，而形成越来越高级、越来越庞大的系统。处于不同层次上的要素具有不同的功能，而处于同一层次的事物，尽管形态各异，但都具有类似的结构和功能。系统就是由结构和功能组成的统一体。

贝塔朗菲的上述观点，不仅适合于有机体，而且适合于经济、社会和科学技术等一切系统，现已发展成为一般系统论的主要内容。

一般系统论用相互关联的综合思想来取代分析事物的零散思维，突破了以往分析方法的局限，如实地把对象作为一个有机整体加以考察，从整体与部分相互依赖、相互制约的关系中揭示事物的特征和运动规律。一般系统论给各门学科带来新的动力和新的研究方法，使许多学科面目焕然一新，并为系统工程的发展，使人类走向系统时代奠定了理论基础。

二、控制论

控制论是美国数学家、生理学家维纳（N. Wiener）在20世纪40年代创立的。第二次世界大战以后，由于自动化技术、导弹和电子计算机的发展，要求自然科学在理论上进行系统研究和科学总结。1948年，维纳在总结前人研究的基础上创立了控制论这门学科。

维纳在他所著的《控制论》中写道："控制论是研究动物和机器全过程的控制和通信的科学理论。"我国学者钱学森认为"控制论的对象是系统"，"为了实现系统自身的稳定和功能，系统需要取得、使用、保持和传递能量、材料和信息，也需要对系统的各个构成部分进行组织"，"控制论是研究系统各个部分如何进行组织，以便实现系统的稳定和有目的行为"。由此可见，控制论是研究系统的调节与控制的一般规律的科学，它是自动控制、无线电通信、神经生理学、生物学、心理学、电子学、数学等多种学科互相渗透的产物。

在实际应用中，控制论的具体内容包括以下4个方面：

1. 最优控制理论

这一理论是现代控制论的核心。随着现代社会的发展和科学技术的进步,各种控制系统日益复杂化与大型化,不仅工程技术、工具和手段更加科学化、现代化,而且各类控制系统对应用技术的要求也越来越高,这就促使控制论进入多输入和多输出系统控制阶段,因而产生了最优控制理论。这一理论通过数学方法,科学、有效地解决大系统的最优设计和控制问题,强调采用动态的控制方式和方法,以满足各种多输入和多输出系统的控制要求,它在工程控制系统、社会经济系统中得到广泛的应用和发展。

2. 自适应、自学习和自组织系统理论

自适应系统是一种前馈控制的系统。所谓前馈控制是指在环境条件还没有影响到控制对象之前,通过预测而进行控制的一种方式。自适应控制系统能够按照外部条件的变化,自动调整自身的结构或行为参数,以保持系统原有的功能,如自寻最优点的极值控制系统、条件反馈性的简单波动自适应系统等。随着信息科学和现代计算机技术的发展,自适应理论得到了进一步完善和深化,并逐步形成一种专门的工程控制理论。

自学习系统是指具有能够按照系统运行过程中的经验来改进控制算法能力的系统,它是自适应系统的一种延伸和发展。自学习系统理论也是用于工程控制的理论,它有"定式"和"非定式"两类。前者是根据已有的答案对机器工作状态做出判断,由此来改进机器的控制,使之不断趋近于理想的算法;后者是通过各种试探、统计决策和模式识别等工作,来对机器进行控制,使之趋近于理想的算法。

自组织系统是指能够根据环境变化和运行经验来改变自身结构和行为参数的系统。自组织系统理论主要是通过仿真,模拟人的神经网络或感觉器官的功能,探索实现人工智能的途径。从控制论观点来讲,系统不仅能被组织,而且能够自组织。对自组织系统模型的探索和研究,将给组织系统(如人工组织系统、组织与有机体系统)的控制,带来大的影响和变革。

3. 模糊理论

模糊理论是在模糊数学的基础上形成的一种新的数理理论,主要用来解决一些不确定的问题。模糊数学包括模糊代数、模糊群体、模糊拓扑等。在复杂系统中,往往有许多不确定的问题需要处理,对此仅用一般的数学模型是难以完成的,必须根据模糊理论来求得解决问题的结论。

4. 大系统理论

大系统理论是现代控制论的一个新的重要领域。它以规模庞大、结构复杂、目标多样、功能综合、因素繁多的大系统的控制问题为研究对象,所研究的问题主要是系统的最优化问题。其内容有大系统分析、大系统综合和大系统模型化等。对大系统进行模型化,通常都是采用"分解—协调"的方法,即根据所给条件,把整个系统分解为若干层次的子系统,建立子系统与系统整体以及各子系统之间的关系,通过对各子系统的分析和综合求得局部最优化,再根据大系统的总任务和总目标的要求,使子系统相互协调配合,找出系统整体的运动规律,实现大系统的整体最优。大系统理论的研究和应用涉及工程技术、社会经济、生物生态等诸多领域,如城市交通系统、社会系统、生态环境保护系统、大规模信息自动检索系统等。

控制论是一门跨学科的具有方法论性质的交叉学科。现在,控制论已形成以理论控制论为中心的四大分支:工程控制论、生物控制论、社会控制论(包括管理控制论、经济控制论)和智能控制论。它横跨工程技术领域、生物领域、社会领域和思维领域,并不断向各门学科渗透,促进了自然科学和社会科学的紧密结合。

三、信息论

信息论是一门研究信息传输和信息处理一般规律的学科。它起源于通信理论,是由美国科学家申农(L. E. Shanon)在1948年提出的。信息论的基本思想和方法完全撇开了物质、能量的具体运动形态,而把任何通信和控制系统都看作是一个信息的传输和加工处理系统,把系统有目的的运动抽象为信息变换过程,通过系统内部的信息交流使系统维持正常的有目的的运动。事实上,任何实践活动都可以简化为多种流:人员流、物流、资金流和信息流等。其中信息流起着支配作用,它调节着其他流的数量、方向、速度和目标,通过系统内部信息流的作用才能使系统维持正常的和有目的的运动,因此,可以说信息论是控制论的基础。

申农把信息定义为"不确定性的减少"。他认为,信息量是把某种不确定性趋向确定的一种度量,信息量的大小,取决于消息的不确定程度。消息的不确定程度大,则发出的信息量就大;消息的不确定程度小,则发出的信息量就小。

设某事物具有 n 个独立的可能状态 $x_1,x_2,\cdots,x_n$,每一状态出现的概率分别为 $P(x_1),P(x_2),\cdots,P(x_n)$,且

$$\sum_{i=1}^{n}P(x_i)=1 \tag{1-2-1}$$

则为了消除这些不确定性所需的信息量为:

$$H(x)=-K\sum_{i=1}^{n}P(x_i)\log_a P(x_i) \tag{1-2-2}$$

式中:K——常数,单位为比特(bit)或奈特、哈特等。

特别地,若定义 K 为1比特,当对数的底数为2,且 $n=2$,$P(x_1)=P(x_2)=\dfrac{1}{2}$ 时,

$$H(x)=-K\sum_{i=1}^{n}\frac{1}{2}\log_2\frac{1}{2}=K=1 \tag{1-2-3}$$

因此所谓1比特信息量就是含有两个独立等概率状态的事物所具有的不确定性被完全消除所需要的信息量。按这一单位制,式(1-2-2)可改写为:

$$H(x)=-\sum_{i=1}^{n}P(x_i)\log_a P(x_i) \tag{1-2-4}$$

维纳指出:"信息量是一个可以看作几率量的对数的负数,就是负熵。"所以,信息量和熵(系统无序状态的度量)相反,表示系统获得信息后无序状态减少甚至消失的程度。

目前,信息论的研究与应用已超出通信领域而广泛渗透到其他学科,特别是进入对大系统和复杂系统的信息研究领域。因此,需要从更为广泛的领域来探讨其一般特征、规律和原理,形成更为一般性的理论。这就导致了信息科学的产生。信息科学是以信息论为基础,与计算机和自动化技术、生物学、数学、物理学等学科相交叉而发展起来的一门新兴学科,它把信息论的研究和应用推向更高的阶段、更新的范畴。

四、耗散结构理论

耗散结构理论是比利时物理学家普里高津(I. Prigogiine)于1969年在一次"理论物理与生物学"的国际会议上提出的一种系统理论,主要讨论开放系统从无序向有序转化的机理、条件

和规律。

普里高津从热力学第二定律出发,通过研究非平衡态热力学指出:一个远离平衡态的开放系统(不管是力学的、物理的、化学的还是生物的系统),通过不断地与外界交换物质和能量,在外界条件的变化达到一定阈值时,系统可能发生突变即非平衡相变,由原来的无序状态变为一种在时间、空间或功能上的有序结构,即耗散结构。耗散结构要求不断地与外界交换物质和能量才能维持,"耗散"的含义正在于它的产生与维持需要耗散物质和能量。

现实生活中到处都可以发现这类结构。比如生命体,无论其结构和复杂程度多么不同,都是在不断与外界进行物质和能量的交换,即在新陈代谢中保持其结构的稳定性。因此,生命体这种高度有组织的有序结构,实际上是一种远离平衡状态的耗散结构。又如,一座城市在某种意义上也可以视为是一种耗散结构。它每天要输入食品、燃料和动力,同时输出产品和废物,这样它才能生存下去,保持一定的稳定的有序状态。

在耗散结构理论中,普利高津着重阐述了以下几个基本观点:

(1)开放系统是产生耗散结构的前提条件。从热力学知,一个孤立系统自发地趋于无序,熵也趋于极大。普里高津认为,对于一个与外界有物质、能量交换的开放系统,熵的变化可以分为两部分。一部分是系统本身由于不可逆过程所产生的,叫做熵产生,用 dis 表示。根据热力学第二定律,这一项永远是正的。另一部分是系统与外界交换物质能量引起的,这部分叫熵流,用 des 表示,其值可正、可负也可为零。整个系统熵的变化 ds 为上述两项之和(图 1-2-1),即 $ds = des + dis$。

如果 des 为负值,其绝对值又大于 dis,则 $ds = des + dis < 0$。这意味着系统的熵将逐渐减少,系统将由无序趋向新的有序。形成有序之后,如 $dis = -des, ds = 0$,则系统可维持一个低熵的非平衡态的有序结构。

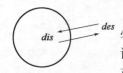

图 1-2-1 系统的熵

(2)非平衡是有序之源。普里高津认为,开放系统是耗散结构形成的必要条件,但不是充分条件。他指出:"一个开放系统并没有充分的条件保证出现这种结构。耗散结构只有在系统保持'远离平衡'的条件下,才有可能出现。"系统处于离平衡态不远的近平衡区,即使与外界有物质和能量的交换,其自发趋势还是回到平衡态,不会产生新的有序结构。

(3)非线性是产生有序结构的基础。非线性相互作用,使各个要素产生协同作用和相干效应。从而使系统从无序走向有序。相干效应是指要素之间相互制约、耦合而产生的整体效应。它意味着要素的独立性丧失,线性叠加失效,正是这种非线性相互作用,系统才能形成新的有序结构。

(4)涨落导致有序。在系统的演变过程中,涨落起着十分重要的作用。所谓涨落是指由于内外随机因素的干扰,系统的状态、属性在其平均值附近的被动变化。在近平衡态区域,系统抗干扰的能力使涨落造成的偏离不断衰减直至消失,于是系统又回到原来的稳定状态不会出现新的有序结构。在远离平衡态的非线性区,由于系统失稳,随机的小涨落也会通过相干效应而耦合放大成具有较强力量的"巨涨落",从而导致系统发生突变。从一个不稳定态跃迁到一个新的稳定的有序状态。因此,耗散结构所表现出来的有序性实际上是通过涨落的有序来体现。普里高津曾用一个循环图来描述系统的结构、功能和涨落之间的关系(图 1-2-2)。普里高津认为,涨落引起功能的局部改变,如果缺乏适宜的调节机制(如系统在失稳条件下),这种局部改变会引起整个系统结构的改变;反过来,这又决定未来涨落的范围。因此,结构通过涨落规定和主导着功能,而功能通过涨落又影响和改变着结构。耗散结构理论是综合性理论,具有普遍科学方法论的性质,是科学、技术、经济管理等领域用以解决一系列综合性问题的方法论工具。它表明以物质、能量和信息为基本要素的复杂系统可以用一种普遍适用的概念和规律来描述,如有序、涨落、失稳等。耗散结构理论推动了系统自组织理论的发展,对系统科学的发展有重要理论意义。

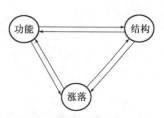

图 1-2-2　系统结构、功能、涨落关系图

五、协同学理论

协同学是德国学者哈肯(H. Kaken)于1976年从现代物理学的角度提出的一种系统理论。它是继耗散结构理论之后,对非平衡系统理论研究的又一新发展,是对系统理论研究的新飞跃。

协同学理论是研究和比较不同领域中复杂系统要素间合作效应的理论,它通过多维相空间理论,在从微观世界到宏观世界的过渡上,进一步解决了系统稳定性和目的性的具体机制问题。这一理论认为:在一个复杂系统的许多自由度里,如果存在着一个或几个不稳定的自由度,系统状态的变化就会把不稳定的自由度拖走,一直拖到相空间的某一点,这一点就是系统的一个稳定状态,其他点还有不稳定也必然要拖到稳定点才罢休。这一多维相空间理论不仅具体地解释了系统具有目的性的原因,而且揭示出不同系统间存在着相似特征,如从无序走向有序,从较低级有序走向较高级有序,从不稳定走向稳定等。

哈肯根据许多事例认为,系统从无序到有序并不在于是平衡态还是非平衡态,也不在于离平衡态有多远,而是由系统的固有属性决定的。在一定条件下,系统有序化的出现是不可避免的。例如,"激光一定要有足够多的分子共同参加才能出现,少一个不出现,到了应有的数目非出现不可。"那么,这种动态的有序过程是如何出现的呢? 协同学理论表明,这是由于系统在与外界交换物质、能量过程中,各子系统或要素间会产生一定的合作效应,形成促协力的结果。如在一个非平衡开放系统中,系统与外界不断发生物质和能量的交换,因此它本身就可能形成一种熵流,可能产生一种对系统内部各子系统相互间协同作用有影响的力量,这种力量称为"促协力"。当促协力为正时,就促进系统内部各子系统或要素相互间协同作用的形成,使系统从无序向有序稳定状态转化。当促协力为负时,就破坏系统内部各子系统或要素间的协同作用,形成系统的混乱和无序状态。例如,使流体缓慢地流过一个物体,那么这个流动是有序的。但如果流速增加到了一定数值,稳定、平衡的流动不可能持续下去,就会发生紊乱的流动,即"紊乱"。这表明"反过来有序也会变成无序,这在非线性系统中是完全可能的"。

协同学用"序参量"作为系统有序程度的度量、用序参量的变化来刻画系统从无序向有序的转变。为了建立序参量方程,哈肯吸取了概率论、信息论和控制论的有关内容,并采用了统计物理学中的绝热消去法,消去方程中大量的快变量(即在临界点附近阻尼大、衰减快、对系统转变没有明显影响的变量),余留的便是主宰系统发展变化的慢变量,亦即序参量。然后,借助托姆的突变论,求得序参量的标准形式:

$$q = N(q,V,a,r,t) + F(t) \tag{1-2-5}$$

式中:q——序参量;

N——非线性的驱动力;

F——涨落力;

V——拉普拉斯算子;

a——控制量,对一个系统来说,它是由外界来控制的,因而又叫做外参量;

r——空间坐标;

t——时间。

序参量的物理意义在不同学科、不同系统中有所不同。例如,q 可以是速度、密度、浓度和电磁场强度等物理量,也可以是生物学和社会学中的有关量。所以这个序参量方程具有广泛的应用范围。当系统完全处于无序状态时序参量为零。随着外界条件的变化,序参量也随之变化。当接近临界点时,序参量增长很快,在临界点,序参量变化到最大值。序参量的突变意味着宏观有序结构的出现。

协同学理论更为严密,在从微观世界到宏观世界的过滤上解决了复杂系统如何从无序到有序的问题。这一理论不仅对自然科学的研究做出了贡献,而且对经济、社会等各种复杂开放系统的研究,越来越显示出重要作用,成为系统科学的重要理论基础。

六、突变理论

1972年,法国著名数学家托姆(Rene Thom)发表了一份题为《结构稳定性和形态形成学》的研究报告,该成果的问世标志着突变理论的诞生。突变理论主要是从量的角度来研究各种事物的不连续变化的,并试图用统一的数学模型来描述它们。虽然它属于新的数学分支,但具有方法论的性质,应用它可以解释和说明许多领域的问题,因此引起了科学界和哲学界的高度重视。

大家知道,事物的变化方式不外乎两种——渐变和突变,所谓渐变是指事物连续稳定的变化,如炮弹的飞行、物体的自由下落等。所谓突变是指事物巨大激烈的变化,在短时间内完成的变化过程,如水突然沸腾和结冰、火山爆发、桥梁断裂、大厦倾倒等。对于连续变化的过程,早有比较完备的数学工具——微分方程来描述;对于那些纯粹不连续的现象,人们也能通过概率论和离散数学来处理;但是对于连续渐进过程的中断,事物以不稳定方式进行的突变过程,过去人们一直没有找到适当的数学方法来描述,困难就在于对同一运动过程中连续变化和突然变化的关系搞不清楚。

突变理论认为,突变现象本质上是系统在一定条件下从一种稳定态跃迁到另一种稳定态。因为系统的稳定态是由系统的结构决定的,所以突变现象也可以看作是系统从一种稳定结构跃迁到另一种稳定结构。突变理论以结构稳定性理论为基础,通过对系统稳定性的研究,说明了稳定态与非稳定态、渐变与突变的特征及其相互关系,广义地回答了为什么在事物的发展过程中,有的是渐变,有的却是突变,从而揭示了突变现象的规律和特点。

突变理论指出,事物的各种状态,包括稳定状态与非稳定状态是相互交错的,在外部控制因素的影响下,事物可以处于稳定态,也可以处于非稳定态。状态随控制因素变动的函数图形,可以分为单值区域和多值区域。在单值区域,一定的控制因素对应于唯一确定的稳定态,在多值区域,一定的控制因素对应于若干个状态,其中有稳定态,也有非稳定态。状态变化的函数图形,又可分为稳定区域和非稳定区域。如果状态开始处于稳定区域,在控制因素连续变动时,状态也随之变化,当控制因素变动到一定阈值时,状态就会达到稳定区域与非稳定区域的临界曲线。这时虽然不再变动控制因素,但由于微小扰动的不可避免,状态会自然迅速离开临界曲线,跳跃式地变化到某一新的稳定态,这就是突变。

那么系统以什么样的结构出现才具有稳定性呢?研究结果表明,当描述系统状态的势函数处于某种极值(如能量最小)的情况下,其结构是稳定的,即系统处于稳定态,可见势函数具有广泛的意义。托姆正是从研究系统的势函数的变化入手,通过对大量突变现象进行认真分析,建立了系统的突变模型。他经过严密的数学推导证明:当状态变量不多于2个,控制变量不多于4个时,自然界形形色色的突变过程都可以用7种最基本的数学模型来描述。它们分别是:折迭型、尖顶型、燕尾型、蝴蝶型、双曲型、椭圆形和抛物型,如表1-2-1所示。

系 统 的 势 函 数 表1-2-1

突变类型	状态变量个数	控制变量个数	势函数
折迭型	1	1	$x^3 + ux$
尖顶型	1	2	$x^4 + ux^2 + vx$
燕尾型	1	3	$x^5 + ux^3 + vx^2 + \omega x$
蝴蝶型	1	4	$x^6 + tx^4 + ux^3 + vx^2 + \omega x$
双曲型	2	3	$x^3 + y^3 + ux + vy + \omega xy$
椭圆形	2	3	$x^3 + xy^2 + ux + vy + \omega(x^2 + y^2)$
抛物型	2	4	$x^2y + y^4 + ux + vy + \omega x^2 + ty^2$

表1-2-1中的势函数也称能量函数,是状态变量x、y和控制变量u、v等的函数。

利用突变模型可以说明事物突变的本质和规律,预测突变将在什么条件下产生,怎样改变控制变量来促进有利的突变和防止不利的突变,所以,突变理论出现以后,迅速被应用到自然科学各个领域。目前,人们发现突变理论是一种在方法论上有重要意义的数学分析工具,尝试用突变模型来研究经济危机、市场行情变动、股市动向等。此外,人们还将突变理论应用于耗散结构理论和协同学理论的研究,从而推动了系统理论的发展。

第三节 系 统 工 程

系统工程是在一般系统论、大系统理论、经济控制论、运筹学和现代管理科学等学科的基础上,由这些学科相互交叉、相互渗透而发展起来的一门新兴学科,是跨越多个学科领域的方法性和综合性的技术科学。它主要是把自然科学和社会科学中有关的观点、理论、方法和手段,根据系统总体协调的需要,有机地联系起来,加以综合运用,实现系统目标的最佳效果。这门学科受到了世界各国的普遍重视,有着广阔的发展前景。

一、系统工程定义和特点

1. 系统工程的定义

由于系统工程是一门交叉学科,是合理地研制和运用系统而采取的各种组织管理技术的总称。它以系统(尤其是大型复杂系统)为对象,运用系统思想、观点和方法,根据总体协调的需要,把自然科学和社会科学中的思想、理论、方法、策略和手段有机地联系起来,以系统理论为基础,以现代数学和电子计算机为手段,对系统的构成要素、组织结构、信息交换和反馈控制等进行分析、设计、制造和服务,从而达到系统的最优设计、最优控制和最优管理的目的,以便充分地发掘人力、物力的潜力,并通过各种组织管理技术,使局部和整体之间的关系协调配合,以实现系统的综合最优化。

系统工程是一门技术科学,但它与机械工程、电子工程、水利工程等工程学不同。其他工程学都有其特定的工程研究对象,而系统工程的对象,则不局限于某种特定的工程对象,任何一种物质系统都可以成为它的研究对象,而且还不仅限于物质系统,它可以包括自然系统、社会经济系统、经济管理系统、军事指挥系统等。同时,系统工程中的"工程"一词和一般工程,诸如机械工程、电子工程、水利工程中"工程"的含义也不同。它是在传统工程概念的基础上,又被赋予了新的更广泛的内容。作为传统概念的工程,侧重于制造有形的产品,如机床、电机、仪表和建筑物等,其产品一般称为"硬件",相应地称这类技术为"硬技术"。作为系统工程概念的"工程",则侧重于制造无形产品,诸如规划、计划、方案、程序等,统称为"软件"。所以有人称系统工程为"软科学"或"软技术"。

系统工程在自然科学与社会科学之间架设了一座桥梁,沟通了自然科学与社会科学的联系。现代数学方法和计算机技术,通过系统工程为社会科学研究增加了极为有用的定量分析方法、模型方法、模拟试验方法和优化方法。系统工程为从事自然科学的工程技术人员和从事社会科学的研究人员的相互合作开辟了广阔的道路。

2. 系统工程的主要特点

系统工程的主要特点大致可以概括为以下三个方面:

(1)研究方法的整体性。它要求既要把研究对象看作一个整体,又要把研究对象的过程看作一个整体,从整体与部分、整体与环境相互联系、相互制约、相互依赖的关系中揭示研究对象的性质和运动规律。也就是说,一方面要把研究对象看作是一个为实现特定目标、由若干要素有机结合成的整体来处理,即使它是由各个结构和功能不同的部分组成;另一方面,把研究对象的研制过程也要作为一个整体来对待,即将系统的规划、研究、设计、制造、试验和使用等过程作为一个整体,分析这些工作环节的联系,建立系统研制全过程的模型,全面考虑和改善整个工作过程,以实现综合最优化。在处理子系统与子系统,或者子系统与系统之间的关系时,都应以整体最优为出发点来选择解决方案,并使局部和整体之间的关系协调配合。

为了揭示和把握研究对象的整体属性,系统工程通常采取综合—分析—综合的模式。即首先从整体出发,对事物进行综合研究;然后以综合为指导,对事物的组成部分分别进行分析,研究它们之间的内在联系;最后以分析为基础再进行整体的综合研究。所以,系统工程不是把分析与综合机械地割裂开来,而是将它们有机地、辩证地结合起来。

(2)处理问题的综合性。这种综合性包括以下几方面的内容:

一是系统目标的多样性与综合性,要统筹兼顾、综合考虑,而不能顾此失彼。如我国宏观经济的管理目标,既要提高宏观经济运行效率,又要坚持社会分配公平。如果片面强调某一方面就会发生偏差。又如,农业生产的目标既要提供一定的农副产品,又要维持一个良好的生态环境,以利于今后生产的发展和人民生活的提高。如果只讲增加农产品产量,甚至不惜毁林开荒,破坏生态环境,就会影响到农业的持续发展以及人民生活的进一步改善,其结果是得不偿失。

二是处理问题时要全面综合考虑某项措施可能产生的多方面后果,防患于未然。阿斯旺水库就是一个典型的例子。如果在修建阿斯旺水库时就考虑到可能会产生的各种不良后果,并采取各种有效措施,是完全可以避免发生重大损失的。

三是综合利用多种技术,形成新的技术综合体。一个大型复杂系统,往往是一个技术综合体,需要多方面的技术,仅靠某一个领域的技术是不够的,系统工程尤其强调综合运用各个学科和各个技术领域内的成就,使各种技术相互配合达到系统整体最优。

系统工程对各种技术的综合运用,突出表现在创造新的技术综合体方面。一种新的技术综合体的出现并不在于科学技术有重大发明或突破,而是综合应用各种技术的升级、发展所产生的效果。在阿波罗登月计划中,登月舱是关键工程,但它采用的单项技术都是成熟技术,人们只是巧妙地有机地把它们组合起来,从而发挥了出色的作用。

现代科学技术的发展趋势使重大的技术突破越来越困难,而综合运用各种科学技术成果的可能越来越多,即"技术突破型"减少,"技术综合型"增多。这就要求我们要善于综合运用各门科学技术,以形成新的技术综合体。所以现在西方国家非常重视对系统科学人才的培养,以提高人们综合运用各种技术的能力。

(3)组织管理上的科学化和现代化。系统工程的整体性和综合性客观上要求管理的科学化和现代化。没有管理上的科学化和现代化,就难以实现研究方法的整体化和处理问题的综合化,也就不可能充分发挥系统的效能。系统工程的研究对象在规模、结构、层次、相互联系等方面十分复杂,技术综合的应用日益广泛,这就使得那种单凭经验的传统管理或小生产管理方式显得力不从心,根本不能适应客观需要。管理科学化就是要按照科学规律办事,涉及的内容极其广泛,包括组织结构、管理体制和人员配备的分析,工作环境的布局,程序步骤的组织,以及工程进度的计划与控制等。管理现代化,主要是管理工作信息化、自动化和最优化,以适应处理日益复杂的系统问题。

二、系统工程的发展

1. 系统工程产生的客观基础

系统工程是人类社会实践和科学技术发展的必然产物,它的形成与发展要有一定的社会和科学基础。20世纪40年代以来,科学技术和工业生产得到迅猛发展,特别是科学技术活动和经济建设的规模日益扩大,已突破了区域性、行业性及学科的界限,出现了综合性很强的相互联系、相互制约的大型复杂系统。每个部门为了达到自己的目的,就必须从整体观念出发,综合地掌握它与外界的联系,并从整体最优的高度出发,协调系统内各部门之间的关系。因此,以往使用的比较狭隘、孤立的方法已经不能很好地解决问题,而要求有一种新的、能适应这种新情况的方法,即从系统的角度观察、思考、分析和解决问题的方法。

半个多世纪以来,随着现代数学、计算机技术和计算方法的发展,已经形成最优化技术体系。这使大型复杂问题的最优化决策成为可能。

近些年来,由于通信技术、信息科学以及电子计算机技术的迅速发展,社会生产过程和整个经济活动的各个环节能够迅速地有机地联系起来,使人们有可能较全面地掌握、处理和传递大量信息,在较短时间内对综合性的复杂问题做出判断和决策,这一切有力地促进和推动了系统工程的形成和发展。

2. 系统工程的发展过程

系统工程在20世纪40年代产生于美国,60年代基本形成体系。半个多世纪以来,其发展大体经历了三个阶段。

(1)萌芽阶段(1910—1957年)。这一阶段的特点是：进行个别研究和简单应用,实践成果为理论体系的形成奠定了基础。

1940年美国贝尔电话公司第一次提出了"系统工程"这一名词。该公司在研制电话自动交换机过程中,为缩短科学发明到投入使用的时间,他们意识到不能只注重电话机和交换台等设备的研制,而应当把它作为一个整体来研究。于是他们按时间顺序,把整个研制工作分为规划、研究、发展、工程应用和通用工程5个阶段,并设立了系统工程研究部,集中了该公司10%的科技人员从事系统总体的研究工作,创立了一套分阶段的系统工程方法。

第二次世界大战期间产生了运筹学。早期的运筹学实际上就是系统工程的雏形,当时英国为防御德国飞机的突然空袭,成立了5人小组专门研究雷达报警系统,取得较好的成效。尔后,他们又研究飞机降落的排队问题和后勤供应系统的组织问题,创立了排队论、线性规划等运筹学分支。这样,以大规模作战系统为对象,研究解决这类问题的最优化技术的运筹学诞生了。战后,这门学科被广泛应用于工业生产和尖端科学技术研究,理论与方法都得到了很大发展,成为系统工程的重要理论基础。

1940—1945年,美国由于应用系统工程方法进行论证和协调,使制造原子弹的"曼哈顿"计划在较短时间内获得了成功。

1948年兰德公司正式成立。长期以来,兰德公司发展并总结了一套解决复杂问题的方法和步骤,称之为"系统分析"。后来,它发展成为系统工程的重要方法和技术。

(2)发展阶段(1957—1965年)。这一阶段的特点是：自觉应用,理论与方法得到进一步发展。

1957年,美国密执安大学的歌德(H. Goode)和麦克霍尔(R. E. Machol)合著的《系统工程》一书出版。该书对系统工程的理论和方法做了初步阐述。

1958年,美国海军特种计划局在研制北极星导弹过程中,为缩短研制时间,运用网络理论,创造性地提出了计划评审技术(PERT)。由于采用PERT进行计划和控制,结果使研制任务提前两年完成,PERT也成为系统工程的一种重要方法。

1963年,美国亚利桑那大学设立了系统工程系,其他许多院校都设立了系统工程专业或研究中心。从1964年起,美国每年都举行系统工程年会,并出版刊物,系统工程开始成为一门独立的学科。

(3)基本成熟和发展阶段(1965年至今)。这一阶段的主要特点是：理论逐步完善,应用范围不断扩大,并在各个社会实践领域得到普及。

1965年美国出版了《系统工程学手册》,较完整地阐述了系统工程理论、系统技术、系统环境、系统元件(要素)等内容。这是系统工程基本成熟的一个重要标志。

1969年美国"阿波罗"宇宙飞船登月计划的成功,是运用系统工程取得显著成果的典范,显示了系统工程的巨大威力。阿波罗登月计划的全部任务由地面、空间和登月三部分组成。全国有42万人、120所大学和研究所、2万家企业参加,制作的零部件近300多万个,耗资300亿美元,历时11年之久。在规划和实施这项计划中,采用了网络计划技术、系统分析等系统工程方法,并使用电子计算机进行各种模拟或仿真。这项计划最大限度地实践了系统工程,在系统工程发展史上写下了辉煌的一页。

在"阿波罗"登月计划的影响下,1972年在维也纳成立了"国际应用系统分析研究所"

(IIASA)。该研究所的主要任务是研究世界人口、资源、能源、环境保护和国土开发等课题。它表明系统工程已发展成为解决世界范围的大系统问题的技术。

我国有关系统工程的研究和应用是从20世纪60年代开始的,20世纪70年代末,在著名科学家钱学森等人的大力倡导下,我国对系统工程的研究和应用才得以进一步发展。1980年11月成立了"中国系统工程学会",先后创办了《系统工程理论与实践》和《系统工程学报》两大全国性刊物;一些高校和研究院所,相继成立了系统工程研究所(室),设立了系统工程专业,招收本科生、硕士生和博士生。

随着系统工程的迅速普及,它的许多方法和技术,如网络计划技术、线性规划、库存管理和决策技术等,得到了广泛应用。应用的范围也不断扩大,涉及人口、农业、能源、区域规划、军事、交通运输、生态环境、企业管理、人才与教育规划等许多方面并取得了显著的效果。

3. 系统工程发展的展望

系统工程在理论上和实际应用方面的巨大成就,引起了社会各界的重视。当今系统工程的发展趋势是:

(1)系统工程作为一门交叉学科,日益向多学科渗透和交叉发展。由于自然科学与社会科学的相互渗透日益深化,为了使科学技术、经济、社会协调发展,需要社会学、经济学、系统科学、数学、计算机科学与各门技术学科的综合应用。

由于社会经济系统的规模日益庞大,影响决策的因素越来越复杂,在决策过程中有许多不确定因素需要考虑。因此,在现代决策理论中不仅应用数学方法,还应用了心理学和行为科学,同时还广泛应用了计算机这个现代化工具,形成决策支持系统和以计算机为核心的决策专家系统。

由于现代管理科学的发展日益依靠现代计算机科学和通信技术,从而形成了各种管理信息系统和远距离通信网络系统。

(2)系统工程作为一门软科学,日益受到人们的重视。20世纪50年代到60年代末,由于定量方法的发展和电子计算机的广泛应用,许多社会经济问题和管理问题有了科学的计算方法,可以求出具体的最优解决方案,这就推动了运筹学和系统工程的发展,也促使管理科学中定量分析学派的崛起。但是,到20世纪70年代中期,一些有远见的学者已经感觉到"过分定量化"和"过分数学化"将会给运筹学、系统工程的应用带来副作用。有些人满足于数学公式的推导,而忽视了实际问题本身。这就促使由硬方法向软方法的转移,由定量分析为主向定性分析与定量分析相结合的方法发展。

系统工程的研究对象往往可以分为"硬系统"和"软系统"两类。所谓硬系统一般是偏工程、物理型的,它们的机理比较清楚,因而比较容易使用数学模型来表述,有较多的定量方法可以计算出系统的最优解。这类硬系统虽然结构良好,但是常常由于计算复杂、计算费用昂贵等,有时不得不采取一些软方法处理。如人机对话方法、启发式方法等,引入人的经验判断使得复杂问题以简化。

所谓软系统一般是偏社会、经济的系统。它们的机理比较模糊,完全用数学模型来表述比较困难,而需要用定量和定性相结合的方法来处理。当然,为了求解方便,对于软系统也可以用近似的硬系统来代替。这种软系统的"硬化"处理,首先是要把某些定性问题定量化,然后来取定量为主、定性为辅的方法来处理。

(3)系统工程的应用领域日益扩大,进而推动系统工程理论和方法不断发展和完善。近年来,模糊决策理论、多目标决策和风险决策的理论和方法、系统动力学、层次分析法、情景分析法、冲突分析、多相系统分析、计算机决策支持系统、计算机决策专家系统等方法层出不穷,展示了系统工程广阔的发展远景。

三、系统工程的方法论

系统工程的方法论是指运用系统工程而研究问题的一套程序化的工作方法和策略,或者为了达到预期目标,运用系统工程思想和技术解决问题的工作程序或步骤。长期以来,系统工程专家在从事系统工程的研究和应用中,逐渐形成了各自科学的工作方法和步骤。目前,论证比较全面并且具有较大影响的是,美国系统工程学者霍尔(A. D. Hall)提出的三维结构和英国学者切克兰特(P. Checkland)提出的"软系统方法论"。

1. 霍尔三维结构

1962年美国贝尔电话公司的工程师霍尔总结了开展系统工程研究和实践的经验,出版了《系统工程方法论》一书,提出了著名的三维结构方法体系,受到各国学者的普遍重视。

霍尔三维结构将系统工程活动分为前后紧密连接的7个阶段和7个步骤,同时考虑到为完成各阶段和步骤所需要的各种专业知识。这样为解决规模大、结构复杂、涉及因素众多的大系统问题提供了科学的思维方法。霍尔三维结构包括时间维、逻辑维和知识维,如图1-3-1所示。

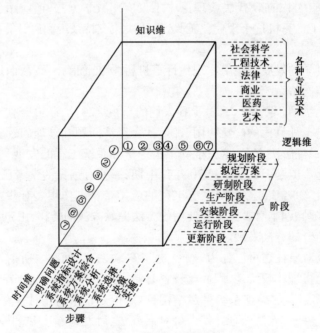

图1-3-1 霍尔三维结构图

(1)时间维。时间维表示系统工程活动从规划阶段到更新阶段按时间排列的顺序,分为7个工作阶段:

规划阶段——制订系统工程活动的规划和战略对策。

拟定方案阶段——提出具体计划方案。

研制阶段——实现系统的研制方案,并制订生产计划。

生产阶段——生产出系统的构件和整个系统,提出安装计划。

安装阶段——对系统进行安装和调试,完成系统的运行计划。

运行阶段——系统按照预期目标运作和服务。

更新阶段——以新系统取代旧系统,或对原系统进行改进使之更有效地工作。

(2) 逻辑维。逻辑维指在每一个工作阶段,使用系统工程方法分析问题和解决问题时的逻辑思维过程,分为7个具体步骤:

明确问题——弄清问题的实质。通过全面收集有关资料和数据,弄清问题的历史、现状及发展趋势。

系统指标设计——弄清并提出解决问题所要达到的目标,制订出衡量方案对目标实现程度的标准,以利于对方案的评价。

系统方案综合——按照问题的性质及预期目标,形成一组可供选择的系统方案,方案中要明确所选系统的结构和相应的参数。

系统分析——对可能入选的方案进一步说明其性质和特点,以及与整个系统的相互关系。为了对众多备选方案进行分析比较,往往要通过构造模型,把这些方案与系统的评价目标联系起来。

系统选择——又称系统优化,即在一定的限制条件下,选择最优方案或确定方案的优劣顺序。当评价指标较少、备选方案不多时,容易从中选出最优者。当备选方案较多而且评价指标也较多时,要选出满足所有指标的最优方案是困难的。这时必须对指标进行协调,采用多目标决策方法来进行选择。

决策——由决策者根据全面要求,最后确定一个或几个方案来试行。

实施——将最后选定的方案付诸实施。如果实施中比较顺利或遇到的困难不大,则略加修改和完善即可确定下来,整个分析过程告一段落。如果问题较多,则需要重复有关步骤直到满意为止。这种反复有时需要多次。

(3) 知识维。知识维指为完成上述各阶段、各步骤所需要的知识和各种专业技术。霍尔把这些知识分为工程、医药、建筑、商业、法律、管理、社会科学和艺术等。

将7个工作阶段和7个逻辑步骤归纳在一起列成表格,即构成系统工程的活动矩阵,如表1-3-1所示。表中的 a_{ij} 表示系统工程的一组具体活动。如 a_{11} 表示在规划阶段中明确问题这一步骤所进行的活动,a_{22} 表示在拟订方案阶段进行系统指标设计活动等。通过系统工程活动矩阵,可以了解各项具体工作在全局中的地位和作用,便于统揽全局、周密规划。

系统工程活动矩阵 表1-3-1

时间维（阶段） \ 逻辑维（步骤）	明确问题	系统指标设计	系统方案综合	系统分析	系统选择	决策	实施
规划阶段	a_{11}	a_{12}	a_{13}	a_{14}	a_{15}	a_{16}	a_{17}
拟定方案阶段	a_{21}	a_{22}	a_{23}	a_{24}	a_{25}	a_{26}	a_{27}
研制阶段	a_{31}	a_{32}	a_{33}	a_{34}	a_{35}	a_{36}	a_{37}
生产阶段	a_{41}	a_{42}	a_{43}	a_{44}	a_{45}	a_{46}	a_{47}
安装阶段	a_{51}	a_{52}	a_{53}	a_{54}	a_{55}	a_{56}	a_{57}
运行阶段	a_{61}	a_{62}	a_{63}	a_{64}	a_{65}	a_{66}	a_{67}
更新阶段	a_{71}	a_{72}	a_{73}	a_{74}	a_{75}	a_{76}	a_{77}

2. 切克兰德的软系统方法论

三维结构方法论的核心是模型化和最优化。霍尔认为现实问题都可以归结为工程问题，可以应用定量分析方法求得最优的系统方案。在 20 世纪 60 年代，系统工程主要用来寻求各种技术问题的最优策略，或用来组织与管理大型工程建设项目，这比较适合应用三维结构方法论。因为工程项目的任务一般比较明确，问题的结构也较清晰，是所谓的良结构，因此对于这类问题可以应用数学模型来描述，并通过运行模型求得最优解。进入 20 世纪 70 年代，系统工程面临的问题往往与社会、政治、经济、生态等因素相互交织在一起，而且受人为因素的影响也越来越大。对于这些涉及因素众多、关系复杂即所谓不良结构问题，很难用逻辑严谨的数学模型进行定量描述。因此，国外不少学者对三维结构提出了修整，其中英国卡斯特大学切克兰德提出的方法论即软系统方法论，最受关注，见图 1-3-2。

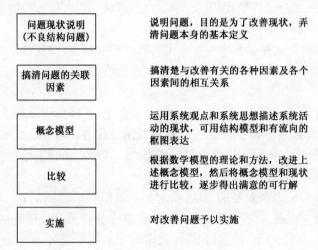

图 1-3-2　软系统方法论框图

切克兰德把霍尔三维结构称为"硬系统"的方法论。他认为完全按照解决工程问题的思想来解决社会问题或软科学问题将遇到很多困难。如所谓"最优"问题，由于人们的立场、利益各异，价值观不同，很难简单地取得一致的看法。还有一些问题只有通过概念模型或意识模型的讨论和分析后，才使得人们对问题的实质有进一步的认识，再经过不断磋商和反馈逐步弄清问题，得出满意的可行解。切克兰德根据上述思路提出了他的方法论。

切克兰德的软系统方法论不是"最优化"，而是通过比较，强调找出可行的满意方案。"比较"的过程，也就是组织讨论，听取各方面有关人员意见，弄清争议所在和寻求满意方案的过程，同时，也是一个调查、学习的过程。

【练习题】

1. 什么是系统？怎样理解系统？
2. 系统的分类有哪些？

3. 怎样理解系统的集合性、相关性、目的性、阶层性和整体性？
4. 怎样理解交通运输系统的性质和作用？
5. 一般系统论的主要论点是什么？
6. 控制论的主要论点是什么？
7. 信息论的主要论点是什么？
8. 协同学理论的主要论点是什么？
9. 耗散结构理论的主要论点是什么？
10. 突变论的主要论点是什么？
11. 什么是系统工程？系统工程的主要特点有哪些？
12. 详细阐述霍尔三维结构的内容与含义。

第二章 控制论

第一节 控制论基本概念

一、控制论

控制论,又称控制理论,是关于动物和机器中控制和通信的科学。它研究系统各构成部分之间的信息传递规律和控制规律。

控制论的基本思想就是把动物(生物或生态)和机器(工程对象)加以比较,发现共同存在着对信息的提取(传感)、交换(通信)和利用(支配或控制)的过程,特别是信息反馈成为动物和机器进行调整以适应环境的共同规律。

二、控制系统

所谓系统(system)是指由相互关联、相互制约、相互影响的一些部件组成的具有某种功能的有机整体,控制论提供一种方法论。它研究的对象是各种各样的系统,包括生物体、生物群、机器装置类的工程对象、人类社会和经济实体等。这些系统从控制论的角度可以统称为控制论系统。对于一个具体的系统,其以外的部分称为环境,系统与其环境的分界称为系统边界。

环境对系统的作用称为系统输入,系统对环境的作用称为系统输出。研究的方法是借助工程中的自动控制理论形成反馈控制、建模等工程概念。用以解决信息的传输和利用问题,或者说对系统施加控制,使得系统行为按人们预期的目标发展。

随着科学技术的发展,出现了越来越多的大型复杂的人造工程系统,同时系统的概念也包括自然界的生态系统、生物系统,乃至社会经济系统。一个系统的行为可以用微分方程或差分方程来描述。控制论系统与其他相关学科的关系如图 2-1-1 所示。

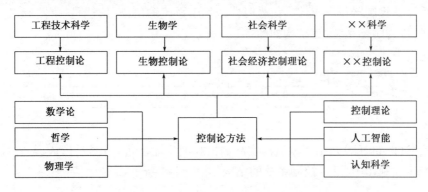

图 2-1-1　控制论系统与其他相关学科的关系

三、控制与调节

所谓控制(control)是指为了改善系统的性能或达到某个特定的目的,通过对系统输出信号的采集和加工而产生控制信号施加到系统的过程。在通常情况下,系统可以分为不可控系统和可控系统两大类,前者是指无法进行人工控制、干预的系统,后者是指可以进行人工控制、干预的系统。可控系统由控制部分和被控对象组成。控制部分一般由传感器(sensor)、控制器(controller)和执行器(actuator)组成。传感器用来采集信息,并把它变换到合适的形式,传送到控制器。控制器对信息进行加工,产生控制信号,这是控制系统的核心。执行器则将控制器产生的控制信号进行放大和变换,以此产生控制作用,最终施加到被控对象上。通常把控制器对量测信息(系统输出信号)加工成控制信号的方法称为控制算法(algorithm),设计和实现控制算法是控制理论中最重要的研究课题。控制系统的简单结构如图 2-1-2 所示。

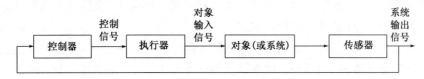

图 2-1-2　控制系统简单结构图

控制系统的输出也称为系统响应。一般情况下,控制的目的使得系统输出信号跟随某个设定的信号进行变化,称为伺服控制问题。如果要求系统输出信号保持在某个设定的固定值附近,则称为调节控制问题,简称为调节(regulation)。在工业控制系统中,诸如温度、速度、压力、液位等参量的控制问题,大都属于参量保持恒定或在给定范围之内的调节问题。因而早年的经典控制理论也称为自动调节原理。

对一个复杂的社会经济系统控制时,通常把施加于系统的作用称为行动方案(action),把类似于控制器对各种信息进行加工形成决策信息的过程称为决策(decision making),这是对若干准备行动方案进行选择的过程。

四、反馈原理

一般情况下,控制系统分为开环控制系统和闭环控制系统两大类。所谓开环控制系统,是指控制器形成控制信号时不依赖于系统输出信号,这是一种"不计后果"的主观控制方式。但对一些具有明确先验知识的系统仍然具有很好的控制效果,其结构如图 2-1-3 所示。但是,大多数控制系统的控制器在形成控制信号时要依赖于系统输出信号,这是一种"顾及后果"的客观控制方式,称为闭环系统,其结构如图 2-1-2 所示。

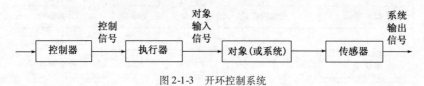

图 2-1-3 开环控制系统

所谓反馈(feedback)是指将系统的实际输出和期望输出进行比较,形成误差,控制器根据误差信号产生控制作用,反馈控制系统的结构如图 2-1-4 所示。

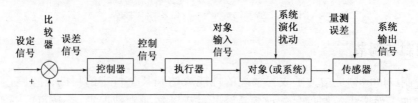

图 2-1-4 反馈控制系统

开环控制系统,必定是程序控制系统,它按照事先规定的顺序或逻辑进行控制,其响应严格地由描述系统行为的数学模型、系统输入和初始条件所确定。对于反馈闭环系统而言,一般情况下并不严格地依赖于系统的数学模型,而对于设定信号和控制器参数的依赖程度是很高的。这两种控制方式在实际中都有广泛的应用。

实际上,反馈对于一切自然系统、生物系统和社会系统具有普适性。例如,人和动物在行进中要不断地目视目标,不断地消除偏差,直至到达目的地。市场对于物价与其价值的偏差不断进行纠正,使得物价基本上在其价值的上下进行波动。实际上,反馈的过程是信息传递和误差消除的过程,这是一种最基本的控制方式。

如果反馈信息(系统实际输出)使得系统输出的误差逐渐减少,则称为负反馈;反之,称为正反馈。负反馈是反馈的基本形式,而在某些特殊情况下,正反馈也是十分有用的。

通过闭合负反馈环路,可以获得几个重要的特征:可以使系统稳定(最重要的特征);可以使系统具有鲁棒性(robustness),即减小了系统输出对系统参数变化(系统元件老化,或系统内部干扰)的敏感度,减小了系统对量测误差(量测噪声)的敏感性;可以使系统具有抗干扰能力,即减小了外部干扰对系统输出的影响;可以改善系统输出的响应性能。

五、系统模型与信号流图

一般用以描述系统的数学工具是微分方程或差分方程。其中用一个变量表示时间,用不同的向量表示系统的各种状态变量、控制输入变量、系统输出变量、系统演化的随机干扰和输出量测噪声等,同时用不同的映射表示状态演化映射和输出映射。此处所谓状态变量是一组用来刻画系统行为的变量,一般情况下具有所谓马尔可夫(Markov)性,即具有总结系统以往运动特征的性质,其未来的状态变化只依赖于当前的状态值和未来施加于系统的控制输入,而与系统以往运动的过程如何达到当前的状态无关,同时联系系统的控制输入和系统输出。

如果状态演化映射和输出映射都是线性的,即满足可加性和齐次性,则称这个系统是线性系统,否则称为非线性系统。如果状态演化映射和输出映射都不直接依赖于时间变量,则称其为时不变系统,否则称为时变系统。如果状态演化映射和输出映射都不受外界干扰,映射关系是精确关系,则称其为确定性系统;否则称为非确定性系统,后者在明确受具有统计特性的外部干扰作用时称为随机系统。

对于线性时不变系统,除了用微分方程或差分方程模型来描述系统之外,还可以用传递函数来描述,传递函数是一种传统的描述工具,具有直观、简洁等特性。

信号流图是用来描述线性时不变系统的另一种模型。信号流图是由S·J·梅逊(Mason)提出来的,所以也称为梅逊信号流图。它利用图示法来描述一个或一组线性代数方程式,是由节点和支路组成的一种信号传递网络。节点表示方程式中的变量或信号,是所有进入该节点的信号的代数和,用"○"表示;支路是连接两个节点的定向线段,信号在支路上沿箭头单向传递;支路增益,表示方程式中两个变量的因果关系。信号流图的示意图如图2-1-5所示。

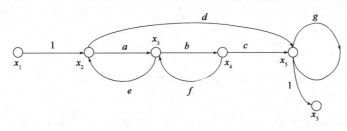

图2-1-5　信号流图

关于信号流图的进一步解释有:

(1)源节点(输入节点):只有输出没有输入,一般代表系统的输入变量。
(2)讫节点(输出节点):只有输入没有输出,一般代表系统的输出变量。
(3)混合节点:既有输入又有输出的节点。
(4)前向通路:信号从输入节点到输出节点的传递中,每个节点只通过一次的通路。
(5)回路:起点与终点在同一节点,且信号通过每一节点不多于一次的闭合通路。
(6)不接触回路:回路之间没有公共的节点。

通常用著名的梅逊公式进行计算。

六、信息与通信

在控制系统中,关于信息的获取、交换和利用是至关重要的。信息分为两大类。一类称为先验信息,包括系统的结构和参数、环境对系统扰动的统计特性等。另一类称为实时信息,包括直到当前为止所能得到的历史的输入输出数据全体。随着信息技术日新月异的发展,计算机网络通信已经成为普遍使用的工具。控制系统也面临着两个新的问题:一是计算机网络本身的控制问题,包括数据流的控制、网络安全控制等;二是基于网络的控制问题,即把网络作为介质进行数据采集和传输,并通过网络发送控制指令和控制信号,其中存在着不确定时向延迟等问题。

七、估计与识别

众所周知,一个系统不可避免地要受到外界的干扰,因而系统的状态一般是不可能精确量测的。这样,就存在着基于系统量测(输出)对系统状态进行估计(estimation)的问题。

首先需要了解参数估计的一般理论。对于一个未知参数向量,量测是一个随机向量,一组量测构成了样本,对样本的统计量就称为对参数的一个估计量。利用样本对参数的估计量本质上是随机的,而当样本值给定时所得到的参数估计值一般与真值并不相同,因而需要用某些准则进行评价。如果所得估计量的数学期望等于真值,则称这个估计是对参数的一个无偏估计,如果所得估计量依概率收敛于真值,则称其是对参数的一个一致估计量。最常用的参数估计方法有最小二乘估计算法、极大似然估计算法等。近年来还发展有期望极大化算法等。

对于控制系统而言,状态估计问题是一个动态估计问题,分为三种不同的类型。如果利用直到当前时刻的实时信息对当前的状态进行估计,称之为滤波问题;如果利用直到当前时刻的实时信息对未来的状态进行估计,称之为预测问题;如果利用直到当前时刻的实时信息对过去的状态进行估计,称之为平滑问题。仅仅就滤波问题而言,如果系统是线性,一般可采用卡尔曼滤波算法进行状态估计。由于相当多的系统不满足线性随机系统的条件,所以标准卡尔曼滤波算法并不适用。为此,针对非线性情况,早年就发展了所谓扩展卡尔曼滤波(AKF)算法,即利用在线的线性化方法,把非线性系统在一个名义值附近进行线性近似,然后利用标准卡尔曼滤波算法进行滤波处理,然后递推实现在线滤波。

模式识别(pattern recognition)是人类自然智能的一种基本形式。广义地说,存在于时间和空间中可观察的事物,如果可以区别它们是否相同或相似,就可以称之为模式;狭义地说,模式是通过对具体的个别事物进行观测,所得到的具有时间和空间分布的信息。模式所属的类别或同一类中模式的总体称为模式类(或简称为类)。"模式识别"就是依据某些观测获得的属性把一类事物和其他类型的事物区分的过程。例如,人们依据视觉、听觉、触觉等感官所接受的信息,能够正确认识外界事物,并能把一类事物与其他事物正确区分。

现在研究的"模式识别"主要属于人工智能的范畴。随着20世纪40年代计算机的出现以及20世纪50年代人工智能的兴起,一种以计算机为工具进行"模式识别"的理论和方法便发展起来,并迅速成为一门新的学科。

目前,模式识别的理论研究主要集中在两方面,一是关于生物体(包括人)感知客观事物机理的研究,这是生物学家、生理学家、心理学家、神经生理学家等的研究内容,属于认知科学的范畴;二是针对给定的任务,关于计算机实现模式识别的有关理论和方法研究,这是数学家、信息学家和计算机科学家的研究内容,属于应用信息科学的范畴。

用计算机实现的模式识别系统,一般由三个相互关联而又有明显区别的过程组成,即数据生成、模式分析和模式分类。所谓数据生成是将原始信息转换为向量,成为计算机易于处理的形式;所谓模式分析是对数据进行加工,包括特征选择、特征提取、数据维数压缩和决定可能存在的类别等;模式分类则是利用模式分析所获得的信息,对计算机进行训练,从而根据判别准则,以实现模式的分类。

现在通用的模式识别方法有两种,即统计模式识别方法和结构(句法)模式识别方法。所谓统计模式识别方法,就是对模式的统计分类方法,即结合统计概率论的贝叶斯(Bayes)决策系统进行模式识别的技术,又称为决策理论识别方法。利用模式与子模式分层结构的树状信息所完成的模式识别工作,就是结构模式识别或句法模式识别。

模式识别系统已经成功地应用于字符识别、语音识别、指纹识别、人脸识别、医学图像分析、工业产品检测等许多方面。

八、决策与对策

所谓决策问题,就是在某些条件的约束下,决策人从一切可能的策略中,按照某个准则选择最优策略的问题。所以,决策问题必须由决策变量(或策略)的集合、决策准则(或称为目标函数)、约束条件(等式约束或者不等式约束)和决策者等因素构成。

决策问题在本质上与控制问题是相通的。在工程控制论中,最优控制问题就是一种动态优化问题,而决策问题可以是动态优化问题也可以是静态优化问题。所谓优化问题,是在等式或不等式约束条件下,对某个目标函数求极大或极小的问题。

静态决策问题的目标函数是一个线性或非线性函数,约束条件是线性或非线性方程或不等式。静态决策问题又分为确定性决策或不确定性决策两大类。所谓确定性静态决策问题,是指目标函数的约束条件中都是确定的函数、方程或不等式。确定性静态决策问题一般又分为线性规划问题和非线性规划问题。所谓线性规划问题,其中目标函数是线性函数,约束条件是线性方程或线性不等式;否则就是非线性规划问题。求解线性规划问题有所谓单纯形法等,而求解非线性规划问题有很多不同的方法,包括梯度法、共轭梯度法、变尺度法等。同时包含连续变量和离散变量的数学规划问题称为混合规划问题,求解比较复杂。不确定性静态决策问题比较复杂,主要是随机规划问题和决策树问题。

动态决策问题的目标函数是一个线性或非线性泛函数,约束条件是线性或非线性微分方程(差分方程)或不等式。动态决策问题也分为确定性决策或不确定性决策两大类。所谓确定性动态决策问题,是指目标函数和约束条件中都是确定的泛函数、微分或差分方程或不等式。确定性动态决策问题一般也分为线性动态优化问题和非线性动态优化问题。动态优化问题在本质上等同于最优控制问题。不确定性动态决策问题包含不确定变量,主要是随机变量或随机过程。求解动态决策问题一般采用极大值原理(maximum principle)把优化问题转换成两点边值问题,用数值求解;或者采用动态规划方法递推求解。

决策问题一般只涉及一个决策人,目标函数也只有一个标量函数(或泛函数)。如果目标函数是一个向量函数,就称为多目标决策问题。多目标决策问题一般难以求得最优解,而只是求得满意解。

与决策问题不同,所谓对策问题要涉及多个决策人,至少有两个决策人,而且各个决策人的目标函数是有矛盾或冲突的(否则就变成多目标决策问题)。各个决策人都掌握着由自己支配的、可以改变利益分配的一组策略,各方都企图选择对自己有利的策略来获得最大利益。由于其成功应用于军事和经济问题,所以得到广泛的关注。

赌博问题是一种零和对策,即参与对策的所有决策人的收益之和为零。也就是说,其中赢者所获等于输者所失。零和对策是一种完全对抗、强烈竞争的对策,在现实世界中除了博弈(赌博)和军事冲突之外,在经济竞争领域很少出现你死我活的零和对策问题。在经济领域中,经常出现的是既有对抗又有联合的缓和竞争,这就是非零和对策问题。非零和对策问题的多样性和现实经济问题的复杂性是一致的,一般又分为合作型对策与非合作型对策,至于动态的对策问题或随机的对策问题就变得非常的复杂。

九、仿真与重构

在没有计算机的时代,人们在进行系统设计和开发时,为了避免盲目性,在正式建立系统或制造产品之前,往往搭建一个规模大大缩小的模型,并利用这个模型进行试验,验证目标系统或产品的某些性能,这就是仿真(simulation)。自从人类利用计算机作为工具以来,系统仿真便有了新的含义。可以对目标系统或产品根据其机理建立所谓数学模型,而且利用计算机强有力的计算能力求解这个数学模型,并得到相应的数值计算结果,谓之数值仿真。数值仿真的优点是简单易行,而且往往反映对象的本质特性,其缺点是并不直观。随着计算机技术的飞速发展,计算机图形学可以提供各种各样形象的绘图工具,从而可以在计算机上建立形象的对象模型,不仅可以从视觉上重现真实世界中的事物,而且可以用以分析模仿真实事物的性能,谓之图形仿真。进而,人们可以在计算机上构造一个虚拟的世界,谓之虚拟现实(virtual reality,VR)。从某种意义上说,计算机仿真系统可以用数字方式重构现实世界,扩大人类的视野,创建一个虚拟的世界。

系统仿真技术可以有效而经济地用于科研、设计、训练以及系统的试验。它是以控制理论、相似原理、数学模型与计算机技术等相关专业技术为基础,以计算机和多种专用物理效应设备为工具,借助系统模型,对实际的或设想的系统进行动态试验研究的新兴综合性技术。其特点是可控性强、无破坏性、耗费小、允许多次重复,因而具有强大的生命力和潜在的能力。虚拟现实又称为灵境技术,实际上是一种采用计算机技术制作模拟仿真的假想世界的技术。它采用计算机产生一个被模拟仿真世界的动态三维视觉环境,使操作者产生一种身临其境的感觉,对探讨大量需要借助形象思维的问题颇有帮助。采用此项新技术,参与者使用硬件,如数据手套、鼠标器、跟踪球、操纵杆、头盔式显示器、护目镜、耳机及数据服以获得所需的感知,来体验计算机虚拟世界境况。虚拟现实是计算机图形学中的一种功能倍增技术,它将人类用户同计算机产生的虚拟世界融合为一体。

仿真技术作为人类认识客观世界和改造客观世界的有效手段,正日趋发挥着巨大的作用。虚拟现实技术是计算机技术、传感技术、人机接口技术和人工智能技术等多种高新技术的结晶,其逼真性和实时交互性为系统仿真技术提供有力的支撑。

典型计算机仿真,如自动化物流系统,应用计算机仿真技术,不仅可以避免建立物理试验模拟系统的投资,减少设计成本,而且可以通过计算机技术进行精确计算和验证分析提高系统方案的可行性。在电力系统中,应用较多的培训仿真系统有电厂仿真、电网运行工况仿真和变电所仿真。一般说来,凡是需要有一个或一组熟练人员进行操作、控制、管理与决策的实际系统,都需要对这些人员进行培训、教育与培养。为解决这些问题,出现了培训仿真系统,模拟实际系统的工作状况和运行环境,以避免运用实际系统时可能带来的危险性及高昂的代价。

十、稳定性与收敛性

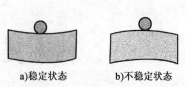

图 2-1-6　系统稳定示意图

控制系统的重要目的之一就是稳定性(stability)。系统稳定性就是系统偏离平衡状态时恢复到平衡状态的能力。图 2-1-6 给出了系统稳定性的形象说明,情况 a)说明小球偏离平衡状态时具有自动恢复到平衡状态的能力,而情况 b)说明小球一旦偏离平衡状态,就永远离开平衡状态而不能自动恢复。

有关系统稳定有不同的定义。其中最重要的是李雅普诺夫(Lyapunov)稳定性定义。李雅普诺夫稳定,就是对于一个没有控制输入的系统,如果初始状态在一个给定的很小范围内,系统状态总能维持在另一个很小的范围内。而大范围渐近稳定概念则是,对于一个没有控制输入的系统,初始状态取任意值,系统状态总要趋于零状态。还有一个定义就是所谓有界输入有界输出(BIBO)稳定性,只要控制输入是有界的,则系统输出总是有界的。这就是所谓开环稳定性的概念。

闭环控制系统的稳定化,也称为系统镇定(stabilization),就是通过反馈,使得闭环系统从整体上是稳定的;也就是说,把反馈系统视为新的没有控制输入的自治系统,它是稳定的。然而,用于系统镇定的反馈控制器的设计却是非常复杂的任务。

用于稳定性判定有各种各样的方法,最主要的有劳思判据、李雅普诺夫判据等。

收敛性是另外一个概念。由于采用计算机实现各种控制算法,一般情况下总要采用迭代算法或递推算法。迭代算法的含义是,在一次求得一个结果时未必满足要求,需要利用这个结果再求解得到新的结果,如果满足要求则结束,如果不满足要求再次利用当前计算结果重复计算,直到满足要求为止。然而,如果这个算法可以保证每次迭代的误差逐渐缩小,直到趋近于零,则称此算法收敛,否则称其发散。递推算法的含义是,在计算的过程中要以当前步的计算结果作为下一步计算的依据。在递推算法中,如果计算结果与理想值的误差越来越小,则称该算法收敛,否则称其发散。在计算过程中,即使理论上可以证明这个算法是收敛的,但仍然可能产生不理想的结果,这就是数值稳定性问题,因为计算过程的舍入误差足以使算法的性能变差。

对于包含反馈控制算法在内的闭环控制系统,即使在理论上这个系统是稳定的,但仍然要求算法的收敛性和数值稳定性,否则就不能保证系统的真正稳定。

十一、最优性与鲁棒性

所谓最优,就是在所有可能的方案中,按某个准则进行比较,其中最好的就是最优。对于优化问题而言,最优的结果可能存在也可能不存在,这就是最优性的存在性问题;即使存在,也不必一定唯一,这就是最优性的唯一性问题。

事实上存在不同的优化问题。一类问题是最优估计问题,包括系统辨识中的参数估计、滤波问题中的状态估计等。这一类问题的共同点是,给定一个目标函数,利用获得的实时信息,在一定的约束条件下对目标函数求极大或极小,使得被估计的参数或状态达到最优。另一类问题就是最优控制问题,最优控制是一种动态优化,即给定一个泛函数,在条件约束下,使得泛函数达到极大或极小,使得系统控制性能达到最优,包括最速控制、能量最小控制等。

典型的参数估计方法有最小二乘(LS)法、极大似然(ML)法、最小均方(LMS)法等。近年来发展的期望极大化(EM)算法对于数据缺失的参数估计问题具有重要的意义。特别要强调的是递推最小二乘算法,对于在线系统辨识是非常有用的,而线性无偏最小方差估计则是卡尔曼滤波的基本算法。同时,加权最小二乘算法在系统辨识和参数估计中也有广泛的应用。

典型的最优控制问题是线性二次型高斯(LQG)问题,即系统是线性系统,目标函数是二次型泛函数,系统噪声是高斯噪声。对于这样的系统,可以适用分离定理,即最优状态估计和最优控制可以分离进行,同时可以达到最优。然而,相当广泛的系统并不具有这样完美的分离特性,所以最优状态估计和最优控制二者是交织在一起的,不可以分离计算,即双重最优控制(dual control)。

鲁棒性是另外一种概念。简单说,鲁棒性就是某种指标对结构或参数敏感性的一种度量。越是敏感,鲁棒性越差;越是不敏感,鲁棒性越强。例如,考察一个优化问题,优化函数值(指标)对于变量的依赖关系如图2-1-7所示。其中指标在最优点取得最优值,而在次优点取得次优值(次于最优的最好值)。但是,一旦结构或参数发生变化,就会引起最优点的偏移,从而使得指标取值产生很大的跌落;相反,在次优点上取值,即使结构或参数发生变化,次优点产生偏移,但引起的指标变化却不是很大,这就说明次优点的鲁棒性强。

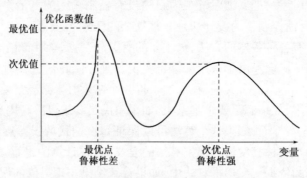

图 2-1-7　鲁棒性示意图

研究鲁棒性问题是控制理论的一个重要方向,如果一个最优控制器的鲁棒性不强,只要系统结构或参数发生少许变化,或系统受到外部扰动,系统运行的性能就会发生巨变,这样的控制器是不理想的。理想的控制器既要追求最优性,更要追求鲁棒性,使得系统运行在最优或次优的状态,但对系统结构或参数的变化不敏感,对环境的扰动不敏感,这样的控制器才是满意的。

第二节　自动控制系统的类型和组成

本节讨论的是线性自动控制系统,即以线性微分方程加以描述或近似描述的系统。按其功能可分为三类:恒值自动调节系统、程序自动控制系统和随动系统。

一、恒值自动调节系统

瓦特发明离心式调速器用以保持蒸汽机转速的恒定,而蒸汽机和调速器就组成一个具有负反馈的转速恒值自动调节系统(图2-2-1和图2-2-2)。作为另一例,图2-2-3所示为一物料加热用电炉炉温自动控制系统。加热用电炉是被控对象,而其炉温是被调节量。由电位器组成的给定环节给出的电压 u_r 代表所要求保持的炉温,它与表示实际炉温的、测温热电偶的输出电压 u_f 相比较,形成误差信号 $\Delta u = u_r - u_f$。Δu 经过放大器放大后驱动电动机 M 向一定方向转动,并使调压器提高或降低加热电压 u_h,以使 u_f 达到 u_r,并使 $\Delta u = 0$。这时,电动机不再转动,自动调节系统达到平衡点。由此可知,系统的作用是闭合的,即被控对象有信号 u_f 反馈至给定环节,形成闭环系统,也即说明有反馈环路。而反馈的作用使炉温恢复到给定的恒值,系统不再动作,即达到平衡点。同时可知,从出现误差控制系统克服误差,炉温恢复到给定的恒值的动作(运动)经历一个时间过程,称为调节过程。

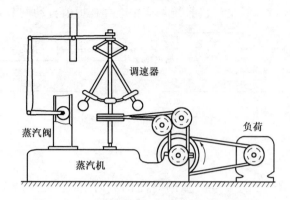

图 2-2-1　瓦特离心式调速器对蒸汽机转速的控制

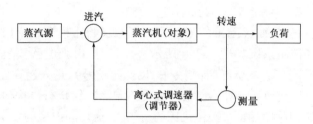

图 2-2-2　对象和调节器形成调节系统

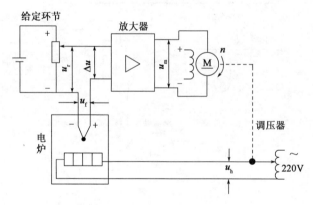

图 2-2-3　炉温自动控制系统

这里,电动机有一个正确的旋转方向问题。当 $u_r > u_f$ 即 $\Delta u > 0$ 时,表示炉温低于所要求保持的恒值,则电动机的旋转方向应该使调压器的滑动触点向上以提高加热电压 u_h。反之,$\Delta u < 0$,则应该使滑动触点向下移动以降低加热电压 u_h。

如果当炉温 $u_f > u_r$ 时,反馈使得炉温更高,或者 $u_f < u_r$ 时反馈使炉温更低,则所述系统不能正常地保持被调量为恒值,即不能达到平衡点。这说明自动调节(控制)系统,一定要有"负反馈"。图 2-2-4 中,在左端有符号"⊗"表示进行比较,且两个输入量有不同的符号。在恒值自动调节系统中,由给定环节给出的给定作用为恒值,它应赋予"+"号,反馈量应赋予"-"号,这样才能保证实现"负反馈",即误差电压 Δu 的形成是:$\Delta u = u_r - u_f$。同时在系统中要正确设置执行用电动机的旋转方向。恒值自动调节系统(automatic regulating system)的功能就是

要克服各种对被调节量的扰动而保持被调节量为恒值,即达到平衡点。化工、热工等生产过程中自动保持容器的温度、压力等恒值不变的过程控制系统都是这类恒值自动调节系统。在人口控制系统、生物控制系统和社会经济系统都应用或存在恒值自动调节系统。

图 2-2-4　反馈调节(控制)系统

二、程序自动控制系统

当自动控制系统的给定信号是已知的时间函数时,称这类系统为程序控制系统(programmed control system)。图 2-2-5 表示一个仿模铣床的原理示意图。差动轮作为成品模型(给定信号)和被加工工件(被控对象)之间误差量测之用。这是一个闭环控制系统。但是制作精确的立体木模是一个精细、费工的工作。所以后来又将木模以纸带(或磁带)上的脉冲系列来代替,这时的闭环控制系统如图 2-2-6 所示。加工时,由光电阅读机把记录在穿孔纸带(或磁带)上的程序指令,变成电脉冲(即指令脉冲,给定信号),送入运算控制器。运算控制器完成对指令脉冲的寄存、交换和计算、处理,并输出控制脉冲给执行机构(电动机)。执行机构根据运算控制器送来的电脉冲信号,操作机床的运动,完成切削成型的要求。

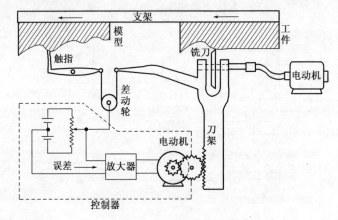

图 2-2-5　仿模铣床原理示意图

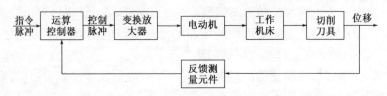

图 2-2-6　程序控制铣床闭环系统

原则上程序控制可以开环进行,但具有反馈的闭环控制能克服多种扰动,例如,一个给定的指令脉冲在运算、变换等信息处理过程中会丢失,此时,反馈的功能就是帮助发现切削刀具位移和给定的指令脉冲数的不符合现象,并及时消除加工的误差,提高加工工件的精度。

程序自动控制系统的功能,就是要按照预定的程序来控制被控制量,即自动控制系统给定环节给出的给定作用是一个预定的程序。图2-2-5和图2-2-6都是闭环的程序自动控制系统。

三、随动系统(伺服系统)

在自动控制系统中,若给定环节给出的输入信号是预先未知的随时间变化的函数,这种自动控制系统称为随动系统,也即伺服机构,或称伺服系统(servo system)。国防上的防空导弹制导的目标跟踪系统和天文望远镜的跟踪系统等都属于随动系统。它在机器人各个部分(如手指、臂、大小腿)的运动中也得到广泛的应用。

图2-2-7所示的随动系统用于船舵的自动控制。给定信号通过与驾驶轮连轴的可旋转的电位器(A)给出船舵偏角的给定值。电位器A和与船舵相连的电位器B组成电桥。由两个电位器的滑动触点处 oo' 引出由于电桥不对称出现的误差电信号。它表示驾驶轮位置和船舵偏角的不一致。误差信号通过电压放大器放大,并作为励磁电压来激励发电机G,而后者向他励直流电动机M供电和进行电枢控制。电动机M通过齿轮系转动船舵并带动电位器B的滑动触点,使电桥恢复平衡,同时误差回零。随动系统达到平衡点。

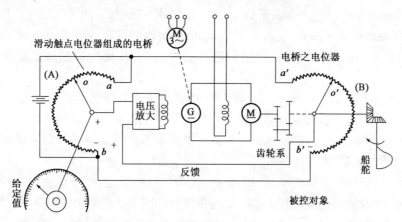

图2-2-7 船舵角控制的随动系统

随动系统的功能就是,按照预先未知的规律来控制被控制量,即自动控制系统给定环节给出的给定作用是一个预先未知的、随时间变化的函数。20世纪50年代,学者们开始把它和恒值自动调节系统及程序自动控制系统三者统一称为自动控制系统。

自动控制系统另一重要的分类是线性和非线性控制系统:线性自动控制系统是指系统的元(部)件都是以线性微分方程(个别元件是线性代数方程)描述,而整个系统也是以线性微分方程来描述的系统。而非线性控制系统则是以非线性微分方程来描述的系统。

像图2-2-3所示的炉温自动控制系统和图2-2-5所示的程序自动控制系统都具有这样的特性:在调节过程中系统所有的结构始终没有变化,因此系统中各元件(环节)输出端的信号是其输入作用和时间的连续函数。这类系统称为连续控制系统(continuous-time control system),系统中的信号称为连续信号,或模拟信号(analogue signal)。

四、自动控制系统的组成

综合上述各类控制系统的组成,自动控制系统由正向通道(从"误差"到"输出")和反馈通道(从"输出"到"反馈信号")以及下列几部分构成,如图2-2-8所示。

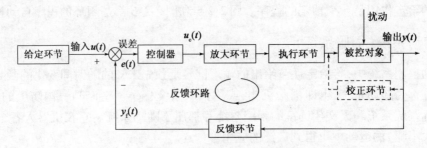

图2-2-8 自动控制系统的功能框图

(1)给定环节。产生给定的输入信号$u(t)$。

(2)反馈环节。对系统输出$y(t)$(被控制量)进行测量。将它转换成反馈信号$y_f(t)$,并输送至比较环节,形成反馈环路(feedback loop)。

(3)比较环节。以"⊕"表示,将给定的输入信号和反馈信号加以比较,产生误差(error)信号$e(t)$,$e(t)=u(t)-y_f(t)$,或在无反馈环节时,$e(t)=u(t)-y(t)$。

(4)控制器(调节器)。根据误差信号,按一定规律,产生相应的控制信号。控制器是自动控制系统实现控制的核心部分,输入为$e(t)$,输出为$u_c(t)$。这个规律称为控制规律。

(5)执行机构(执行器)。将控制信号进行功率放大,并促使被控对象的被控制量发生变化。

(6)被控对象(controlled object 或 plant)。控制系统所要控制的设备或生产过程,它的输出就是被控(制)量,以$y(t)$表示。

(7)扰动(disturbance)。除输入信号外能使被控量偏离输入信号所要求的值或规律的控制系统内、外的物理量,以$d(t)$表示。

(8)校正环节(装置)(correcting device)。误差信号的处理、变换必要时由校正环节来完成。它代替控制器的作用,处在图2-2-8中的位置。像图2-2-8中如应用串联校正,即校正装置置于放大器的前面;还有一种并联校正,则校正装置与正向通道的某一部件(通常是被控对象)相连,并形成局部反馈(图2-2-8中虚线部分)。

对于图2-2-3所示炉温自动调节系统,电位器和电池组成给定环节,电动机和调压器组成执行机构,加热电炉是被控对象,而炉温是被控量。打开炉门加入冷工件就是扰动,热电偶是被控量炉温的反馈(测量)环节,而比较电路就是比较环节,串联校正环节和放大器组成控制器以改善控制系统在调节过程中(动态)和平衡点(稳态)的品质。

五、模拟控制(调节)器控制和计算机控制

图2-2-8中的各个信号:输入信号、误差、控制器输出和输出量等都随时间连续变动,幅值也是连续变动的模拟信号。所采用的是制成箱式的控制(调节)器,称为模拟控制器。这样的系统称为连续控制系统,是从信号(信息)特征的观点来命名或分类的。

如果图2-2-3所示工件加热用电炉是一个特大型被控对象(如大型钢锭加热炉),则炉温控制系统在受到扰动后,它的调节过程很不容易控制。其主要原因是特大型加热炉对象具有针对温度变化的大滞后和大惯性特性,使调压器不能及时和适量地对加热炉增加或削减供应能量,以致炉温会缓慢地高低波动难以控制。如果在图2-2-3所示系统的误差信号后连接一

个采样开关(图 2-2-9),对误差信号进行采样,则在两个采样信号之间炉温控制系统如同处于开断状态。这将显著有助于改善这类系统的控制品质。这是采样控制系统(sampled-data control system)的主要优点。工业上"采样开关"的工作是由专门的检测仪表结合对误差的测量来进行的。将连续误差信号(又称模拟信号)通过采样开关而形成如图 2-2-10 所示的采样信号,这相当于误差信号的传输结构有了周期性的接通和中断。这类系统是离散控制系统(discrete-time control system)的一种。这也是从系统信号(信息)特征的观点来命名或分类自动控制系统。

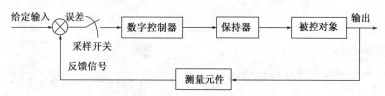

图 2-2-9　采样控制系统

在一些现代的控制系统中,常用微型计算机或数字控制器来代替模拟信号的控制器。这对于实现复杂的控制规律和性能很有必要,如最优控制、自适应控制等。这时,形成计算机控制系统(computer control system),其框图如图 2-2-11 所示。它的特点是系统中一处或几处的信号以数字代码形式呈现,此外还有离散信号(采样信号)的出现。图中的数字信号就是经过整量化后的数码。整量化就是将这些可具有无穷多个值的模拟信号,取作由有限个数组成的二进制数。如果系统中信号幅值是经过整量化后的数码,则这种系统又称为数字控制系统(digital control system),也是离散控制系统的一种。这类系统的另一个特点是以计算机程序来实现 PID 控制规律或更复杂的控制规律。

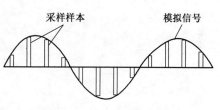

图 2-2-10　模拟信号采样示意图

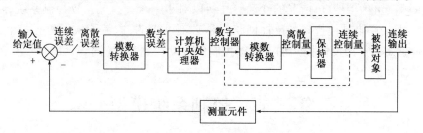

图 2-2-11　计算机控制系统框图

图 2-2-11 中系统具有模数转换器(A/D),它是计算机的接口(或称输入设备),将模拟误差信号转换成数字误差信号,即数字代码。图上还有数模转换器(D/A)和保持器(holder),D/A 也是计算机的接口(或称输出设备),保持器的功能是将离散控制量保持住,进而形成连续控制量,加到被控对象。微型计算机和数字控制器能以一定的速度,完成复杂的控制规律和控制算法等计算任务。

六、反馈控制方法与扰动补偿方法

由反馈控制的基本结构(图 2-2-3 和图 2-2-7)可以看出,由输入或扰动变化产生误差,控制器由误差引起了动作,因此在反馈控制系统的调节过程中误差的发生不可避免。误差用来产生控制作用,后者又力图消灭误差。有时这会导致在控制过程中出现较大的误差,甚至引起系统中各变量发生振荡(oscillation)。因此,对基于反馈机制的自动控制系统要进行很好的设计才能达到控制要求。

另一种消除被控制对象由于外界扰动引起误差的方法,称为扰动补偿(disturbance compensation)。扰动补偿的原理在于,扰动进入被控对象(这是一个通道)的同时也通过另一通道进入对象前部的控制器(图2-2-12),两个通道的作用是相反的(相互抵消的),结果使得对象的输出(被控量)维持或近似维持不变。

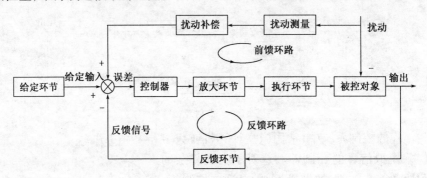

图 2-2-12　复合控制系统框图

扰动补偿形成的另一个回路(图2-2-12)称为前馈回路(feed-forward loop)或前馈通道。显然,要形成前馈通道,扰动作用必须是可测量的,同时还要设计扰动的补偿环节。后者的设计要求是使补偿环节的输出信号正好与由扰动引起的误差相互抵消。但人们往往只能近似做到这一点。

补偿原理只能补偿已设计有前馈通道的扰动。但是在自动控制系统中存在着多种扰动,例如在电炉温度自动控制系统中主要扰动为:开启炉门加入冷工件、调压器的工频电源的波动、昼夜温差引起的炉温散热情况的变动等。所以对于一个完善的自动控制系统,除了对主扰动的补偿外,用来克服其他扰动的反馈回路仍是必不可少的,这就形成了复合控制系统(combined control system),即反馈控制加上前馈控制的自动控制系统(图2-2-12)。

第三节　控制系统模型

一、控制系统的稳定性、稳态误差和动态品质

自动控制系统不断地进行着检测被控量,并反馈、比较,不断地得到误差信号的过程;而且借助于此误差信号,不断地进行着将它变换、放大使执行机构动作,力图使被控量恢复到给定位从而消除误差的动态调节过程。这使得自动控制系统由原先的平衡点运动到新的平衡点。相对于动态调节过程而言,系统的平衡点称为稳态。

然而,被控对象,例如图2-2-3中的电炉和执行机构电动机及附属的降速齿轮系,都具有惯性(或转动惯量),甚至较大的惯性。例如电炉的供电电压 u_h 突然降为零,电炉炉膛和物料的温度 u_f 不是突然降为室温,而是慢慢下降,电动机供电电压 u_m 突然降为零,电动机也要从

原来的转速,逐步降为零。只不过后者的降速过程较电炉的降温过程要快很多,即电炉的惯性较电动机的惯性大很多。

当系统中各元件(环节)的参数(惯性也反映在有的参数里)配合欠妥,使得调压器的活动触点不是"一蹴而就"达到它的新位置,而是要"冲过头",使炉温 $u_f > u_r$。这样,误差 Δu 为负值,使电动机反向转动,然后滑动触点又退回来。有时要经过几次的"冲过头"和"倒过头"系统才能达到稳态,这种情况可以用图 2-3-1a)来表示。

图 2-3-1 中描述了在 $t=0$ 时打开炉门加入冷工件或环境温度突然下降后,控制系统中被控炉膛温度 $u_f(t)$ 的动态调节过程,呈现类似衰减正弦曲线的振荡状态。最后,经过几个反复,系统还是达到新的平衡点 $u_r = u_f$。

在 $t=0$ 及稍后的很小一段时间内,温度 $u_f(t)$ 几乎没有变化。这是因为电炉惯性很大,而这一小段时间成为炉温响应的"滞后"(pure delay)。

当系统中各元件(环节)的参数配合不当,例如电炉的惯性太大、放大器的放大倍数太大或者自动机齿轮系的降速比不够大,亦或电炉的滞后较大,控制系统的各变量振荡严重时炉膛温度围绕 u_r 水平线持续上下波动,呈现等幅或发散的正弦振荡,或指数上升曲线的势态,这时称自动控制系统处于"不稳定"(unstable)或失稳状态,又称"摆振"(hunting)状态,即系统在调节过程中似乎总是在寻找但又找不到新的平衡点[图 2-3-1b)]。这种现象在其他类型的闭环控制系统如生物系统、经济系统中也都存在。

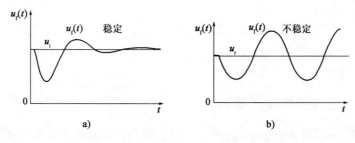

图 2-3-1 加入冷工件后炉温的变化过程

显然,不稳定的自动控制系统不能正常工作,而且系统和被控量处在振荡过程中,环节(部件)或元件很容易损坏。自动控制系统要能正常工作,除了系统必须稳定以外,还要根据生产工艺要求对调节过程定出一定的品质(质量)指标:例如,炉膛温度的自动调节过程中环境温度突然下降时,炉膛温度下降有不应越出的范围(图 2-3-1);如炉温整个动态调节过程也应该在要求的时间内结束(达到新的平衡点,即新的稳态);再如在图 2-3-1a)中自动调节过程结束后炉膛温度 u_f 与给定值(期望值)u_r 应相等或有规定的容许误差。相等时(误差为零)称该炉温调节系统为无差系统(system without steady-state error),否则称该系统为有差系统(system with steady-state error)。炉温自动控制系统稳态时是无差的,因为只要有误差,经放大后,电动机就会转动直到误差消失。

自动控制系统有两种工作状态:"调节"和"跟随",其中之一是基本的。图 2-2-3 所示的炉温恒值自动控制系统,其克服扰动的调节工作状态是基本的。然而,它还有跟随工作状态:通过提高(降低)输入 u_r 将需要的工作炉温由一值调高(低)到另一值,这个调整过程就属于跟随状态。随动系统的情况也一样,也有两种工作状态,它主要动作于跟随状态,但也受到扰动的影响。

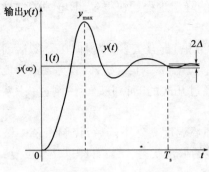

图 2-3-2 单位阶跃输入下控制系统的输出响应 $y(t)$

自动控制系统的动态品质通常规定为:在跟随工作状态下,由单位阶跃输入(unit step input) $u_r(t) = 1(t)$ 所激发引起的输出 $y(t)$ 调节过程的品质指标。所谓"单位阶跃"信号是指在原点处幅值为 1 的突跳式信号,以符号 $1(t)$ 表示(图 2-3-2)。对自动控制系统的品质要求归结为:稳定(并有一定裕度)、稳态精度(无差或小的稳态误差)和动态品质三个方面。而动态品质则体现为超调量(overshooting)、调节时间(settling time,即调节过程的时间)、振荡次数等品质指标,根据图 2-3-2 所示,可分别定义为:

(1)超调量 $\sigma\%$。表示调节过程平稳程度,$\sigma\% = [(y_{max} - y(\infty))/y(\infty)] \times 100\%$,其中 y_{max} 是输出 $y(t)$ 在调节过程中的最大值;$y(\infty)$ 是输出的稳态值。超调量 $\sigma\%$ 通常要求小于 30%。

(2)调节时间 T_s。系统受到阶跃输入激励后,调节过程响应曲线进入稳态值允许的精度带 2Δ 内并不再越出该带的时间,即 $|y(t) - y(\infty)| \leq \Delta, t \geq T_s$。通常 Δ 定为输出稳态值 $y(\infty)$ 的 5%。

(3)振荡次数 μ。在调节时间 T_s 内输出 $y(t)$ 沿 $y(\infty)$ 上下振荡的周期数。像图 2-3-2 中约为 2 次。通常 μ 要求为 2~3 次。

上述对自动控制系统的要求和动态品质指标的制定,应根据被控对象的实际工艺需要,不同对象的系统对三项品质指标往往有所侧重。它们也正是设计、评价和比较系统的依据。但这三项指标通常是相互矛盾、相互制约的。

二、自动控制系统的控制规律

自动控制系统在克服误差的调节过程中可能会出现被调量的振荡甚至失稳,其原因是由于被控对象和各元件惯性的存在和参数间的不配合,使力图克服误差的控制作用,其变化总是落后于误差的变化。这自然令人想到:解决的办法是使克服误差的控制作用的变化要有些"超前",即在误差接近零时,克服误差的控制作用就应该是零。这就是说,控制器或校正环节(图 2-2-8)的输入(误差)与其输出(控制信号)间的函数关系——控制(调节)规律中仅仅引入"比例"项(比例关系)往往是不够的。比例项的作用仅仅是使控制信号正比于误差的幅值,而需要在控制规律中增加"微分项"以预测误差变化的趋势。

在图 2-3-1a)中被控量 $u_f(t)$ 曲线误差已经是较小正值的点,而误差的导数是负的。这是由于具有"比例微分"控制规律的控制器,能够提前使克服误差的控制器或校正环节输出等于零,甚至为负值,从而避免了被控量严重地"冲过头"("冲过"图 2-3-1 中误差等于零的水平线)。这就改善了自动控制系统的稳定性。所以对有较大惯性和(或)滞后的被控对象,控制规律是比例微分的控制器改、校正环节,能够抑制振荡,从而改正控制系统在调节过程中的动态品质。而控制器或校正装置,其作用就是引入适当的控制规律。

为了消除稳态误差(图 2-3-2),在控制器或校正装置的控制规律中必须引入"积分项"。积分项对误差取关于时间的积分,随着时间的增加,积分项输出会增大。这样,即使误差很小,也会随着时间的增加而积分项输出加大,它推动控制器的输出增大使稳态误差进一步减小,直到等于零。因此,有"比例积分"控制规律的控制器或相应的校正装置,可以使系统在稳态时无稳态误差。图 2-2-3 中执行电动机 M 有积分作用,所以它能起到"无差"的作用。

上文叙述将误差信号在控制器或校正装置中按一定规律进行处理,形成"比例微分""比例积分""比例微分积分"等控制规律。它能帮助控制系统实现高质量,即无稳态误差并具有良好的动态品质。"比例微分积分"控制规律数学上可表示为:

$$u_c(t) = k_p \left[e(t) + \frac{1}{T_1} \int e(t) \mathrm{d}t + T_D \frac{\mathrm{d}e(t)}{\mathrm{d}t} \right] \tag{2-3-1}$$

式中:$e(t)$——误差信号,是给定的信号 $u(t)$ 和反馈信号 $y_f(t)$ [或输出信号 $y(t)$] 相减之差;

$u_c(t)$——控制器的输出;

k_p——比例增益;

T_1——积分时间常数;

T_D——微分时间常数。

一种控制就要以一定的控制器来实现。式(2-3-1)的规律就要以比例积分微分控制器来实现。

第四节 神经网络系统

一、神经元数理模型与 Hebb 规则

1. 神经元数理模型

最早的人工神经元模型是 M·麦克洛克(McCulloch)与 W·皮茨(Pitts)于 1943 年提出的,一般简称为 M-P 神经元模型,它可以完成"与""非""或"等基本的逻辑运算,是目前许多神经元模型的基础。

根据对生物神经元的研究和观察,不难发现生物神经元是一个多输入单输出的非线性系统,可以将其抽象为图 2-4-1 所示模型,主要由加权求和器、线性动态系统、激活函数三部分组成。

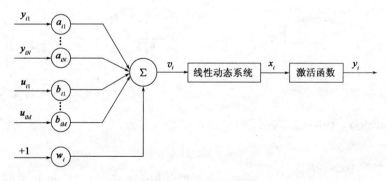

图 2-4-1 人工神经元模型

加权求和器可以描述为:

$$v_i = \sum_{j=1}^{N} a_{ij} y_{ij} + \sum_{j=1}^{M} b_{ij} u_{ij} + \omega_i \tag{2-4-1}$$

式中：y_{ij}——第 j 个神经元的输出；

u_{ij}——第 j 个外部输入；

a_{ij}、b_{ij}——加权系数，通常称权重或权重系数；

ω_i——偏置常数。

有时为了简便，引入 $u_{i0} = +1$，$b_{i0} = \omega_i$，这样式(2-4-1)可以简单表示为：

$$v_i = \sum_{j=1}^{N} a_{ij} y_{ij} + \sum_{j=0}^{M} b_{ij} u_{ij} \tag{2-4-2}$$

线性动态系统可以用传递函数形式表示为：

$$X_i(s) = H(s) V_i(s) \tag{2-4-3}$$

其中，$X_i(s)$ 是 $x_i(t)$ 的拉普拉斯变换，称 $x_i(t)$ 为 $X_i(s)$ 的原函数。

在时域中，上式则为：

$$x_i(t) = h(t) v_i(t) = \int_{-\infty}^{t} h(t-\tau) v_i(\tau) d\tau \tag{2-4-4}$$

$H(s) = \xi[h(t)]$ 常见的 5 种选择为：①$H(s) = 1$；②$H(s) = \dfrac{1}{s}$；③$H(s) = \dfrac{1}{\tau s + 1}$；④$H(s) = \dfrac{1}{a_0 s + a_1}$；⑤$H(s) = e^{-\tau s}$。

显然，前三种关系是第四种的特例。对应的单位冲激响应为：①$h(t) = \delta(t)$；②$h(t) = \begin{cases} 1, t \geq 0 \\ 0, t < 0 \end{cases}$；③$h(t) = \dfrac{1}{\tau} e^{\tau t}$；④$h(t) = \dfrac{1}{a_0} e^{-\frac{a_1}{a_0} t}$；⑤$h(t) = \delta(1 - \tau)$。有时也采用离散时间动态系统，例如 $a_0 x_i(t+1) + a_1 x_i(t) = v_i(t)$，此时 t 是整数时间指标。

激活函数 $g(\cdot)$ 有时又称为激励函数、作用函数、传递函数等，它给出神经元的输出，即

$$y_i = g(x_i)$$

常见神经元的激活函数有如下几种：

(1) 阶跃函数与符号函数，如图 2-4-2 所示。

(2) 分段线性函数与一般线性函数，如图 2-4-3 所示。

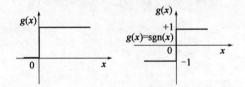

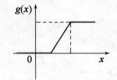

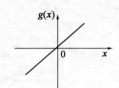

图 2-4-2　阶跃函数与符号函数　　　　　图 2-4-3　分段线性函数与一般线性函数

(3) Sigmoid 函数(S-函数)，如图 2-4-4 所示。

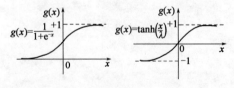

图 2-4-4　Sigmoid 函数(S-函数)

2. Hebb 规则

早期的神经元模型，例如 M-P 模型，其权重系数是事先确定，不具有学习能力。第一个学习模型是心理学家 D·海布(Hebb)于 1949 年提出来的，现在称为 Hebb 规则。Hebb 规则可以简单描述为：对于

两个相互连接的神经元,如果它们同时处于兴奋状态,那么它们之间的突触强度(即权重系数)将加强。

Hebb 研究的神经元仅有兴奋与抑制两种状态,分别用 +1 和 -1 来表示,即 $y_i = +1$ 或 -1。如果将相互连接的神经元 i 与神经元 j 之间的权重系数记为 ω_{ij},Hebb 规则的一般形式可以表达为:

$$\omega_{ij}(k+1) = \omega_{ij}(k) + ay_i y_j \tag{2-4-5}$$

式中,$a > 0$ 称为学习率;$\omega_{ij}(k)$、$\omega_{ij}(k+1)$ 分别表示学习前与学习后神经元之间的权重系数。其实,上式还说明两个神经元同时抑制时,它们之间的突触强度也增强。

Hebb 规则是神经网络研究中第一个关于学习的模型,虽然它并不能保证权重系数的有界与收敛性,但对以后提出的学习规划具有深远的影响,许多新的学习规则都是式(2-4-5)的变形或推广。

二、感知器及 δ-规则

1. 感知器

感知器(perceptron)是最早出现的神经网络模型之一,它是美国学者 F·罗森布拉特(Rosenblatt)于 1957 年提出的。感知器由一个输入层和一个输出层组成,信息由输入层单向流向输出层,其拓扑结构如图 2-4-5 所示。

感知器的神经元只有两个输出状态,一般用 +1 和 -1 来表示。输入层仅起信号分发的作用,它将每一个输入分量馈送给输出层每一个神经元。输出层是真正的信号处理层,输出层每一个神经元将输入层每一个分量加权求和,并与自己的阈值进行比较,从而确定输出 +1 或 -1。因此,许多文献将感知器称为单层神经网络。

最简单的感知器类似于一个神经元,如图 2-4-6 所示,是一个多输入单输出系统,其激活函数为简单的符号函数。图 2-4-6 所示感知器的数学模型为:

$$y(t) = g(\sum_{i=1}^{N} \omega_i(t) x_i - \theta) \tag{2-4-6}$$

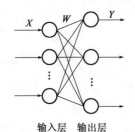

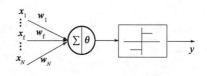

图 2-4-5　感知器拓扑结构　　　　　　图 2-4-6　最简单的感知器

若记 $x_0 = +1, \omega_0 = -\theta$,那么上式可以简单地写为

$$y(t) = g(\sum_{i=0}^{N} \omega_i(t) x_i) \tag{2-4-7}$$

式中:$g(u) = \mathrm{sgn}(u) = \begin{cases} +1, u \geq 0 \\ -1, u < 0 \end{cases}, u = \sum_{i=0}^{N} \omega_i(t) x_i$。

感知器的主要功能是分类。为了实现正确的分类,必须选择合适的权重系数。在神经网

络研究中,根据已知的输入输出数据确定权重系数的方法称为学习算法。

上述感知器的学习算法如下:

(1) 将初始权重$\{\omega_i | i = 0,1,\cdots,N\}$随机地赋予一组小的数值,$t \leftarrow 0$。

(2) 根据输入样本$x = (+1, x_1, x_2, \cdots, x_N)^T$计算感知器的输出:

$$y(t) = g(\sum_{i=1}^{N} \omega_i(t) x_i)$$

(3) 按下式修正权重系数:

$$\omega_i(t+1) = \omega_i(t) + a[d - y(t)] x_i$$

式中,$0 < a \leq 1$,称为学习率或学习步长;d是对应输入样本$x = (+1, x_1, x_2, \cdots, x_N)^T$的期望输出,也称为导师信号。通常,如果$x \in A$(给定的集合)则$d = +1$,若$x \notin A$则$d = -1$。

(4) $t \leftarrow t+1$,重复上述过程(除第一步),直到对所有的输入样本权重系数稳定不变或到达预定的学习次数为止。

可以证明,只要分类问题有解,上述学习算法是收敛的,即$\omega = (\omega_0, \omega_1, \omega_2, \cdots, \omega_N)^T$将收敛到给出正确分类结果的权重系数向量。式(2-4-7)称为感知器学习算法,它属于监督学习(也称有导师学习)算法,可见它是 Hebb 规则的改进形式。

感知器能够解决线性可分问题,它实际上是构造超平面$\omega^T x = 0$将所有样本分为两类。但对于逻辑"异或(XOR)"问题,它是线性不可分的,单层感知器解决不了这类问题。

但是,如果采用多层感知器,则可实现线性不可分的分类问题。可以证明,只要隐层单元数足够多,多层感知器可以实现任何的模式分类。但由于隐层单元的状态不受外界的直接控制,确定相应的权重系数时比较困难。

2. δ-规则

在感知器原型中,神经元的输出只有 +1 和 -1 两种状态。如果将感知器中的开关型激活函数(符号函数)取代为一般线性函数,那么神经元的输出就可取任意的实数值,于是就获得了一种新的神经网络,它是一种感知器的变形,其拓扑结构仍然如图 2-4-5 所示。

此时,网络的第 i 个输出为:

$$y_i = \sum_{j=1}^{N} \omega_{ij} x_i - \theta_i = \sum_{j=0}^{N} \omega_{ij} x_j \tag{2-4-8}$$

如果用$(d_1, d_2, \cdots, d_M)^T$表示网络对应输入$(x_1, x_2, \cdots, x_M)^T$的期望输出,那么网络的输出误差可定义为:

$$E = \frac{1}{2} \sum_{i=1}^{N} (d_i - y_i)^2 \tag{2-4-9}$$

显然,使上式最小的权重系数将是最好的权重系数,这样网络的学习问题便转化为一个参数优化问题了。

根据参数优化中的梯度法的思想,可得如下权重系数修正公式:

$$\Delta \omega_{ij} = -a \frac{\partial E}{\partial \omega_{ij}} \tag{2-4-10}$$

利用复合求导法则,可导出

$$\frac{\partial E}{\partial \omega_{ij}} = \frac{\partial E}{\partial y_i} \frac{\partial y_i}{\partial \omega_{ij}} = -(d_i - y_i) x_i$$

将上式代入式(2-4-10),最后可得:
$$\Delta \omega_{ij} = a(d_i - y_i)x_j \tag{2-4-11}$$

这就是 B·威德罗(Widrow)与 M·霍夫(Hoff)在 1960 年导出的著名学习算法,一般称为 Widrow-Hoff 学习算法或 δ-规则。

不难发现,式(2-4-9)定义的误差函数是关于权重系数 ω_{ij} 的凸函数,δ-规则使权重系数沿最直接的路径趋于最优值。所谓最直接的路径其实就是误差函数的梯度方向。因此,δ-规则经常又称为梯度下降学习方法。δ-规则本质上是最小化误差的平均平方,所以有的地方又称其为最小均方学习算法,即 LMS 学习算法。

在 δ-规则中,学习率 α 对学习性能有着十分重要的影响,它决定了在一次学习中权重系数的变化量。较大的 α 值,使权重系数较快地趋向于最优值。但是,如果 α 值太大,在学习末段会出现来回振荡的现象。较小的 α 值可以避免来回振荡的现象,但会增加学习所需的时间。最好的学习率 α 一般要通过试验来不断调整。

虽然 δ-规则本身并没有克服单层感知器的局限,但它是下面要介绍的多层前馈网络学习算法(BP 算法)非常重要的基础。

三、多层前馈网络与 BP 学习算法

1. 多层前馈网络

单层感知器功能简单,因而用途十分有限。但含有隐层的多层感知器,其功能却非常强大,是典型的多层前馈网络。在多层感知器中,神经元的激活函数可以取感知器原型采用的硬限幅非线性函数,但一般采用 Sigmoid 函数。当神经元的激活函数采用 Sigmoid 函数时,一般就称这样结构的神经网络为多层前馈神经网络(有时仍称为多层感知器)。三层前馈神经网络最具代表性,其拓扑结构如图 2-4-7 所示。

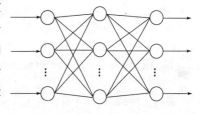

图 2-4-7 典型的多层前馈神经网络

多层前馈神经网络在模式识别、控制工程及其他领域获得了非常广泛的应用,其理论基础是多层前馈神经网络可以高精度地逼近相当任意的非线性函数(映射)。这一事实可以用下面已经被许多学者证明了的数学定理来描述。

定理 1(近似表示定理) 给定定义在 $I^n = [0,1]^n (n \geq 2)$ 上的连续函数 $f(x_1, x_2, \cdots, x_n)$ 和任意的 $\varepsilon > 0$,存在下述形式的非线性函数 $h(x_1, x_2, \cdots, x_n)$:

$$h(x_1, x_2, \cdots, x_n) = h(x) = \sum_{j=1}^{N} \alpha_j \sigma(\omega_j^T x - \theta_j)$$

式中,$\sigma(\cdot)$ 是任一连续的 Sigmoid 函数,可以有许多形式,例如

$$\sigma(x) = \frac{1}{1 + \exp(-\lambda x)}, \lambda > 0$$

函数逼近理论中的上述结论,保证了含一个隐层的三层前馈网络可以逼近任意的连续函数。工程中还经常遇到不连续的函数,但只要所研究的函数(信号)是能量有限的,可以建立类似的结论。一般用 L_2 表示平方可积(能量有限)函数的全体。

定理 2(万有逼近定理) 对于任意的 $\varepsilon > 0$ 及任意的 $f \in L_2[I^n]$,$f:I^n \subset R^n \rightarrow R^m$,存在一个含隐层的三层感知器完成的映射 $h(x)$ 与 $f(x)$ 的均方差小于 ε,即

$$\int_{I^n} \| f(x) - h(x) \|^2 \mathrm{d}x < \varepsilon$$

上述两个数学定理表明,可以用多层感知器来逼近相当任意的非线性映射 $f(x)$。但在实际问题中,经常不可能知道 $f(x)$ 的精确表达式,往往仅知道若干样本对(试验数据),即

$$(x_1, x_2, \cdots, x_N) \xrightarrow{f} (y_1, y_2, \cdots, y_N)$$

需要构造合适的神经网络来近似输入与输出之间的关系。当网络的结构已知后,需要选择合适的权重系数。通过给定的样本对,确定网络权重系数的方法就是学习问题。

2. BP 学习算法

对于多层感知器,所谓学习就是不断调整网络参数,使得网络的输出和其期望的输出尽可能地一致。虽然已经提出了许多种学习算法,但迄今为止最有效和最实用的方法是 D·鲁梅尔哈特(Runelhart)和 J·迈克利兰德(McClelland)在 1985 年提出的广义 δ-规则,即误差反向传播学习算法(常简称为 BP 算法)。BP 算法的基本思想与 δ-规则一样,也是优化理论中的梯度法。

考虑如图 2-4-8 所示含有多个隐层的网络模型。设期望输出为 $t \in R^M$,实际输出(网络计算输出)为 $y \in R^M$,网络的输入为 $x \in R^N$。如式(2-4-12),以误差平均和为指标函数:

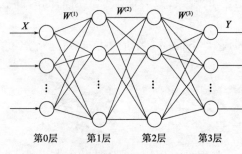

图 2-4-8 多隐层前馈神经网络

$$E = \frac{1}{2} \| t - y \|^2 = \frac{1}{2} \sum_{i=1}^{M} (t_i - y_i)^2 \tag{2-4-12}$$

如果记网络第 l 层第 i 神经元的实际输出为 $o_i^{(l)}$,那么 $o_i^{(l)} = \begin{cases} x_i, & \text{输入层时} \\ y_i, & \text{输出层时} \end{cases}$。另外记网络第 l 层第 i 神经元的净输出为 $I_i^{(l)}$,即

$$I_i^{(l)} = \sum_{j=1}^{N(l-1)} \omega_{ij}^{(l)} o_j^{(l-1)} - \theta_i^{(l)} = \sum_{j=0}^{N(l-1)} \omega_{ij}^{(l)} o_j^{(l-1)} \tag{2-4-13}$$

式中,$o_0^{(l-1)} = +1$,$\omega_{i0}^{(l)} = -\theta_i^{(l)}$;$N^{(l-1)}$ 表示网络第 $l-1$ 层神经元的数目。

显然,网络第 l 层第 i 神经元的输入输出关系为:

$$o_i^{(l)} = g(I_i^{(l)}) \tag{2-4-14}$$

式中,$g(\cdot)$ 是神经元的激活函数。

类似式(2-4-10),根据梯度下降法的思想有:

$$\Delta \omega_{ij}^{(l)} = -\alpha \frac{\partial E}{\partial \omega_{ij}^{(l)}} \tag{2-4-15}$$

考虑到 $\frac{\partial E}{\partial \omega_{ij}^{(l)}} = \frac{\partial E}{\partial I_i^{(l)}} \frac{\partial I_i^{(l)}}{\partial \omega_{ij}^{(l)}}$,如果记:

$$\delta_i^{(l)} = -\frac{\partial E}{\partial I_i^{(l)}} \tag{2-4-16}$$

那么由式(2-4-13),可将公式(2-4-15)化为:

$$\Delta \omega_{ij}^{(l)} = \alpha \delta_i^{(l)} o_j^{(l-1)} \tag{2-4-17}$$

这就是 BP 算法的核心公式。比较 δ-规则式,可以发现上式中 $\delta_i^{(l)}$ 表示了网络第 l 层第 i 神经元的误差信息,这是 BP 算法又称广义 δ-规则的原因。

下面讨论 $\delta_i^{(l)}$ 的计算方法。根据式(2-4-14)可知:

$$\delta_i^{(l)} = -\frac{\partial E}{\partial I_i^{(l)}} = -\frac{\partial E}{\partial o_i^{(l)}} \frac{\partial o_i^{(l)}}{\partial I_i^{(l)}} = -\frac{\partial E}{\partial o_i^{(l)}} g'(I_i^{(l)}) \qquad (2\text{-}4\text{-}18)$$

对于最后一层,因为 $o_i^{(l)} = y_i$,所以 $\frac{\partial E}{\partial o_i^{(l)}} = \frac{\partial E}{\partial y_i} = -(t_i - y_i)$,因此:

$$\delta_i^{(l)} = (t_i - y_i) g'(I_i^{(l)}) \qquad (l \text{ 为输出层时}) \qquad (2\text{-}4\text{-}19)$$

对于其他任何隐层,由式(2-4-13)可知,$\frac{\partial E}{\partial o_i^{(l)}} = \sum_{i=0}^{N^{(l+1)}} \frac{\partial E}{\partial I_j^{(l+1)}} \frac{\partial I_i^{(l+1)}}{\partial o_i^{(l)}} = \sum_{j=0}^{N^{(l+1)}} (-\delta_j^{(l+1)}) \omega_{ji}^{(l+1)}$,代入式(2-4-18),最后得:

$$\delta_i^{(l)} = (\sum_{j=0}^{N^{(l+1)}} \delta_j^{(l+1)} \omega_{ji}^{(l+1)}) g'(I_i^{(l)}) \qquad (l \text{ 为输出层以外的任何隐层}) \qquad (2\text{-}4\text{-}20)$$

比较式(2-4-19)与式(2-4-20),可以看出,误差是从最后一层开始逐层逆向传播的,这就是称之为反向传播(back propagation,BP)算法的原因。

在上述 BP 算法中,$g'(x) = \frac{\mathrm{d}g(x)}{\mathrm{d}x}$,可见要求神经元的激活函数 $g(\cdot)$ 是可导的,所以在多层感知器中一般采用 Sigmoid 函数作为激活函数,而不采用不可导的符号函数等。一般采用最简单的 Sigmoid 函数,即 $g(x) = \frac{1}{1 + \exp(-x)}$,由此不难导出 $g'(x) = g(x)[1 - g(x)]$。

以下是 BP 算法的计算步骤:

(1) 初始化:置网络权重系数 $\omega_{ij}^{(l)}(0)$ 为不全相等的随机小数。

(2) 前向计算:对每一样本 $x_p (p = 1,2,\cdots,n_p)$ 计算所有神经元的输出,即

$$o_i^{(l)} = g(I_i^{(l)}) = g(\sum_{j=1}^{N^{(l-1)}} \omega_{ij}^{(l)} o_j^{(l-1)})$$

(3) 反向计算:根据对应样本 x_p 的期望输出 t_p,反向递推计算所有的训练误差,即

$$\delta_i^{(l)} = (t_i - y_i) g'(I_i^{(l)}) \qquad (\text{输出层})$$

$$\delta_i^{(l)} = (\sum_{j=0}^{N^{(l+1)}} \delta_j^{(l+1)} \omega_{ji}^{(l+1)}) g'(I_i^{(l)}) \qquad (\text{隐层})$$

(4) 修正权重系数:

$$\omega_{ij}^{(l)}(k+1) = \omega_{ij}^{(l)}(k) + \alpha \delta_i^{(l)} o_j^{(l-1)}$$

(5) 循环判断:当 p 每经历 $1 \to n_p$ 后,检验下式是否成立

$$\sum_{p=1}^{n_p} \| t_p - y_p \|^2 > \varepsilon \qquad (\varepsilon > 0 \text{ 是预先给定的误差限})$$

(6) 停止:记录权重系数及学习误差等信息,终止计算。

在 BP 算法中,误差平方和是权重系数的复杂函数,一般有多个局部极小点。显然,只有全局极小点才是网络的最优解。和所有梯度下降优化算法一样,当初始权重系数选择不当时,BP 算法往往收敛到某一局部极小点,而达不到全局极小点,这是梯度算法固有的缺点。一般需要选择不同的初始权重系数,多次反复学习,从中选出最好解作为最终的权重系数。

与 δ-规则中学习率 α 的影响一样,BP 算法中学习率 α 的选取非常重要。大的 α 在开始时

收敛较快,但在后段可能会出现振荡。而小的 α 将使学习过程过长。采用变步长策略,即让学习率随学习过程的进展而逐步减小,可以收到较好的效果。

收敛速度慢以及局部极小问题是 BP 算法的主要缺点,目前已经提出了许多改进方法,但一般没有普适性。一种改进是引入"惯性项",即

$$\Delta\omega_{ij}^{(l)}(k+1) = \alpha\delta_i^{(l)}o_j^{(l-1)} + \beta\Delta\omega_{ij}^{(l)}(k) \tag{2-4-21}$$

α 与 $\beta(>0)$ 的合适选取和具体问题有关。在梯度优化法中,相邻两次搜索方向相互正交,所以引入"惯性项"可以避免振荡。这是一种常见的也是非常有效的改进算法。

由于 Sigmoid 函数的固有特点,输出层神经元的理想输出值只能趋于 1 或 0,不可能到达 1 或 0。所以在设置训练样本的理想输出分量时,不宜设置为 1 或 0,需要时(例如分类问题)可以设置为 0.9(0.99) 或 0.1(0.01)。

四、RBF 神经网络与聚类分析

1. RBF 神经网络

在模式识别、控制工程等应用中,主要是应用神经网络逼近非线性映射的能力。对于前面讨论的多层前馈网络,当有新的输入输出数据对(学习样本)时,网络所有的权重系数都需要进行调整,从而产生学习速度很慢等问题。如果对于输入空间的局部区域,仅有少数几个权重系数影响网络的输出,这样就可以避免上述多层前馈网络的问题。具有这种特点的网络称为局部逼近神经网络。对应地,前面介绍的多层前馈网络称为全局逼近神经网络。

径向基函数(radial basis function)具有径向对称、光滑等优点,由径向基函数构造的神经网络,称为 RBP 神经网络,即径向基函数神经网络。RBF 网络是在 20 世纪 80 年代末提出的一种网络模型,是一种典型的局部逼近神经网络,已经获得了非常广泛的应用。

径向基函数的一般形式为:

$$\phi_j(x) = \phi_j\left(\frac{\|x - c_j\|}{\sigma_j}\right) \tag{2-4-22}$$

式中:c_j——第 j 个基函数 $\phi_j(x)$ 的中心;

ϕ_j——基函数 $\phi_j(x)$ 的宽度参数。

径向基函数 $\phi_j(x)$ 在 c_j 处有唯一极大值,并关于 c_j 径向对称。

径向基函数神经网络的一般表达式为:

$$y_i = \sum_{j=1}^{m} \omega_{ij} \theta_j(x) \quad (i = 1, 2, \cdots, r) \tag{2-4-23}$$

式中:y_i——网络第 i 个输出;

ω_{ij}——网络连接权重系数;

x——网络的输入,$x \in R^n$。

为了使 RBF 神经网络完成希望的映射,必须根据已知的输入输出样本对调整权重系数,即学习。对于输入 $x \in R^n$,设网络的实际输出为 $y(y_1, y_2, \cdots, y_r)^T$,期望输出为 $y(y_1^d, y_2^d, \cdots, y_r^d)^T$,那么可以采用简单的 δ-规则来调整权重系数 ω_{ij},即

$$\omega_{ij}(k+1) = \omega_{ij}(k) + \alpha(y_i^d - y_i(k))\frac{\phi_j(x)}{\Phi^T(x)\Phi(x)} \tag{2-4-24}$$

式中，α 为学习率，$\Phi(x) = (\phi_1(x), \phi_2(x), \cdots, \phi_m(x))^T$。只要 $0 < \alpha < 2$，上述学习算法一定收敛。

实际上，如果记 $e_i(k) = y_i^d - y_i(k)$，那么

$$\Delta e_i(k) = e_i(k+1) - e_i(k) = y_i(k) - y_i(k+1)$$

$$= -\sum_{j=1}^{m} \Delta \omega_{ij}(k) \phi_j(x) = -\sum_{j=1}^{m} \alpha(y_i^d - y_i(k)) \frac{\phi_j(x)\phi_j(x)}{\Phi^T(x)\Phi(x)}$$

$$= -\alpha e_i(k) \frac{\sum_{j=1}^{m} \phi_j(x)\phi_j(x)}{\Phi^T(x)\Phi(x)} = -\alpha e_i(k)$$

即 $e_i(k+1) = (1-\alpha) e_i(k)$。显然，只要 $|1-\alpha| < 1$，即 $0 < \alpha < 2$，就有 $\lim_{k \to \infty} e_i(k) = 0$。

最常用的径向基函数是高斯函数，即

$$\phi_i(x) = \exp\left(\frac{\|x - c_j\|^2}{\sigma_j^2}\right) \quad (2\text{-}4\text{-}25)$$

2. 聚类分析

RBF 神经网络中基函数的中心和宽度参数也可以通过梯度下降学习算法来获得，但不再具有唯一性等优点，同时会出现局部极小问题，因此一般通过对输入样本的聚类分析来确定。

聚类分析是一种无监督学习，即没有导师信号，它力图自主地提取输入样本的特征信息。聚类分析广泛用于模式识别中，用以获得输入样本的初步统计信息。有许多聚类分析算法，但最基本的是 k-均值算法。给定训练样本数据，k-均值算法可以较好地提取 RBF 网络中基函数的中心参数，并以此为基础确定宽度参数。

下面结合学习 RBF 网络中基函数的中心参数，给出 k-均值算法的具体实现。在 k-均值算法中，要求已知待分类数据的类型数，即 RBF 网络中基函数的个数（隐单元数）。这里设 RBF 网络中基函数的个数为 m，其实可以根据网络实现的逼近效果来调整其值。

k-均值算法确定 RBF 网络基函数中心参数的步骤如下：

(1) 初始化：随机地选择 $c_j(0), j = 1, 2, \cdots, m, t \leftarrow 0$，(一般选为最先进入学习的 m 个网络输入矢量)。

(2) 分类：按输入样本与 $c_j(t)$ 的距离将所有的输入分为 m 类 $D_j(j = 1, 2, \cdots, m)$，即如果 $d_r = \min\{d_j = \|x - c_j(t)\|, j = 1, 2, \cdots, m\}$，那么将该输入 x 归为 $D_r(x \in D_r)$。

(3) 修正中心参数：$c_j(t+1) = \frac{1}{|D_j|} \sum_{x \in D_j} x$，其中 $|D_j|$ 表示 D_j 中元素的个数。

(4) $t \leftarrow t+1$：重复上述过程 (2) → (3)，直到所有的 $c_j(t)(j = 1, 2, \cdots, m)$ 不再变化为止。

(5) 输出 $c_j(t), D_j(j = 1, 2, \cdots, m)$，聚类完成。

当通过上述 k-均值算法获得所有中心参数 $c_j(j = 1, 2, \cdots, m)$ 后，可以按下式估计对应的宽度参数：

$$\sigma_j^2 = \frac{1}{|D_j|} \sum_{x \in D_j} \|x - c_j\|^2 \quad (2\text{-}4\text{-}26)$$

一般说来，RBF 网络结构简单，学习算法容易实现，没有局部极小等问题。但对于给定的训练样本，如何选择适合的径向基函数及确定合适的隐单元（神经元）数有一定的困难。一般说来，对同一问题，RBF 网络要求的隐单元数比多层感知器要求的单元数要高许多。

第五节 智能控制方法

一、智能控制的概念

对于许多复杂的被控对象和它的外界环境引发的扰动,有时难以建立有效的数学模型和采用常规的经典或现代控制理论和方法去进行定量计算和分析、设计。为此,随着人工智能研究的发展,人们开始将人工智能引入到自动控制系统,形成智能控制系统。这是新一代的自动控制系统,并出现了"智能控制"这个新方向。

"智能控制"这一概念是美国普渡大学(Purdue University)电气工程系教授 K. S. Fu 在 20 世纪 70 年代初提出来的。他在对几个自学习系统进行研究后,为了强调系统中采用的人工智能的启发式规则和它对问题求解及决策能力,他采用了"智能控制系统"来概括这些系统。1987 年在美国召开智能控制的首届国际学术会议,标志着智能控制作为一个控制科学的新分支得到了承认。

智能控制具有与人工智能、自动控制、信息技术和系统工程(包括运筹学)等形成交叉学科的特点和定量与定性相结合的分析方法的特点。其中系统工程是从整体出发合理开发、设计、实施和运用系统的工程技术。而运筹学(operational research)是系统工程方法论中的核心技术之一,它用数学方法研究系统在内外环境的约束条件下合理调配各种资源,使之有效运行的技术科学。因而,智能控制是运用智能方法或机器,无须人工干预地自主来解决被控对象的建模和控制、优化等目标问题的新分支。

智能控制的特点是具有智能,能解决一些以往的自动控制解决得不好或者不能解决的控制问题。它将人工智能中的专家系统、学习控制、模糊逻辑控制和具有多层感知器的神经网络等分别与自动控制和系统工程的一些方法相结合,形成一些新的、具有独特性能的智能自动控制系统。

已经研制成能听懂人的言语、执行人的命令的智能机器人,能行走、上楼梯的智能机器人,以及能进行某些特殊操作的智能机器人,如目前能在设置爆炸物的现场拆除引信的智能机器人和消防灭火的智能机器人等。

按照这些思路已经研究出一些智能控制的理论和技术,用以构造适用于不同领域的智能控制系统。以下介绍四种较常用的智能控制系统,具体说来就是:分别运用由知识库、数据库、学习机、推理机组成的智能决策单元(专家系统),模糊控制,学习控制以及神经网络来构建控制器。由此可知,智能决策单元或智能控制器,是以微积分所表示的高等数学方法和以语言变量、规则和推理所表示的符号运算及推理(非数学)方法的混合并存作为特点。

二、专家控制

1. 专家系统

专家系统是根据那些解决专门问题非常熟悉的人们(专家)的大量知识和经验建立起来的计算机程序系统,它能进行推理和判断,模拟人类专家的决策过程来求解专门的难题;而应用专家系统的概念和技术,模拟人类专家的控制知识与经验而建立的控制系统,称为专家控制系统(expert control system),其中结构、功能简单些的称为专家控制器(expert controller)。

专家系统的功能为:解释(根据信息对局势)、预测(对未来)、诊断(对人体疾病和机器故障)、设计(对产品结构、部件布线)、行动(对计划、步骤)、监控(对系统行为有影响的因素)、调试或故障排除(提出处理意见)、修理(制订计划并执行)、教学(智能化的计算机辅助教学)、控制(对空中交通、军事、复杂系统等)。应用领域包括汽车、电子、航空、航天、交通控制、商务管理、疾病诊断、医疗、军事、化工和制药等。

2. 专家控制器

图 2-5-1 所示的自动控制系统是基于专家控制器的工业过程专家控制系统。在没有控制器时这是一个人控的手动控制系统,操作人员的眼睛看着测量传感器(反馈环节)即被控制量的测量幅度,脑里进行着复杂的推理和判断;首先判断瞬时误差的正负和大小,然后识别调节过程的特征,如超调量、振荡次数和稳态误差等,再根据以往的控制知识和经验,决定应该施加多大(增加还是减少)的控制作用至执行机构。图上虚线框所示为专家控制器以替代专家的手动控制。它由特征识别与信息处理部分、推理机(inference engine)、知识库(knowledge base)和控制规则集组成。它被认为是一种简单的专家系统。

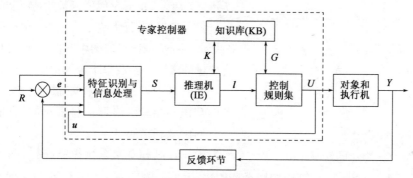

图 2-5-1 专家控制器的结构

"特征识别与信息处理"部分是对输入作用 R(大写字母表示集合)、扰动作用、误差 e 和输出作用 Y 等信息特征进行提取和加工,为控制决策和学习、适应提供依据的软件。"知识库"是将知识表示为计算机内部形式并能进行处理的软件,它存放工业过程控制领域的知识,具有补充或自我修改、完善的能力。"控制规则集"是对被控过程的各种控制模式和经验的归纳和总结的软件,实际上就是规则库。"推理机"是用于记忆所采用的规则和控制策略的程序,使整个专家系统能够以逻辑方式协调地工作,进行推理作出决策的软件。由于规则条数不多,搜索空间很小,推理机就十分简单,采用向前推理的方法。

上述基于专家系统的专家控制器已成功地用于具有强非线性和大滞后的工业旋转窑的温度控制等场合,取得了远比常规 PID 控制器优越很多的性能。

三、模糊控制

1. 模糊控制原理

采用由模糊数学语言描述的控制规则来控制系统,称为模糊控制(fuzzy control),由美国控制理论家 L·扎德于 1965 年开始逐步提出并完善,1974 年 E·曼达尼(Mamdani)等将该理论成功地应用于小型汽轮机的控制。此后,模糊控制的应用得到广泛的发展和推广。

以工业过程手动控制系统为例,其中操作人员一方面在观察传感器(反馈环节)的读数,它们是用数字表示的,另一方面根据他的知识和经验对被控量(输出)的特征进行识别,后者更常常是用语言信息表示的,同时自动控制误差和控制作用也是根据操作者的知识和经验以语言信息表示的。然后进行复杂的推理和判断,它们也是基于语言信息的。例如被控量的误差小,或者被控量在调节过程中上升较快,有较大的超调量,则控制器的微分作用应该是"较大"。上述规则也就是模糊控制规则。因为操作人员的知识,大多数是以语言信息来表述的,而且常常是用比较模糊的术语来表示的,如"较快"和"较大"等。这样表达知识既方便又有效。

例如,对于以炉温作为一个语言变量,可以在温度集 T 中取值:

T(温度) = {超高,很高,较高,中等,较低,很低,过低}

一个模糊变量(如炉温)可以在一个论域内取值,模糊函数可能在这个论域内取所有值,并以取某一确定值的"属于的程度"来作为该点的隶属度。譬如说,所说温度集 T 的模糊函数"中等"温度不是以一个确定的量"1500℃"来表示,而是以一个 1375~1625℃ 的温度区间的三角形的分布来描述。即 1500℃ 一定属于"中等"温度,其隶属度等于 1,而 1375℃ 以下和 1625℃ 以上温度一定不属于"中等"温度,其隶属度等于 0。整个温度集的隶属度函数如图 2-5-2 所示,由 7 个三角形隶属度函数组成。隶属度函数的纵坐标为隶属度,最大为 1 表示"一定属于",最小为 0 表示"一定不属于"。图中"超高"和"过低"两个语言变量的隶属度函数呈半个梯形图形。

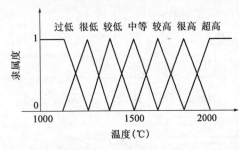

图 2-5-2 温度的隶属度函数

同时自动控制误差和控制作用也是根据操作者的知识和经验以语言信息表示的,它们都规定了各自的论域和隶属度函数。

模糊控制和专家系统控制一样,两者都含有知识库和推理机,所不同的是在模糊控制系统中采用的是模糊知识表示和模糊推理方法。模糊控制的基本结构如图 2-5-3 所示。它由模糊化接口、知识库、推理机和去模糊器(模糊判决)接口组成。模糊化接口将测量得到的输入变量、输出变量和误差(必要时误差的导数)变换为适当的语言值。知识库由数据库和语言规则库组成。推理机可以实现拟人的决策过程,根据模糊输入和模糊控制规则,进行模糊推理以获得模糊输出(决策)。去模糊器(模糊判决)接口起到根据推理机的模糊输出 U,产生一个精确的控制作用 u,加到执行环节和对象上。模糊控制系统的实现有多种方案,不少模糊控制系统有很好的控制效果。模糊控制已广泛用于过程控制、机器人控制等许多场合。

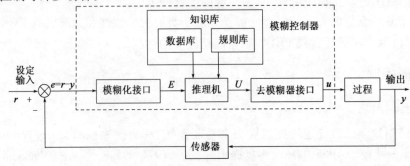

图 2-5-3 模糊控制的基本结构

模糊控制器原理:模糊控制器主要是将控制者的经验加以整理和处理,归纳成一组模糊条件语句;并根据模糊数学加以数量化,用模糊逻辑、模糊语句给出模糊算法,使模糊控制器能够模仿人的操作策略,使计算机能接收模糊算法语言给出的控制指令,实现对系统的控制。

模糊控制器的设计可以归纳为以下三个方面:

(1)将各种语言变量模糊化,一般是通过计算控制系统的现时误差及误差的变化率,并将它们分类定级、确定论域,给出在各种组合情况下的隶属度,使各种变量模糊化。

(2)设计模糊控制算法,计算出模糊控制量。模糊控制算法通常是应用模糊条件语句或近似推理来表示。例如

IF…,THEN…(若 P 则 Q);

IF…OR…,THEN…(若 P 或 Q 则 S);

IF…OR…,THEN…(若 A 则 B,否则 C);

IF…AND…,THEN…(若 A_F 且 B_F 则 C_F)等。

(3)去模糊器的设计。模糊判决方法主要有三种:①最大隶属度法;②中位数判决法;③加权平均法。每种方法各有优、缺点,它的功能是将所用模糊控制算法的模糊条件语句,转化成被控对象所能接受的一个控制作用确定的值。

2. 模糊控制应用举例

如炉温控制系统,将被测炉温(被控制量)分成7个等级。更重要的是将炉温的误差 e 分成7档,并以代号 $-3, -2, -1, 0, +1, +2, +3$ 表示。由此,给出的误差变量的论域为:

$$X = \{-3, -2, -1, 0, +1, +2, +3\}$$

而误差在论域中有5个语言取值,以脚标 e 相区别:$PB_e, PS_e, O_e, NS_e, NB_e$。分别为:正大、正小、零、负小、负大。为了将误差变量模糊化,需要给出上述的隶属度,见表2-5-1。

误差 e 的隶属度　　　　表 2-5-1

隶属度＼等级　变量	-3	-2	-1	0	+1	+2	+3
PB_e	0	0	0	0	0	0.5	1
PS_e	0	0	0	0.5	1	0.5	0
O_e	0	0	0.5	1	0.5	0	0
NS_e	0	0.5	1	0.5	0	0	0
NB_e	1	0.5	0	0	0	0	0

控制量是调压器上可移动触头位移变化 u,向上移为正(增加电压),向下移为负(减少电压)。设可移动触头位移的变化为9档。用代号 $-4, -3, -2, -1, 0, +1, +2, +3, +4$ 表示。因此控制量的论域为:

$$U = \{-4, -3, -2, -1, 0, +1, +2, +3, +4\}$$

将控制量的语言取值也分为5级,以角标 u 相区别,即 $PB_u, PS_u, O_u, NS_u, NB_u$。其含义分别为:正大、正小、零、负小、负大。同样,给出取这些值的隶属度,如表2-5-2所示。

控制量 u 的隶属度　　　　　　　　　　表 2-5-2

隶属度＼等级＼变量	-4	-3	-2	-1	0	+1	+2	+3	+4
PB_u	0	0	0	0	0	0	0.5	1	1
PS_u	0	0	0	0	0.5	1	0.5	0	0
O_u	0	0	0	0.5	1	0.5	0	0	0
NS_u	0	0	0.5	1	0.5	0	0	0	0
NB_u	1	1	0.5	0	0	0	0	0	0

模糊控制算法的设计就是给出模糊条件语句。按照操作者的经验归纳出如下规则：IF e 负大，THEN u 正大；IF e 负小，THEN u 正小；IF e 为 0，THEN u 为 0；IF e 正小，THEN u 负小；IF e 正大，THEN u 负大；并列入在表 2-5-3 中。

模 糊 控 制 算 法　　　　　　　　　　表 2-5-3

IF	NB_e	NS_e	O_e	PS_e	PB_e
THEN	PB_u	PS_u	O_u	NS_u	NB_u

用一个实例来说明如何进行模糊判决。设测得误差的值进入数据库和规则库后，并由后者查得该误差的相应等级，如 NB_e，由此得

$$\check{e} = NB_e = (1, 0.5, 0, 0, 0, 0, 0)$$

式中，$\check{e}$ 表示误差 e 的模糊子集。由模糊控制算法表（表 2-5-2）查得

$$\check{u} = PB_u = (0, 0, 0, 0, 0, 0, 0.5, 1, 1)$$

根据最大隶属度判决法，可选控制量为"4级"。如根据中位数判决法，即将隶属度函数曲线与横坐标所围成的面积平均分成两部分，所对应的论域元素 u 作为输出判决。由上式 $\check{u}$ 可知其隶属度函数是直角三角形，均分三角形面积得 $u \approx 3.62$，也即接近"4级"。如根据加权平均判决法，$u \approx 3.79$，也即接近"4级"。于是可在相当于"4级"的触头位移的变化置中选一个精确值 u^*，并加到控制系统中。这样，便完成了模糊控制。

这是一个最简单例子，实际应用中还应该引入误差 e 的变化（导数 $\check{e}$），并被模糊化，一起被用来控制 u。这时，模糊控制算法要应用较复杂的模糊条件语句或近似推理"IF⋯AND $\check{e}$⋯，THEN u⋯"来表述，此时可借助 MATLAB 等软件完成相关模拟和计算。

四、学习控制

学习控制（learning control）是指在对系统进行控制的进程中估计某些信息，并据以改善控制的一种控制方法，以便逐步改进控制系统的性能。学习系统是自适应系统的发展与延伸，它能够按照运行进程中的"经验"和"教训"来不断增长知识、改进算法，更广泛地模拟人类的某些行为（如判断、推理等）。

图 2-5-4 所示为一个由智能决策单元（intelligent decision unit，IDU）控制来修正的 PID 控制器的智能工业控制系统。智能决策单元由数据库（data base）、规则库、推理机和学习机（learning machine）组成。首先要将系统的输入、误差（及其导数）和输出（及其导数）以及输出的动态品质（如上升速度、超调量、振荡次数和调节时间等）作为过程的特征，输进决策单元的

数据库。规则库中存放修改 PID 控制器的比例(P)、积分(I)和微分(D)的规则。例如,如果系统输出趋向振荡,则要加大微分系数和(或)减小积分系数等。推理机根据规则库内的规则来推理如何变化控制器的相应 PID 参数;学习机是通过学习来修正控制规则和推理规则的软件。学习机根据新、老 PID 参数的使用情况来学习,使推理机能更有效地改变控制器参数。

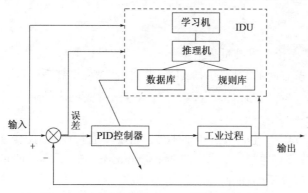

图 2-5-4　由智能决策单元(IDU)来修正控制器参数

第六节　自主车辆与交通控制

一、自主车辆

自主车辆(autonomous vehicle, AV)又称智能移动机器人、无人驾驶车辆、自动驾驶车辆等,它可以根据预先规定的任务,在行驶的过程中不断感知环境信息,自主地做出各种判断和决策,及时调整车辆自身的行驶状态并执行相应的动作和操作。自主车辆可以代替人在复杂的环境中完成危险的工作,也可以代替人从事精细的工作从而提高工作效率。自主车辆已经成为物流自动化的重要组成部分。

自主车辆由传感系统、定位系统、路径规划系统、运动控制器等部分组成,是一个多回路反馈控制系统,如图 2-6-1 所示。其中传感系统感知环境信息与车辆自身的位置信息等,定位系统根据传感系统提供的信息确定车辆当前位置,路径规划系统根据定位系统提供的车辆信息结合预先规定的任务确定合适的行进路线,运动控制器根据车辆当前的位置与速度信息以及规划产生的路径操纵车辆运动,或完成规定的操作。运动控制器与车辆本体也构成一个反馈控制系统,目的是使车辆平稳地行进,并在适当的时候完成规定的动作。图中运动控制器还包括驱动车辆运动的伺服驱动系统,微观上一般也是一个反馈控制系统。

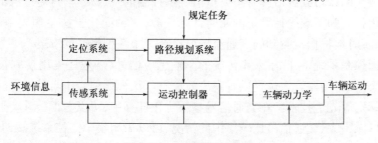

图 2-6-1　自主车辆结构框图

自主车辆是一个以计算机为中心的控制系统,可能包括摄像机、陀螺仪、加速度表以及红外、超声或激光测距仪等,也可以有无线通信模块、GPS接收机等。根据需要,还可以包含电子地图、地理信息系统等软件。自主车辆涉及机器视觉、多元信息融合、路径规划、灵巧控制等现代控制理论与方法,具有很好的研究意义与实用价值。

二、交通控制

如果从1868年英国伦敦安装世界上第一台交通信号机开始,交通控制已经有150年的历史。交通控制目标是多方面的,主要包括:①减少交通事故,提高交通运输的安全性;②降低能源消耗,减少汽车运输对环境的污染;③改善交通状况,提高网络的通行能力;④提高运输生产率,增加经济效益。

交通控制内容十分广泛,包括航空交通控制、船运交通控制、陆路交通控制以及轨道交通控制等,这里仅讨论城市交通控制。城市交通控制(urban traffic control)的主要目标是交通畅通、减少延误,从而实现降低油耗、减少车辆污染排放。

城市交通控制是通过交通信号来实现的,传统上分为点控、线控与面控三大类,而每类中又分为若干种方式,如定周期方式、感应方式等。从控制的角度,可以把城市交通控制分为两种,其一为程序控制型,其二为反馈控制型。

在程序控制型中,预先设定好每个交通信号的配时方案,包括周期时间长度、绿信比、相位差。每个交通信号都按既定程序变换红、黄、绿三种色灯,周期地不断重复,从而实现对交通流的控制。有时或有的地方,可以事先准备好几种不同的配时方案,在每天不同时段选择不同的配时方案。例如,对一个大型工厂前的交通信号,在上下班时与平时可以采用2种不同的配时方案。对一个交叉路口、一条线路或一个区域都可以采用这种方式,严格按时间顺序控制交通信号的灯色。这样构成的交通控制系统简单、可靠,投资少、见效快,对于比较稳定的交通流有较好的作用,但不能适应交通流的随机变化,特别是当交通流发生突变时,控制效果将明显下降。另外,对于一个较大的区域来说,如果重新制订配时方案,需要重新进行交通调查、优化计算,将消耗大量的人力和时间。因此,柔性较差,即灵活性不好。从控制的观点来说,这种交通信号控制方法属于典型的开环控制,不具有抗干扰能力。

在反馈控制型中,根据车辆感应器检测到的交通流情况,实时地制订最优的配时方案,及时地调整交通信号参数(周期、绿信比、相位差)。这种控制方式不仅适用于单个交叉路口,也适用于一条路线、一个区域或一个城市。当然,对于单个交叉路口来说,没有相位差的问题。如果采用这种方式控制一个区域的交通信号,需要安装大量的车辆感应器、需要联网、需要有功能强大的计算机及配套软件,相对建设成本较高,但能较好地适应交通流的随机变化,对交通流特性变化较大的城市或区域具有重要价值。从控制的观点来说,这是理想的解决方案,可以有效地抑制干扰。为了减少计算机的实时计算任务,一种简化方法是预先编制若干套交通信号参数方案,实时地根据检测到的交通流情况选择其中一种最好的方案。

在现代交通控制系统中,除了采用传统的车辆感应器外,一般还采用视频技术,可以获得交通现场的动态画面,给监管人员提供直观决策信息。从视频信号中自动提取交通信息,需要应用图像模式识别等先进技术。在交通信号参数优化计算中,可以考虑公共交通优先等。

对于控制区域不大、交通信号比较集中的情况,可以采用集中监控系统。即用一台中央主机控制辖区内的所有交通信号,优点是结构比较简单、建设和维护费用相对较低。但一般需要采用分层递阶控制，如图2-6-2所示。决策控制中心是交通控制系统中的最高节点，下辖若干协调控制站。决策控制中心根据外部需求及全系统交通现状，制订交通计划，并作为约束条件下传给各协调控制站。外部需求包括VIP（贵宾）车队、大型集会等信息，交通现状包括各区域通行能力、路况、突发事件等。路口信号灯控制系统是底层基本单元，负责实时采集本路口车流信息，以本路口交通顺畅为目标进行初步决策，并将初步决策上报协调控制站。协调控制站管辖若干路口信号灯控制系统，以本辖区交通顺畅为目标，同时考虑决策控制中心给定的约束条件，对下属路口信号灯控制系统上报的决策方案进行协调，协调结果作为实际方案下发各路口信号灯控制系统具体执行。协调控制站需要及时地将本区域重要的交通信息上报决策控制中心，必要时可以申请决策控制中心更改交通计划。协调控制站可能还需要在非路口设立交通信息采集点，重要路段、路口的交通信息要上传决策控制中心。

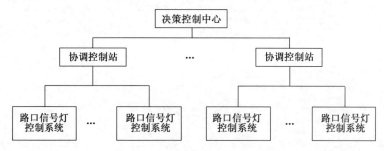

图2-6-2　交通控制系统分层递阶结构

交通控制系统的分层递阶结构可以有效地克服集中控制的缺点，可靠性较高，当系统局部出现故障时，全系统仍然可以正常工作。例如，某路口信号灯控制系统出现故障或出现交通意外时，协调控制站可以协调其他正常路口的决策方案（配时方案），从而保证本辖区的正常交通活动；如果某协调控制站出现故障，下属路口信号灯控制系统仍然可以"各司其职"，实现基本的交通控制。

【练习题】

1. 什么是开环控制系统？什么是反馈控制系统？各有什么特点？
2. 什么是模式识别？试举例说明模式识别在交通工程中的应用。
3. 自动控制系统由哪些环节构成？各环节的作用是什么？
4. 试说明衡量一个控制系统的性能指标主要有哪些。
5. 什么是专家控制？什么是模糊控制？两者有何特点和不同？
6. 试说明BP神经网络算法原理。
7. 什么是自主车辆？试举例说明自主车辆在交通运输行业中的应用。
8. 什么是集中控制？什么是分层递阶控制？试举例说明它们在交通控制中的应用。

第三章
交通流基础理论

第一节 交通流基本参数

一、基本交通流参数定义

宏观上,基本的交通流参数包括交通量(traffic volume)、速度(speed)和车流密度(density)。这些交通流参数的定义依据观察方法的差别而有所差别,下面介绍 Edie 给出的定义。

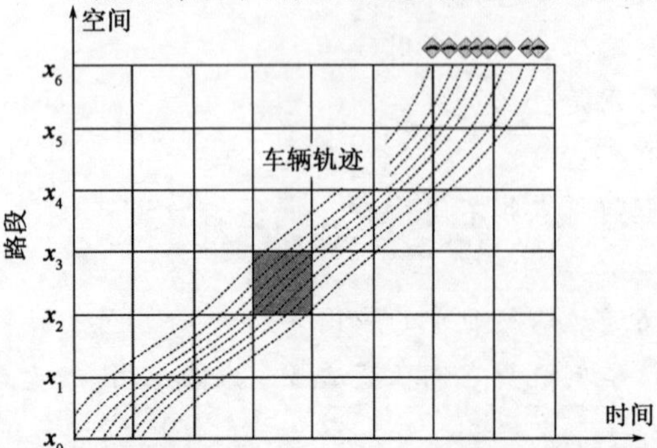

以图 3-1-1 中阴影区为对象,可以建立如下定义:

交通量: $$q(A_n) = \frac{d(A_n)}{|A_n|} \quad (3\text{-}1\text{-}1)$$

密度: $$k(A_n) = \frac{t(A_n)}{|A_n|} \quad (3\text{-}1\text{-}2)$$

速度: $$v(A_n) = \frac{d(A_n)}{t(A_n)} \quad (3\text{-}1\text{-}3)$$

图 3-1-1 时空区域内车辆行驶轨迹

式中：A_n——任意的时空区域，本公式中代表阴影区域；
　　$d(A_n)$——所有经过区域 A_n 的车辆行驶距离之和；
　　$t(A_n)$——所有经过区域 A_n 的车辆行驶时间之和；
　　$|A_n|$——区域 A_n 的面积。

基于这种定义，每个参数代表了某一时空区域的交通状态，此时的速度代表某一时空区域的平均速度，从公式(3-1-1)至式(3-1-3)可以得到如下关系：

$$q = kv \tag{3-1-4}$$

二、以某一断面度量的交通流参数

根据 Edie 给出的定义，当时空间区域非常小，可以表示为一个断面时，时空区域以断面表示的车辆轨迹图如图 3-1-2 所示，则可以对交通流参数做如下定义。

交通量：又称交通流量或流量，是指在单位时间内，通过道路某一点、某一断面的交通实体数（对于机动车而言就是车辆数）。

$$q(x) = \frac{n}{T} \tag{3-1-5}$$

式中：T——观测时间；
　　n——T 时间内通过某断面（如：x_3 断面）的交通实体数（车辆数）。

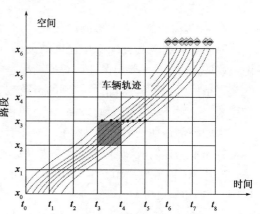

图 3-1-2　时空区域以断面表示车辆轨迹图

交通量计时单位一般为小时或日。以小时为计时单位时称为小时交通量（hourly volume，简称 HV）。以日为计时单位时称为日交通量（daily traffic，简称 DT）。

一年的总交通量除以当年的天数得到年平均日交通量（AADT）。一个月的总交通量除以当月的天数得到月平均日交通量（MADT）。一年内的同一个周的日交通量平均值为某周平均日交通量（WADT）。

地点速度：某辆车通过某一地点或某一断面的瞬时车速。地点车速难于精确测量，雷达和微波调查的速度非常接近于此定义，但是它们也是基于运动的车辆，尽管走过的距离和花费的时间可能会很短，但仍然是发生在有限的区间和时间上。地点车速的作用主要在于研究车速在某个点或路段上的分布规律及发展趋势。

时间平均车速：观测时间内通过某断面所有车辆地点速度的算术平均值。

$$v(x) = \frac{\sum v_i(x)}{n} \tag{3-1-6}$$

式中：$v_i(x)$——第 i 辆车的地点速度；
　　n——观测的车辆数。

调和平均车速：地点车速的调和平均值。只有在均衡稳定交通流情况下，时间平均车速才会等于调和平均车速。

$$v(x) = \frac{n}{\sum \dfrac{1}{v_i(x)}} \tag{3-1-7}$$

三、以某一瞬间度量的交通流参数

根据 Edie 给出的定义,当时间间隔非常小,时空区域以某一瞬间表示的车辆轨迹图如图3-1-3所示,某一空间区域内所有车辆的交通流参数可以做如下定义。

密度:就是某一瞬间单位道路长度上存在的车辆数。

$$k(t) = \frac{n}{L} \tag{3-1-8}$$

式中:n——路段内的车辆数(辆);
　　　L——路段长度(km)。

空间平均车速:在某一瞬间 t 某一路段内(长度为 L)所有车辆的速度的平均值。

$$v(t) = \frac{\sum v_i(t)}{n} \tag{3-1-9}$$

在某一瞬间情况下无法测量交通量,此时根据公式(3-1-4)确定交通量的值。

时间平均速度和空间平均速度的关系:目前,专家的观点趋向于认为在平均速度的计算理论正确的条件下,有必要保证调查的结果是空间平均速度而不是时间平均速度。在停停走走的交通条件下,例如设有信号控制的街道或者交通阻塞严重的道路行驶时,区分这两个速度非常重要。而对于自由流交通条件,区分两者意义不大。

下面举例说明两者的区别:在一个环形道路上,在某一断面设置一个检测器,有3辆车以各自的速度匀速行驶,见图3-1-4。假设每辆车只在环路上行驶一圈,那么在检测器处的时间平均车速为$(30+20+10)/3 = 20$km/h,而在某一瞬间的空间平均车速为:$3/(1/30+1/20+1/10) = 16.36$km/h。

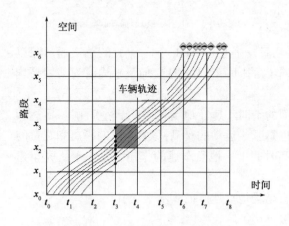

图3-1-3　时空区域以某一瞬间表示的车辆轨迹图

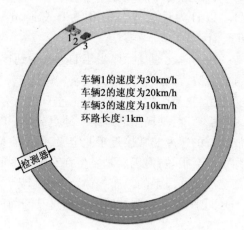

图3-1-4　时间平均车速与空间平均车速对比示意图

四、其他相关的交通流参数

1. 车头时距

车头时距(time headway)是指相邻车辆的车头经过同一地点的时间差,以 h_t 表示。

车头时距由两部分组成:前车从车头到达观测地点到车尾驶离观测地点之间的时间即车辆本身占用时间,和前车车尾驶离观测地点到后车车头到达观测地点之间的时间即车辆之间时间间隙(time gap)。车头时距是交通流的重要变量之一。车头时距大小影响车辆运行安全、道路服务水平、驾驶行为和道路通行能力。车辆之间必须保持一定的车头时距,以确保行车安全;车头时距的分布情况决定了超车、合流和穿行机会;道路通行能力决定于最小车头时距和车头时距分布。因此进行道路设计、交通管理需要了解车头时距及其分布特性。

由定义可以看出,总观测时间 T 由所有车头时距的总和构成:

$$T = \sum_{i=1}^{n} h_i \tag{3-1-10}$$

式中:h_i——第 $i-1$ 辆车与第 i 辆车的车头时距。

将式(3-1-10)代入式(3-1-5),就可以得到流量和车头时距的倒数关系:

$$q = \frac{n}{T} = \frac{n}{\sum_{i=1}^{n} h_i} = \frac{1}{\frac{1}{n}\sum_{i=1}^{n} h_i} = \frac{1}{\overline{h}} \tag{3-1-11}$$

式中:$\overline{h}$——平均车头时距。

2. 车头间距

对应于车头时距,一列车流中相邻两辆车车头之间的距离称为车头间距(distance headway)。车头间距由车辆长度和车辆间距离两部分构成,可由下式表示:

$$h_{d,n+1} = L_n + g_{n+1} \tag{3-1-12}$$

式中:$h_{d,n+1}$——第 n 辆与第 $n+1$ 辆车的车头间距;

L_n——第 n 辆车车长;

g_{n+1}——第 n 辆车车尾与第 $n+1$ 辆车车头之间的间隔。

3. 占有率

占有率(occupancy)代表车辆的时间密集度,就是指道路上某点或短路段被车辆占用的时间百分比。在经典交通流理论中普遍使用密度的概念,占有率是由于检测器大量使用而引入的概念。

在实际应用中,占有率指车辆通过检测器的时间与总观测时间的比率。对一特定时间间隔 T,占有率是各个车辆通过检测器的时间总和除以 T。对于单个车辆,车辆经过检测器花费的时间与车辆的速度 v_i、车长 L_i 和检测器本身的长度 d 有关。也就是说,检测器从车辆前保险杠穿过检测区起始处的这一时刻受到感应直到后保险杠离开检测区为止。即

$$o = \frac{\sum_{i=1}^{n} \dfrac{(L_i + d)}{v_i}}{T} = \frac{1}{T}\sum_{i=1}^{n}\frac{L_i}{v_i} + \frac{d}{T}\sum_{i=1}^{n}\frac{1}{v_i} \tag{3-1-13}$$

将式第二部分乘以 $n \times \dfrac{1}{n}$ 有:

$$o = \frac{1}{T}\sum_{i=1}^{n}\frac{L_i}{v_i} + d\,\frac{n}{T} \times \frac{1}{n}\sum_{i=1}^{n}\frac{1}{v_i} = \frac{1}{T}\sum_{i=1}^{n}\frac{L_i}{v_i} + d \times \frac{q}{v_s} \tag{3-1-14}$$

假设"基本方程"(3-1-4)成立,即

$$q = \overline{v_s} k \tag{3-1-15}$$

式(3-1-14)将变成

$$o = \frac{1}{T}\sum_{i=1}^{n}\frac{L_i}{v_i} + d \times k \tag{3-1-16}$$

注意到 T 是各个车辆车头时距的总和,并且给上式等号右边第一项分子分母同乘以 $1/n$:

$$o = \frac{1}{T}\sum_{i=1}^{n}\frac{L_i}{v_i} + d \times k = \frac{\frac{1}{n}\sum_{i=1}^{n}\frac{L_i}{v_i}}{\frac{1}{n}\sum_{i=1}^{n}h_i} + d \times k = \frac{\frac{1}{n}\sum_{i=1}^{n}\frac{L_i}{v_i}}{\bar{h}} + d \times k \tag{3-1-17}$$

为了进一步化简,假设各个车辆的车长相等,将会使方程简化为:

$$o = \frac{\frac{1}{n}\sum_{i=1}^{n}\frac{L_i}{v_i}}{\bar{h}} + d \times k = \frac{1}{\bar{h}} \times L \times \frac{1}{n}\sum_{i=1}^{n}\frac{1}{u_i} + d \times k = L \times \frac{q}{v_s} + d \times k = (L+d)k = c_k k \tag{3-1-18}$$

式中: c_k——车身长度 L 与检测器本身长度 d 之和。

因为检测器的长度 d 不变,此方程意味着占有率是密度的常数倍(在车长不变的假设下)。因此速度可以用下式来计算:

$$\bar{u}_s = \frac{q \times c_k}{o} \tag{3-1-19}$$

式(3-1-18)中如果车长不同而速度恒定,将 L 理解为车长的平均值,式(3-1-19)仍然成立;如果车长和速度都发生变化,就不能将式(3-1-17)变为式(3-1-18)和式(3-1-19)的简单形式;同时,速度、流量和占有率之间的关系也将不会这样明确。密度不能反映车身长度和交通组成的影响,而占有率可以直接反映车身长度和交通组成的影响,因此占有率可以给出路段内车辆数的更可靠的表示,更加准确地说明了车辆对道路的利用程度,占有率在交通管理部门被广泛使用。

第二节 流量—速度—密度三维关系模型

在交通流基本模型中 $q = vk$,注意公式中的车速是空间平均车速。根据实地观测,三者之间的关系可由一条三维曲线描述(图3-2-1)。为方便起见,将这一曲线向三个平面投影,得到三个二维关系曲线(图3-2-2),由此图可确定反映交通流特性的一些特征变量:

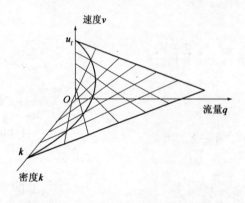

图3-2-1 流量—速度—密度关系三维图

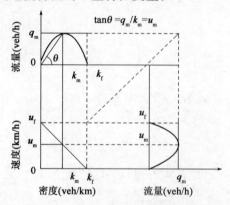

图3-2-2 流量—速度—密度二维投影图

(1) 最大流量 q_m：q-u 曲线图上的峰值。
(2) 临界速度 u_m：流量达到 q_m 时的速度。
(3) 最佳密度 k_m：流量达到 q_m 时的密度。
(4) 阻塞密度 k_j：车流密集到所有车辆无法移动 $u→0$ 时的密度。
(5) 自由流速度 u_f：车流密度趋于 0、车辆可以自由行驶时的最大速度。

第三节 突变理论模型

突变理论，是 20 世纪 70 年代发展起来的一个新的数学分支。由渐变、量变发展为突变、质变的过程，就是突变现象，微积分是不能描述的。这种理论中第一次提出可以用"尖点突变"的思想来解释和描述交通流参数的不连续性。

一、突变理论原理和特性

法国数学家 Thom 于 1972 年发表的《结构稳定性和形态发生学——建模一般理论概要》奠定了突变理论（catastrophe theory）的基础。突变理论试图从数学方面讨论微分动力体系中状态发生跳跃性变化的现象，主要研究光滑动力体系中稳定平衡的分叉问题。

一个系统具有突变特性主要表现在下列 5 个方面：

(1) 突变性：采用理想延迟时，系统由一个消失的极小值跳跃到全局极小值或局部极小值，其位势的数值有一个不连续的变化；采用 Maxwell 约定时，位势的数值发生连续的变化，但其导数不连续。

(2) 分叉性：控制变量的有限变化会导致状态变量在平衡位置时数值的变化，在一般情况下控制变量的微小扰动可能只会引起状态变量初值和终值的微小变化，但在临界点附近控制变量的微小扰动可能会导致状态变量发生很大的变化，这种控制变量的扰动的不稳定性称为分叉性。

(3) 不可达性：系统有一个不稳定的平衡位置，此处既可以连续又可以不连续，在数学上是不可微的。

(4) 多模性：系统中可能有两个或多个不同的状态，也就是说系统的位势对于控制变量的某些范围可能有两个或多个极小值。尖点突变只具有双模态性，即具有两种不同的状态。

(5) 滞后性：当系统遵循理想延迟约定时才存在滞后性，若系统遵循 Maxwell 约定时则不存在滞后现象。

二、用突变理论解释交通流特性

一个系统是否具有突变特性主要是看该系统有无突变特征。当我们把速度、流量和密度（或车道占有率）作为一个系统来研究时，它就是一个具有突变特性的系统。

从实测速度流量关系散点图（图 3-3-1）可以看出，一个流量值对应有两个速度值；其中一个位于非拥挤状态，另一个位于拥挤状态，这与尖点突变理论的双模态特征（bimodality）相一致。从图 3-3-1 还可看出，多数情况下，交通流状态不是处于非拥挤状态就是拥挤流状态，由非拥挤流状态向拥挤流状态或由拥挤流状态向非拥挤流状态过渡不是一个渐进过程，而是

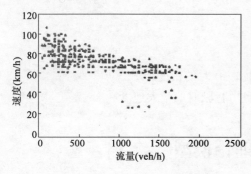

图 3-3-1　高速公路速度—流量散点图

一种飞跃,一种突变。因此,交通流系统具有突变性(catastrophe)。从实测数据散点图还可以发现,某些区域的点非常少或根本就没有(出现空白)。从交通心理角度分析和经济利益驱动考虑,这是因为有一种时间利益在驱动司机不能在这些区域停留,即尽量减少延误和减少运行时间(除非出现机械故障)。于是在某些区域出现不可达域。因此,系统具有不可达性(inaccessible behavior)。此外,当交通流系统达到通行能力时,系统处于临界平衡状态,但这种平衡状态是理想化的,只在瞬间存在,属于不稳定平衡,一旦遇到外界因素的扰动就可能破坏这种平衡。因此系统可能偏向拥挤状态也可能偏向非拥挤状态。这与突变理论的分叉特征相吻合,即系统具有分叉性(divergence)。系统的滞后性(hysteresis)只有在遵循理想延迟约定时才存在,若系统遵循 Maxwell 约定时则不存在。

综上所述,交通流具有突变特性,利用突变理论来解释交通流行为是可行的。

三、基于突变理论的交通流模型

当系统出现上述突变特性时,就可以建立一个突变理论模型来描述该系统。根据 Hall 等人提出的观点,突变理论的基本模型为:

势函数:

$$W(X) = aX^4 + bYX^2 + cZX \tag{3-3-1}$$

突变流形:

$$4aX^3 + 2bX + cZ = 0 \tag{3-3-2}$$

分叉集:

$$8b^3Y^3 + 27ac^2Z^2 = 0 \tag{3-3-3}$$

式中:X——状态变量;

Y、Z——控制变量,在交通流参数中,速度、流量和车道占有率分别对应于状态变量 X、控制变量 Y 和 Z;

a、b、c——参数。

研究发现,为满足 Maxwell 约定,尖点突变理论用于交通流分析须先进行一些变换。首次变换变量分配如下:X_0 = 速度;Y_0 = 流量;Z_0 = 车道占有率。

1) 坐标平移

坐标轴平移的目的是划分非拥挤状态和拥挤状态。坐标变换如下:

$$X_1 = X_0 - V_m \tag{3-3-4}$$

$$Y_1 = Y_0 - Q_m \tag{3-3-5}$$

$$Z_1 = Z_0 - O_m \tag{3-3-6}$$

式中:V_m——最大流量时最大车道占有率对应的最小速度;

Q_m——最大流量值;

O_m——最大流量时的最大车道占有率。

2) 坐标旋转

坐标平移后,由于 Y-Z 平面上的 Y 轴与 Maxwell 约定的垂直面(区分拥挤和非拥挤状态区域或尖点突变曲面上下平面界限)重叠,因此,可将 Y 轴定义为区分非拥挤与拥挤状态的界限,使非拥挤区域和拥挤区域分别处于 Y 轴的两侧,这样就满足了尖点突变理论模型的基础理论——分叉理论的要求。因此有必要旋转 Y 轴和 Z 轴:

$$X_2 = X_1 \tag{3-3-7}$$

$$Y_2 = Y_1\cos\theta - mZ_1\sin\theta \tag{3-3-8}$$

$$Z_2 = Z_1\sin\theta + mZ_1\sin\theta \tag{3-3-9}$$

式中:m——图形因子,$m = Q_m/O_m$;

θ——旋转角度。

经数据处理变换后,突变流形方程可简化为:

$$X_2^3 + aY_2X_2 + bZ_2 = 0 \tag{3-3-10}$$

分叉集方程为:

$$4a^3Y_2^3 + 27b^2Z_2^2 = 0 \tag{3-3-11}$$

于是,可利用统计软件对上述突变模型进行标定,确定参数 a、b 的最佳值。根据标定好的模型,利用所观测到的经过变换的流量和车道占有率计算出 X_2 值,可以推算出预测速度,其大小为:

$$v_p = X_2 + v_m \tag{3-3-12}$$

为了检验尖点突变理论模型的好坏,下面给出三个检验参数:

相关系数:

$$R^2 = \frac{\left[\sum_{i=1}^{n}(v_{i0} - \overline{v_0})(v_{ip} - \overline{v_p})\right]^2}{\sum_{i=1}^{n}(v_{i0} - \overline{v_0})\sum_{i=1}^{n}(v_{ip} - \overline{v_p})^2} \tag{3-3-13}$$

均差:

$$M = \frac{v_{ip} - v_p}{n} \tag{3-3-14}$$

均方差:

$$D = \sqrt{\frac{1}{n-1}\sum_{i=1}^{n}(v_{ip} - \overline{v_p})^2} \tag{3-3-15}$$

式中:v_{i0}——观测速度;

$\overline{v_0}$——观测速度均值;

v_{ip}——预测速度;

$\overline{v_p}$——预测速度均值。

四、模拟应用

突变理论中,大多数被模拟的变量是连续变量,但至少有一个变量存在突变。由交通流变量形成多维空间中的平面,其特点是当三个变量中的两个变量(控制变量)发生平滑变化时,第三个变量(状态变量)会在原值基础上发生一个突变,速度就是这个经历突变的变量,而流量和占有率是控制变量。图 3-3-2 是基于突变理论的可视化模型。

突变理论模型通过重复测量速度而得到了证

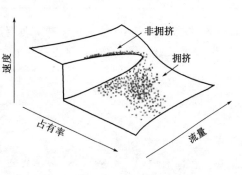

图 3-3-2　基于突变理论的三维模型

实。除了直观感觉之外,它还有另外两个优点。首先,在平面上解释了高速公路的运行不一定必须停留在曲线上(如速度—流量图);可能会出现从一个分支到另一个分支的跳跃,当发生跳跃时,速度就会突然发生变化。第二,它也解释了如下事实:不同地点会产生不同类型的数据,其中某些地点的数据将会不连续,而其他数据会直接通过不连续区域,突变理论模型提供了一致的解释方法。

【练习题】

1. 什么是交通流三参数,说明交通流三参数之间的关系。
2. 什么是时间平均车速和空间平均车速,两种车速之间的相互关系如何?
3. 什么是突变理论,突变理论如何解释交通流特性?
4. 某测站测得的连续各5min时段的交通量统计数如习题3-4表,求5min和15min的高峰小时系数。

连续各5min时段的交通流量统计数　　　　　　　　　　　　习题3-4表

统计时间	17:00~17:05	17:05~17:10	17:10~17:15	17:15~17:20	17:20~17:25	17:25~17:30	17:30~17:35	17:35~17:40	17:40~17:45	17:45~17:50	17:50~17:55	17:55~18:00
车流量	116	112	102	118	115	110	105	108	120	125	114	106

5. 在某公路断面上的观测站进行观测,8min内测得经过200辆汽车,假设车流是均匀连续的,车速$v=45$km/h,试求该断面的交通流量Q、平均车头时距h_t、平均车头间距h_d、密度K。

6. 某公路的自由流行驶速度为$v_f=80$km/h,阻塞时交通密度为$K_j=110$辆/km,速度密度呈线性关系,求:(1)在该路段上期望得到的最大流量是多少?(2)得到最大流量时,对应的车速为多少?

7. 如习题3-7表所示,在某路段上有5台车辆匀速通过相距50m的A、B两点,请计算时间平均速度$\bar{v}_t$和区间平均速度$\bar{v}_s$。

车辆和对应车速(单位:m/s)　　　　　　　　　　　　习题3-7表

车辆编号	1	2	3	4	5
车速	10.5	9	18	12.5	13

8. 在交通流模型中,假定流速v与密度k之间的关系式为$v=a(1-bk)^2$,试依据两个边界条件,确定系数a、b的值,并导出速度与流量以及流量与密度的关系式。

第四章
交通流的统计分析方法

第一节 交通流的统计分布特性

交通流由单个驾驶人与车辆组成,以独特的方式在车辆间、道路要素以及总体环境之间产生影响。受驾驶人的判断能力及驾驶技术的影响,交通流中的车辆运行状态有差异。进一步讲,即使在完全相同的环境中,由于驾驶人的行为受当地特征及驾驶习惯的影响,也不会存在两个表现完全相同的交通流。

在设计新的交通设施或确定新的交通管理方案时,需要定量地预测交通流的某些具体特性,并且希望能用现有的或假设的有限数据做出预报。例如,某信号灯控制的交叉口的一个进口道上,每分钟至多能通过的车辆数是 10 辆,若某小时内到达该进口道的车辆数是 600 辆,问这些车辆能在该小时内全部通过的可能性有多大?如果不假思索地认为既然一小时内到达 600 辆,不就是每分钟 10 辆,正好能在该小时内全部通过。其实这是错的。事实上车辆到达这一交通现象带有随机性。到达 600 辆车的那一小时内,并不是每分钟都正好到达 10 辆。有的一分钟内到达数不足 10 辆,该一分钟内的通行时间就没有被充分利用;同时必然有的一分钟内到达数超过 10 辆,就不可能在该分钟内全部通过。所以这 600 辆车一般说来是不可能百分之百保证能在该小时内全部通过的。这就要求有一种方法能预测全部通过的百分率。又如,在某条单向行驶的道路上,如果车头时距大于10s,行人就可在两车之间横穿过道路。某一小时内该道路的车流量是500辆,问行人在该小时内横穿过道路的机会有多大?如果仅从流量算出平均车头时距为7.2s,并由此认为该小时内不可能为行人提供横穿道路的机会,那就考虑不周了。事实上由于车辆到达具有随机性,其相应的车头时距也是大小不一的,该小时的500个车头时距中,绝不会都是7.2s,必然会出现大于10s的车头时距,需要预测的是大于10s的车头时距出现的次数是多少。为了做出类似上述的各种预测,必须掌握交通现象随机性的统计规律,即交通特性的统计分布。

定量描述交通流,一方面是为了理解交通流特性的内在变化关系;另一方面也是为了限定交通流特性的合理范围。为了做到这些,必须定义和测量一些重要参数。基于这些参数及由此而确定的交通流发生的合理范围,交通工程师必须分析、评估,并最后制订出改造交通设施的规划方案。

车辆的到达在某种程度上具有随机性,描述这种随机性的统计规律有两种方法。一种是以概率论中的离散型分布为工具,考察在一段固定长度的时间内到达某场所的交通数量的波动性;另一种是以概率论中的连续型分布为工具,研究上述事件发生的间隔时间的统计特性,如车头时距的概率分布。在交通工程学中,离散型分布有时也称计数分布;连续型分布根据使用场合的不同而有不同的名称,如车头时距分布、速度分布、可插车间隙分布等。

第二节 交通流离散型分布分析方法

离散型分布常用于描述一定时间间隔内事件的发生数,如某交叉口引道入口一个周期内到达的车辆数、某路段一年内发生的交通事故数等。交通工程中常用的离散型分布主要有泊松分布、二项分布和负二项分布三种。

一、泊松分布

1. 基本公式

泊松(Poisson)分布的分布函数:

$$P(X=x) = \frac{(\lambda t)^x e^{-\lambda t}}{x!} \quad (x=0,1,2,\cdots) \tag{4-2-1}$$

式中:$P(X=x)$——在计数时间t内,事件X发生x次的概率;

λ——单位时间内平均发生的事件次数;

t——计数时间,如一个信号周期;

e——自然对数的底数,取值为2.718280。

若记$m=\lambda t$,则m为时间t内平均发生的事件次数,式(4-2-1)可表示为:

$$P(X=x) = \frac{(m^x) e^{-m}}{x!} \quad (x=0,1,2,\cdots) \tag{4-2-2}$$

如果X表示时间t内到达的车辆数,则由式(4-2-2)可计算时间t内恰好到达x辆车的概率。同样,可计算以下事件发生的概率。

时间t内到达车辆数小于x的概率:

$$P(X<x) = \sum_{i=0}^{x-1} \frac{m^i e^{-m}}{i!} \tag{4-2-3}$$

时间 t 内到达车辆数小于或等于 x 的概率:

$$P(X \leqslant x) = \sum_{i=0}^{x} \frac{m^i e^{-m}}{i!} \tag{4-2-4}$$

时间 t 内到达车辆数大于 x 的概率:

$$P(X>x) = 1 - \sum_{i=0}^{x} \frac{m^i e^{-m}}{i!} \tag{4-2-5}$$

时间 t 内到达车辆数大于或等于 x 的概率:

$$P(X \geqslant x) = 1 - \sum_{i=0}^{x-1} \frac{m^i e^{-m}}{i!} \tag{4-2-6}$$

时间 t 内到达车辆数大于 x 但不超过 y 的概率:

$$P(x<X<y) = \sum_{i=x+1}^{y} \frac{m^i e^{-m}}{i!} \tag{4-2-7}$$

用泊松分布拟合观测数据时,参数 m 按下式计算:

$$m = \frac{\text{观测的总车辆数}}{\text{总计间隔数}} = \frac{\sum_{i=1}^{n} x_i f_i}{\sum_{i=1}^{n} f_i} = \frac{\sum_{i=1}^{n} x_i f_i}{N} \tag{4-2-8}$$

式中:n——观测数据分组数;

f_i——计数间隔 t 内到达 x_i 辆车这一事件发生的次(频)数;

x_i——计数间隔 t 内的到达数或各组的中值;

N——观测的总计间隔数。

2. 递推公式

当 $x=0$ 时,

$$P(X=0) = e^{-m} \tag{4-2-9}$$

当 $x \geqslant 1$ 时,

$$P(X=x) = \frac{m}{x} P(X=x-1) \tag{4-2-10}$$

3. 分布的均值 M 与方差 D 都等于 λt

由概率论可知,泊松分布的均值 M 和方差 D 都等于 λt,而观测数据的均值 m 和方差 S^2 均为无偏估计。因此,当 S^2/m 显著地不等于 1 时,则意味着泊松分布拟合不合适,实际应用中,常用此作为能否应用泊松分布拟合观测数据分布的初始判据。S^2 可按下式计算:

$$S^2 = \frac{1}{N-1} \sum_{i=1}^{N} (x_i - m)^2 = \frac{1}{N-1} \sum_{i=1}^{n} (x_i - m)^2 f_i \tag{4-2-11}$$

4. 适应条件

车流密度不大,车辆间相互影响微弱,其他外界干扰因素基本上不存在,即车流是随机的,此时应用泊松分布能较好地拟合观测数据。

5. 应用举例

例 4-2-1 设 60 辆车随机分布在 4000m 长的道路上,求任意 400m 路段上有 4 辆及 4 辆车以上的概率。

解：把式(4-2-1)中的 t 理解为计算车辆数的空间间隔,则本例中在空间上的分布服从泊松分布。

$$t=400\text{m}, \lambda=60/4000(辆/\text{m}), m=\lambda t=6(辆)$$

$$P_0 = \frac{6^0}{0!}\text{e}^{-6} = 0.0025, P_1 = \frac{6}{1}P_0 = 0.0149$$

$$P_2 = \frac{6}{2}P_1 = 0.0446, P_3 = \frac{6}{3}P_2 = 0.0892$$

不足 4 辆车的概率为：

$$P(<4) = \sum_{i=0}^{3} P_i = 0.1512$$

4 辆车及 4 辆以上的概率为：

$$P(\geq 4) = 1 - P(<4) = 0.8488$$

本例中的各项概率可不必通过计算,直接查泊松分布的有关数表而得出,也可以借助相关软件计算,如 EXCEL 等。

例 4-2-2 某信号灯交叉口的周期为 $C=97\text{s}$,有效绿灯时间 $g=44\text{s}$,在有效绿灯时间内排队的车流以 $s=900$ 辆/h 的流量通过交叉口,在有效绿灯时间外到达的车辆要停车排队。设信号灯交叉口上游车辆的到达率 $q=369$ 辆/h,服从泊松分布,求使到达车辆不致两次排队的周期能占的最大百分率。

解：由于车流只能在有效绿灯时间内通过,所以一个周期能通过的最大车辆数 $A=gs=44\times 99/3600=11$ 辆,如果某周期到达的车辆数 N 大于 11 辆,则最后到达的 $(N-11)$ 辆车就不能在本周期内通过而发生两次排队。在泊松分布公式中,有：

$$\lambda t = \frac{369\times 97}{3600} = 9.9(辆)$$

查累积的泊松分布表可得到达车辆大于 11 辆的周期出现的概率为：

$$P(\geq 11) = 0.29$$

不发生两次排队的周期最多占 71%。

本例的车流如果按每周期 10 辆均匀到达,则任何车辆最多在本周期排一次队就能通过交叉口,实际车流的到达是时疏时密的,使绿灯时间不能充分利用。这样,从平均角度看来每周期都能顺畅通过的车流实际上却会遇到一些不顺畅的周期,由此可看出概率分布的理论和方法是怎样揭示出车流运行的内在规律的。

例 4-2-3 某路段,交通流量为 360 辆/h,车辆到达符合泊松分布。求：

(1) 在 95% 的置信度下,每 60s 的最多来车数。

(2) 在 1s、2s、3s 时间内无车的概率。

解：(1) 根据题意,每 60s 的平均来车数 m 为：

$$m = \frac{360\times 60}{3600} = 6(辆)$$

于是,由式(4-2-2)知,来车分布为：

$$P(x) = \frac{(m)^x \text{e}^{-m}}{x!} = \frac{(6)^x \text{e}^{-6}}{x!}$$

按式(4-2-10)的递推公式计算,结果如表4-2-1所示。

递 推 计 算 结 果　　　　　　　　　表4-2-1

x	$P(x)$	$P(\leq x)$	x	$P(x)$	$P(\leq x)$
0	0.0025	0.0025	6	0.1620	0.6115
1	0.0150	0.0175	7	0.1389	0.7504
2	0.0450	0.0625	8	0.1041	0.8545
3	0.0900	0.1525	9	0.0694	0.9239
4	0.1350	0.2875	10	0.0147	0.9656
5	0.1620	0.4495			

因此,根据计算结果,在95%的置信度下每60s的最多达到车辆数小于10辆。

(2) 当 $t = 1\text{s}, m = \dfrac{360 \times 1}{3600} = 0.1$,由式(4-2-2)知,1s 内无车的概率：

$$P(0) = \dfrac{(0.1)^0 \text{e}^{-0.1}}{0!} = \text{e}^{-0.1} = 0.905$$

同理,当 $t = 2\text{s}, m = 0.1, P(0) = \text{e}^{-0.2} = 0.8187$；当 $t = 3\text{s}, m = 0.3, P(0) = \text{e}^{-0.3} = 0.7408$。

二、二项分布

1. 基本公式

$$P(X = x) = C_n^x \left(\dfrac{\lambda t}{n}\right)^x \left(1 - \dfrac{\lambda t}{n}\right)^{n-x} \quad (x = 0,1,2,\cdots,n) \tag{4-2-12}$$

式中：$P(X = x)$——在计数间隔 t 内到达 x 辆车或 x 个人的概率；

　　　λ——单位时间间隔的平均到达率(辆/s 或人/s)；

　　　t——每个计数间隔持续的时间(s)或距离(m)；

　　　n——正整数。

$$C_n^x = \dfrac{n!}{x!(n-x)!}$$

通常记 $p = \lambda t / n$,则二项分布可写成：

$$P(X = x) = C_n^x p^x (1-p)^{n-x} \quad (x = 0,1,2,\cdots,n) \tag{4-2-13}$$

式中,$0 < p < 1$,n、p 称为二项分布的参数。

如果用 X 表示给定的时间内到达的车辆数,则到达车辆数小于 x 的概率：

$$P(X < x) = \sum_{i=0}^{x-1} C_n^i p^i (1-p)^{n-i} \tag{4-2-14}$$

到达的车辆数大于 x 的概率：

$$P(X > x) = 1 - \sum_{i=0}^{x} C_n^i p^i (1-p)^{n-i} \tag{4-2-15}$$

2. 递推公式

当 $x = 0$ 时,有：

$$P(X = 0) = (1-p)^n \tag{4-2-16}$$

当 $x \geq 1$ 时,有：

$$P(X=x) = \frac{n-x+1}{x} \cdot \frac{p}{1-p} P(X=x-1) \qquad (4\text{-}2\text{-}17)$$

3. 分布的均值 M 与方差 D

$$M = np, \quad D = np(1-p)$$

显然，$D < M$，这是二项分布与泊松分布的显著区别，它表征二项分布到达的均匀程度高于泊松分布。

如果通过观测数据计算出样本均值 m 和方差 S^2，则可分别代替 M 和 D，用下面两式求出 P 和 n 的估计值：

$$\begin{cases} P = \dfrac{m - S^2}{m} \\ n = \dfrac{m^2}{m - S^2} \end{cases} \qquad (4\text{-}2\text{-}18)$$

其中，m 和 S^2 可按下面两式计算：

$$\begin{cases} m = \dfrac{1}{N}\sum_{i=1}^{N} x_i \\ S^2 = \dfrac{1}{N-1}\sum_{i=1}^{N}(x_i - m)^2 \end{cases} \qquad (4\text{-}2\text{-}19)$$

式中：N——观测的计数间数；

x_i——第 i 个计数间隔内的车辆到达数。

4. 适应条件

车流比较拥挤、自由行驶机会不多的车流用二项分布拟合较好。此外，我们已经知道二项分布均值 M 大于方差 D，当观测数据表明 S^2/m 显著大于 1 时就是二项分布不适合的表示。

5. 应用举例

例 4-2-4 在某条公路上，上午高峰期间，以 15s 间隔观测到达车辆数，得到的结果列于表 4-2-2，试用二项分布拟合之。

上午高峰期间以 15s 间隔观测车辆到达的数据　　　表 4-2-2

车辆到达数 x_i	<3	3	4	5	6	7	8	9	10	11	12	>12
包含 x_i 的间隔出现次数 f_i	0	3	0	8	10	11	10	11	9	1	1	0

解：

$$m = \frac{1}{N}\sum_{i=1}^{N} x_i = \frac{\sum_{i=1}^{n} x_i f_i}{\sum_{i=1}^{n} f_i} = \frac{33 + 4 \times 0 + \cdots + 12 \times 1}{3 + 0 + \cdots + 1} = \frac{478}{64} = 7.469$$

$$S^2 = \frac{1}{N-1}\sum_{i=1}^{N}(x_i - m)^2 = \frac{1}{N-1}\left(\sum_{i=1}^{n} x_i^2 f_i - Nm^2\right)$$

$$= \frac{1}{64-1}(3^2 \times 3 + 4^2 \times 0 + \cdots + 12^2 \times 1 - 64 \times 7.469^2)$$

$$= 3.999$$

因 $S^2 < m$，用二项分布拟合是合适的。用式 (4-2-18) 计算出分布的两个参数：

$$P = \frac{7.469 - 3.99}{7.469} \approx .465$$

$$n = \frac{m}{P} = \frac{7.469}{0.469} \approx 16.06, \text{取为} 16$$

因此,拟合表 4-2-2 数据的二项分布的分布函数为:

$$P(X = x) = C_{16}^{x} \times 0.465^{x} \times 0.535^{16-x}$$

例 4-2-5 在某交叉口最新的改善措施中,欲在入口引道设置一条左转弯候车道,为此需要预测一个周期内到达的左转车辆数。经研究发现,来车符合二项分布,并且每个周期内平均到达 20 辆车,有 25% 的车辆左转。求:

(1) 左转车的 95% 置信度的来车数。

(2) 到达 5 辆车中有 1 辆左转车的概率。

解:(1) 由于每个周期平均来车数为 20 辆,而左转车只占 25%,所以左转车 X 的分布为二项分布:$P(X=x) = C_{20}^{x} 0.25^{x} (1-0.25)^{20-x}$。因此,置信度为 95% 的来车数 $x_{0.95}$ 应满足:

$$P(X \leqslant x_{0.95}) = \sum_{i=0}^{x_{0.95}} C_{20}^{i} p^{i} (1-p)^{20-i} \leqslant 0.95$$

计算可得:$P(X \leqslant 9) \approx 0.928, P(X \leqslant 10) \approx 0.970$。因此,可令 $x_{0.95} = 9$,即左转车的 95% 置信度的来车数为 9 辆。

(2) 由题意可知,到达左转车服从二项分布:

$$P(X = x) = C_{5}^{x} 0.25^{x} (1 - 0.25)^{5-x}$$

所以有:

$$P(X = 1) = C_{5}^{1} 0.25^{1} (1 - 0.25)^{5-1} = 0.3955$$

即到达 5 辆车中有 1 辆左转车的概率为 0.3955。

例 4-2-6 某交叉口进口道,在采样间隔内到达的车辆数平均为 10 辆,车辆到达符合二项分布,其中有 30% 为右转车,求在所给定的周期中,不发生右转的车辆的概率是多少?

解:由题意可知:

$$n = 10, k = 0, p = 0.30, 1 - p = 0.70$$

$$P(0) = C_{n}^{0} p^{0} (1-p)^{n-0} = \frac{10!}{0! \ 10!} \times (0.3)^{0} \times (0.7)^{10} = 0.028$$

因此,在给定的周期中,不发生右转车的概率为 2.8%。

三、负二项分布

1. 基本公式

$$P(X = x) = C_{x+k-1}^{k-1} p^{k} (1-p)^{x} \qquad (x = 0, 1, 2, \cdots) \tag{4-2-20}$$

式中,p、k 为负二项分布参数,$0 < p < 1$,k 为正整数。

如果用 X 表示给定的时间内到达的车辆数,可计算到达车辆数小于 x 的概率:

$$P(X < x) = \sum_{i=0}^{x-1} C_{i+k-1}^{k-1} p^{k} (1-p)^{i} \tag{4-2-21}$$

到达车辆数大于 x 的概率:

$$P(X > x) = 1 - \sum_{i=0}^{x} C_{i+k-1}^{k-1} p^{k} (1-p)^{i} \tag{4-2-22}$$

2. 递推公式

当 $x=0$ 时,有:

$$P(X=0) = p^k \quad (4\text{-}2\text{-}23)$$

当 $x \geq 1$ 时,有:

$$P(X=x) = \frac{x+k-1}{x}(1-p)P(X=x-1) \quad (4\text{-}2\text{-}24)$$

3. 分布的均值 M 与方差 D

$$M = \frac{k(1-p)}{p}, D = \frac{k(1-p)}{p^2}$$

显然,$M < D$,当用负二项分布拟合观测数据时,可以利用样本均值 m 和方差 S^2 代替 M 和 D,参数 p 和 k 可由下列关系式估算:

$$P = \frac{m}{S^2}, K = \frac{m^2}{S^2-m} \quad (\text{取整数}) \quad (4\text{-}2\text{-}25)$$

4. 适应条件

当观测到达车辆数据方差很大时,特别是当计数过程包括高峰期和非高峰期时,交通量变化较大,用负二项分布描述车辆的到达是个很好的选择。当计数间隔较小时,也会出现大流量时段与小流量时段,也可用负二项分布拟合观测数据。此外,当 S^2/m 显著地大于 1 时,可以考虑应用负二项分布拟合观测数据。

四、离散型分布的拟合优度检验

上面讨论了交通流理论中常用的分布,但在实际应用中,往往很难知道所研究对象的具体分布,而是基于一定的经验假设其服从某一分布,这种假设是否正确可以用拟合优度检验方法——χ^2 检验加以验证。在交通工程中,χ^2 检验是常用的方法。当现场实测一组交通数据后,若要确定它是否符合某种分布及分布的参数值是多少,就需要进行数据拟合检验。当理论分布与一组观测数据之间的拟合进行比较时,可以用 χ^2 检验评价拟合质量。

1. χ^2 检验主要解决下面两类问题

1)某随机变量 x 是否服从某完全给定的概率分布

这里所谓"完全给定的概率分布",是指不仅给出概率分布的函数式,而且还给出该分布所有各参数的值。

2)某随机变量是否服从某形式的概率分布

这里只是指定了呈什么形式分布(如泊松分布),但并不给出该分布的参数(如泊松分布的 m 值),此时,只好从样本材料去估计该分布的参数。

2. χ^2 检验的基本原理及步骤

1)建立原假设 H_0

现在问题中的原假设 H_0 是:随机变量 x 是服从该完全给定的概率分布。

2)选择适宜的统计量

由于样本频率分布在一定条件下又可作为假设概率分布的估计,如果 H_0 成立,那么假设的概率分布应与频率分布相差不太远。反之,如果样本频率分布与假设的概率分布相去甚远,

就有理由否定 H_0。

设样本频率分布第 i 组的频数为 f_i，假设的概率分布在该组区间上相应的概率为 p_i，若 N 是样本容量，则 $N \cdot p_i$ 就是假设的概率分布在第 i 组的频数，记为 F_i，称为理论频数。如果 H_0 确实成立，那么 f_i 与 $F_i (i=1,2,\cdots,g)$ 应相差不大。这样，可以建立统计量 χ^2：

$$\chi^2 = \sum_{i=1}^{g} \frac{(f_i - F_i)^2}{F_i} = \sum_{i=1}^{g} \frac{f_i^2}{F_i} - N \tag{4-2-26}$$

3）确定统计量的临界值

可以证明，在 $N \to \infty$，$g \to \infty$ 时，上述统计量趋向于自由度为 $g-1$ 的 χ^2 分布。在实际应用中，当 N 相当大时，就可应用 χ^2 分布确定上述统计量的临界值 χ^2_α，作为取舍 H_0 的根据。

当选定了显著水平 α 后，根据自由度 DF 的值，可以由表 4-2-3 查出临界值 χ^2_α。

χ^2 分 布 表   表 4-2-3

DF \ α	0.10	0.05	0.01	DF \ α	0.10	0.05	0.01
1	2.706	3.841	6.365	16	23.542	26.296	32.000
2	4.605	5.991	9.210	17	24.669	27.587	33.409
3	4.605	5.991	9.210	18	25.989	28.869	34.805
4	7.779	9.488	13.277	19	27.204	30.144	36.191
5	9.236	11.070	15.086	20	28.412	31.410	37.566
6	10.645	12.952	16.812	21	29.615	32.071	38.932
7	12.017	14.067	18.475	22	30.813	33.924	40.289
8	13.362	15.507	20.090	23	32.007	35.172	41.638
9	14.684	16.919	21.666	24	33.196	36.415	42.980
10	15.987	18.307	23.209	25	34.382	37.652	44.314
11	17.275	19.625	24.725	26	35.563	38.885	45.642
12	18.549	21.026	26.217	27	36.741	40.113	46.963
13	19.812	22.362	27.688	28	37.916	41.337	48.278
14	21.064	23.685	29.141	29	39.087	42.557	49.588
15	22.307	24.996	30.578	30	40.256	43.773	50.892

4）求统计检验结论

比较 χ^2 的计算值与临界值 χ^2_α，若 $\chi^2 \leq \chi^2_\alpha$，则接受 H_0，即认为随机变量 x 服从假设的概率分布。若 $\chi^2 > \chi^2_\alpha$，则不接受原假设 H_0。

3. χ^2 检验的注意事项

（1）总频数应比较大，即样本容量应比较大。

（2）分组应连续，各组的 p_i 应较小，这意味着分组数 g 应较大，通常要求 g 不小于 5。

（3）各组内的理论频数 F_i 不得小于 5。如果某组内的理论频数 F_i 小于 5，则应将相邻若干组合并，直至合并后的理论频数大于 5 为止，但此时应以合并后的实有组数作为确定 χ^2 时所取用的 g 值。

（4）确定 χ^2 自由度 DF。当 χ^2 检验用来解决"某随机变量 x 是否服从某完全给定的概率分布"这类问题时，DF 由下式计算：

$$DF = g - 1 \tag{4-2-27}$$

若用来解决"某随机变量 x 是否服从某形式的概率分布"这类问题时，由于只给出什么分布，但没有给出该分布的参数取什么值，这时 DF 由下式计算：

$$DF = g - q - 1 \tag{4-2-28}$$

式中：q——约束数。

由于概率分布的参数值没有给出，计算 p_i 值时只好由样本资料先对参数做点估计，在所设分布中填入参数的点估计值后计算 p_i 或 F_i 值。约束数 q 就是在概率分布中需要由样本估计的参数个数，对于常用的离散分布，其 q 值列于表 4-2-4 中。

常用离散型分布的约束数 q 及自由度 DF　　　　表 4-2-4

分布	q	DF
泊松分布	1	$g-2$
二项分布	2	$g-3$
负二项分布	2	$g-3$

(5) 置信度水平 α 的取值。由于实测资料是样本，要由样本对总体假设做某种判断不可能有百分之百的把握，因此，有可能做出"弃真"或"取伪"的错误判断。置信度水平 α 实际上就是"弃真"的概率，置信度水平为 0.05 的含义是指在假设 H_0 确属成立的前提下，每 100 次检验中，平均有 5 次本应接受的假设却被拒绝了，即犯了统计学中所讲的统计检验的第一类错误。当 DF 固定时，α 取值越大，意味着假设被拒绝的可能性越大。α 取值越小，假设被接受的可能性越大。但正如统计学中所指出的统计检验的第二类错误那样，取得偏小的 α 值时，"弃真"的可能性减小了，但"取伪"的可能性却增加了，即本来应被拒绝的假设却接受了。因此，α 的取值不能太大，也不能太小。在交通工程中，根据判断失误的影响大小，通常取 $\alpha = 0.05$。

4. 应用举例

例 4-2-7 在某大桥引桥上以 30s 的间隔对一个方向车流车辆的到达数做连续观测，得到 232 个观测值，列于表 4-2-5(以表左上角按行从左到右为时序)。试求其统计分布，并检验之。

某大桥以 30s 间隔观测到达的车辆数统计　　　　表 4-2-5

2	4	2	4	6	10	5	6	2	2	5	8	5	4	5	3	1	7	10	6
6	3	2	1	7	8	5	10	6	5	7	3	3	1	0	1	1	1	10	5
8	6	2	3	6	9	5	8	1	5	3	4	6	6	4	6	10			
10	4	4	7	10	6	4	6	2	11	7	3	3	3	8	9	9			
6	5	4	9	6	5	9	7	5	7	7	8	2	5	3	9	6	5		
6	4	7	8	5	7	5	6	7	1	5	6	1	5	7	4	12	6	5	
2	4	5	3	6	9	9	5	6	4	5	4	3	4	8	2	10	9	5	
8	3	4	2	5	11	5	5	6	2	7	8	6	3	8	3	6	3	2	
4	4	8	1	5	7	3	5	4	5	5	7	3	3	6	7	3	6	7	
5	5	4	8	6	5	7	6	0	3	3	4	11	3	2	6				
9	4	6	8	5	3	7	6	7	7	5	7	5	2	4	6				
7	4	5	1	4	3	5	7	2	11										

解：根据到达车辆出现的频数，把实测的到达数分成若干组，列于表 4-2-6 的第 1 列、第 2

列。算出样本的均值 m 和方差 S^2：

$$N = 232$$

$$m = \frac{\sum_{i=1}^{n} x_i f_i}{N} = \frac{1}{232} \times (0 \times 2 + 1 \times 15 + 2 \times 20 + \cdots + 12 \times 2) = 5.254$$

$$S^2 = \frac{1}{N-1} \sum_{i=1}^{n} (x_i - m)^2 f_i$$

$$= \frac{1}{232-1} \times [2 \times (0 - 5.254)^2 + 15 \times (1 - 5.254)^2 + \cdots + 2 \times (12 - 5.254)^2]$$

$$= 6.573$$

从 S^2 与 m 的比值看，用泊松分布和负二项分布拟合可能都是合适的。

若用泊松分布拟合，分布参数 $m = 5.254$。

若用负二项分布拟合，它的两个分布参数计算如下：

$$p = \frac{m}{S^2} = \frac{5.254}{6.753} = 0.78$$

$$k = \frac{m^2}{S^2 - m} = \frac{5.254^2}{6.753 - 5.254} = 18.4$$

用递推公式(4-2-16)、式(4-2-17)和式(4-2-23)、式(4-2-24)可分别计算出泊松分布、负二项分布各到达数出现的频数，列于表4-2-6的第3、4列。

下面用 χ^2 检验法判别这两种分布拟合的优劣。

某大桥车辆到达数观测值统计表　　　　表4-2-6

车辆到达数 x_i	实测频数 f_i	泊松分布的理论频数 $F_i = p(x_i) \cdot N$	负二项分布的理论频数 $F_i = p(x_i) \cdot N$
0	2 ⎫ 17	1.2 ⎫ 7.6	2.4 ⎫ 12.1
1	15 ⎭	6.4 ⎭	9.7 ⎭
2	20	16.7	20.7
3	28	29.3	31.0
4	27	38.5	36.5
5	37	40.5	36.0
6	31	35.4	30.9
7	24	26.6	23.7
8	21	17.5	16.5
9	13	10.2	10.7
10	8	5.4	6.4
11	4 ⎫	2.6 ⎫	3.7 ⎫
12	2 ⎬ 14	1.1 ⎬ 9.8	2.0 ⎬ 7.5
>12	0 ⎭	0.7 ⎭	1.8 ⎭
Σ	232	232	232

(1) 对于泊松分布，把理论频数小于5的到达数合并后，合并成10组，可算出：

$$\chi^2 = \sum_{i=1}^{g} \frac{f_i^2}{F_i} - N = \frac{17^2}{7.6} + \frac{20^2}{16.7} + \cdots + \frac{13^2}{10.2} + \frac{14^2}{9.8} - 232 = 20.04$$

由 $DF = 10 - 2 = 9$，α 取 0.05，查表4-2-3得：

$$\chi_{0.05}^2 = 15.507 < \chi^2$$

由此可见,泊松分布拟合是不可接受的。

(2)对于负二项分布,把理论频数小于5的到达数合并成11组,可算得:

$$\chi^2 = \sum_{i=1}^{g} \frac{f_i^2}{F_i} - N = \frac{17^2}{7.6} + \frac{20^2}{16.7} + \cdots + \frac{8^2}{6.4} + \frac{6^2}{7.5} - 232 = 7.22$$

由 $DF = 11 - 2 = 9, \alpha$ 取 0.05,查表4-2-3得:

$$\chi_{0.05}^2 = 16.919 > \chi^2$$

由此可见,负二项分布拟合式可以接受。

例 4-2-8 试用泊松分布拟合到达车辆分布。

在某段公路上,观测到达机动车车辆数,以5min为计数间隔,结果如表4-2-7所示。试求5min内到达车辆数的分布并检验。

车辆到达观测结果统计 表4-2-7

序号	来车数 x_i	观测频数 f_i	$P(X = x_i)$	理论数频 F_i		$f_i - F_i$	$(f_i - F_i)^2$	$(f_i - F_i)^2 / F_i$
1	0	3	0.0086	2.83	16.28	0.72	0.5184	0.031843
2	1	14	0.0410	13.45				
3	2	30	0.0974	31.06		1.06	1.1236	0.036175
4	3	41	0.1544	50.63		-9.63	92.7369	1.831659
5	4	61	0.1834	60.16		0.84	0.7056	0.011729
6	5	69	0.1744	57.19		11.81	139.4761	2.43882
7	6	46	0.1381	45.31		0.69	0.4761	0.010508
8	7	31	0.0938	30.76		0.24	0.0576	0.001873
9	8	22	0.0557	18.28		3.72	13.8384	0.757024
10	9	8	0.0294	4.65	14.43	-3.43	11.7649	0.815308
11	10	2	0.0140	6.59				
12	11	0	0.0060	1.98				
13	≥12	1	0.0038	1.21				
总计		328	1.00	328.00		—	—	$\chi^2 = 5.935$

解:根据表4-2-7所给出的数据,可知

观测频数:

$$N = \sum_{i=0}^{12} f_i = 328$$

样本均值:

$$m = \frac{\sum_{i=0}^{12} x_i f_i}{\sum_{i=0}^{12} f_i} = \frac{1159}{328} \approx 4.753$$

样本方差:

$$S^2 = \frac{1}{N-1} \sum_{i=0}^{12} (x_i - m)^2 f_i = 4.186$$

计算：$\frac{S^2}{m} = \frac{4.186}{4.753} = 0.881$ 接近 1.00，可用泊松分布拟合观测数据。拟合过程见表 4-2-7 第 3~8 列。计算统计量 χ^2：

$$\chi^2 = \sum_{i=0}^{9} \frac{(f_i - F_i)^2}{F_i} = 5.935$$

在表 4-2-7 第 5 列中，组序号为 1 的理论频数小于 5，故把其与第 2 组合并，同理，把第 10、11、12、13 组合并，则合并后的组数为 9。由于没有给出泊松分布参数值，因而用样本均值估计参数值，根据"估计一个参数损失一个自由度"的原则，最后确定自由度 $DF = 9 - 1 - 1 = 7$，查 χ^2 分布的分位数表，有 $x_{0.05}^2 = 14.067 > 5.935$。因此，不能拒绝车辆到达数服从泊松分布的假设。

因此，每 5min 时间内到达的车辆数可用泊松分布拟合，分布函数为：

$$P(X = x) = \frac{(4.753)^x e^{-4.753}}{x!}$$

第三节　交通流连续型分布分析方法

在交通工程中，另一个用于描述车辆到达随机特性的度量就是车头时距的分布。常用分布有负指数分布、移位负指数分布和爱尔朗分布。

车头时距是指在同向行驶的一列车队中，前后相邻两车的车头之间的时间间隔。车头时距是交通流的重要变量之一。车头时距的大小影响车辆运行安全、道路服务水平、驾驶行为和道路通行能力。车辆之间必须保持一定的车头时距，以确保行车安全；车头时距的分布情况决定了超车、合流和穿行机会；道路通行能力取决于最小车头时距和车头时距分布。因此，进行道路设计、交通管理需要了解车头时距及其分布特性。

一、负指数分布

1. 基本公式

$$P(h \geq t) = e^{-\lambda t} \quad (4\text{-}3\text{-}1)$$

式中：$P(h \geq t)$——到达的车头时距 h 大于等于 t 的概率；

λ——车流的平均到达率（辆/s）。

则车头时距小于 t 的概率为：

$$P(h < t) = 1 - e^{-\lambda t} \quad (4\text{-}3\text{-}2)$$

负指数分布的基本公式可以用泊松分布公式推导出来。设车流对于任意的间隔时间 t，其到达分布均服从泊松分布，则对任意 t，如果在 t 内无车辆到达，则上次车到达和下次车到达之间，车头时距至少有 t，换言之：

$$P(X = 0) = e^{-\lambda t} = P(h \geq t)$$

若 Q 表示每小时的交通量，则 $\lambda = Q/3600$（辆/s），式(4-3-1)可以写成：

$$P(h \geq t) = e^{-Qt/3600} \quad (4\text{-}3\text{-}3)$$

2. 概率密度函数

负指数分布的概率密度函数为：

$$p(t) = \frac{d}{dt}P(h<t) = \frac{d}{dt}[1-P(h\geq t)] = \lambda e^{-\lambda t} \tag{4-3-4}$$

于是有：

$$P(h \geq t) = \int_t^\infty p(t)dt = \int_t^\infty \lambda e^{-\lambda t}dt = e^{-\lambda t}$$

$$P(h < t) = \int_0^t p(t)dt = \int_0^t \lambda e^{-\lambda t}dt = 1 - e^{-\lambda t}$$

3. 分布的均值 M 与方差 D

$$M = \frac{1}{\lambda}, D = \frac{1}{\lambda^2}$$

用样本均值 m 代替 M 或用样本方差 S^2 代替 D，则可计算出负指数分布的参数 λ。

4. 适应条件

负指数分布适用于车辆到达是随机的、有充分超车机会的单列车流和密度不大的多列车流的情况。通常认为当每小时每车道的不间断车流量小于或等于 500 辆时，用负指数分布描述车头时距是符合实际的。

负指数分布的概率密度函数曲线是随车头时距 t 单调递降的，这说明车头时距越短，其出现的概率越大。这种情形在不能超车的单列车流中是不可能出现的，因为车辆的车头之间至少应为一个车身长，所在车头时距必有一个大于零的最小值 τ。负指数分布应用的局限性也在于此。

5. 车头时距分布的拟合应用

例 4-3-1 试用负指数分布拟合车头时距分布。

在一个信号交叉口引道上连续观测了 206 辆车的车头时距，数据分组整理结果如表 4-3-1 所示。试用负指数分布拟合观测车头时距分布并予以检验。

负指数分布拟合车头时距统计分布结果　　　　　　表 4-3-1

车头时距分组 $(a,b]$	区间组中值	观测频数 f_i	$t_i \in (a,b]$ 概率	理论频数 F_i	$f_i - F_i$	$(f_i - F_i)^2$	$(f_i - F_i)^2/F_i$
(0,0.15)	0.75	16	0.28631	58.97978	-42.9798	1847.262	31.32025
(1.5,2.5)	2.00	43	0.258379	53.22608	-10.2261	104.5728	1.964691
(2.5,3.5)	3.00	43	0.114614	23.61058	19.38942	375.9495	15.92292
(3.5,4.5)	4.00	29	0.09148	18.84496	10.15504	103.1248	5.47272
(4.5,5.5)	5.00	18	0.073016	15.04124	2.958755	8.754232	0.582015
(5.5,6.5)	6.00	13	0.058278	12.00528	0.994724	0.989476	0.08242
(6.5,7.5)	7.00	7	0.046515	9.582093	-2.58209	6.667206	0.695798
(7.5,8.5)	8.00	9	0.037126	7.648011	1.351989	1.827873	0.239
(8.5,9.5)	9.00	18	0.053414	11.00338	6.99662	48.95269	4.448877
(10.5,12.5)	11.50	4	0.034045	7.013363	-3.01336	9.080357	1.294722
(12.5,16.5)	14.50	3	0.035596	7.33274	-4.33274	18.77264	2.560112
≥16.5		3	0.024422	5.030853	-2.03085	4.124365	0.819814
总计		206	1.00	206	—	—	65.4029

解：由表 4-3-1 可求得平均车头时距为 4.447s，由此值估计负指数分布函数中的参数，把其代入分布函数，有 $F(t) = 1 - e^{-t/4.447}$，由此计算：

$$\chi^2 = \sum_{i=0}^{11} \frac{(f_i - F_i)^2}{F_i} = 65.403$$

观测数据分组数为 12，分布函数中有一个未知参数，所以统计量自由度为 $DF = 12 - 1 - 1 = 10$，查 χ^2 分布的分位数表，有 $\chi^2_{0.05} = 18.307 < 65.403$。因此，不能接受车头时距服从负指数分布。

6. 在无信号交叉口通行能力计算中的应用

设无信号十字交叉口相交道路均为单向行驶交通，其中一条为主干道，另一条为次要道路。主干道上的车流享有优先通行权，次要道路上的车流必须给主干道车流让路。设主车流的车头时距为 H，只有当 H 比较长时，次要车流才能在主干道车流两车之间穿越而通过交叉口。H 越长，可让次要车流穿越的车辆数越多。当主干道车流流量为零时，设次要车流的通行能力为 λ_1 辆/s，称 $\alpha_0 = 1/\lambda_1$ 为次要车流的饱和车头时距。α_0 也就是次要车流的最小车头时距。假设主车流的最小车头时距也是 α_0 秒，那么只有当它的车头时距 H 大于 $2\alpha_0$ 时，才能让次要车流等候中的一辆穿越 H，否则穿越车就会与主干道车流的前车或后车形成一个小于 α_0 秒的车头时距，这就与 α_0 为最小车头时距的假设相矛盾，从而容易引发两车横撞事故。若主干道车流中能让次要车流穿越的最短车头时距为 α，则如前所述，α 必须不短于 $2\alpha_0$ 秒。若主干道车流的流量为 λ 辆/s，λ 越大，能让次要车流穿越的辆数就越少，记一个小时内次要车流能穿越的辆数为 $c_{次}$，则 $c_{次}$ 是 λ 的一个递减函数。确定该函数有两种常用的方法：级数法和积分法。

1）级数法

设次要车流总能保证时时有 n 辆车在排队等候穿越。

把 H 出现的范围从小到大分成 $n + 2$ 档，各档的出现概率及次要车流可穿越车数如表 4-3-2 所示。

各档 H 的可穿越车辆数   表 4-3-2

H 的范围	概率	可穿车数
$H < \alpha$	P_0	0
$\alpha \leq H < \alpha + \alpha_0$	P_1	$3600\lambda P_1 \times 1$
$\alpha + \alpha_0 \leq H < \alpha + 2\alpha_0$	P_2	$3600\lambda P_2 \times 2$
⋮	⋮	⋮
$\alpha + (k-1)\alpha_0 \leq H < \alpha + k\alpha_0$	P_k	$3600\lambda P_k \times k$
⋮	⋮	⋮
$\alpha + (n-2)\alpha_0 \leq H < \alpha + (n-1)\alpha_0$	P_{n-1}	$3600\lambda P_{n-1} \times (n-1)$
$\alpha + (n-1)\alpha_0 \leq H < \alpha + n\alpha_0$	P_n	$3600\lambda P_n \times n$
$\alpha + n\alpha_0 \leq H$	P_{n+1}	$3600\lambda P_{n+1} \times (n+1)$

表 4-2-3 第 3 列的 3600λ 为主干道车流一小时通过的车辆数，即一小时内拥有的车头时距 H 的个数，因此 $3600\lambda P_k$ 就是车头时距在范围 $\alpha + (k-1)\alpha_0 \leq H < \alpha + k\alpha_0$ 内出现的次数，而每次都能让等候的 k 辆车穿越，于是 $3600\lambda P_k k$ 就等于上述范围的那些车头时距可让次要车

流穿越的总辆数。对所有 $n+2$ 个范围的总辆数求和,就有:

$$c_{次} = 0 \times P_0 + 3600\lambda \sum_{k=1}^{n} kP_k + 3600\lambda(n+1)P_{n+1}$$

进一步假定 H 服从负指数分布,那么上式第二项中的 n 项之和为:

$$\sum_{k=1}^{n} kP_k = e^{-\lambda\alpha} - e^{-\lambda(\alpha+\alpha_0)} + 2e^{-\lambda(\alpha+\alpha_0)} - 2e^{-\lambda(\alpha+2\alpha_0)} + \cdots + (n-1)e^{-\lambda[\alpha+(n-2)\alpha_0]} -$$
$$(n-1)e^{-\lambda[\alpha+(n-1)\alpha_0]} + ne^{-\lambda[\alpha+(n-1)\alpha_0]} - ne^{-\lambda(\alpha+n\alpha_0)}$$
$$= e^{-\lambda\alpha} + e^{-\lambda(\alpha+\alpha_0)} + e^{-\lambda(\alpha+2\alpha_0)} + \cdots + e^{-\lambda[\alpha+(n-1)\alpha_0]} - e^{-\lambda(\alpha+n)\alpha_0}$$
$$= e^{-\lambda\alpha}\left[1 + e^{-\lambda\alpha_0} + e^{-2\lambda\alpha_0} + \cdots + e^{-(n-1)\lambda\alpha_0}\right] - P_{n+1}$$
$$= e^{-\lambda\alpha}\frac{1 - e^{-n\lambda\alpha_0}}{1 - e^{-\lambda\alpha_0}}$$

最后,可得:

$$C_{次} = 3600\lambda e^{-\lambda\alpha}\frac{1 - e^{-n\lambda\alpha_0}}{1 - e^{-\lambda\alpha_0}} \tag{4-3-5}$$

如果次要道路进口道充分长(即两个交叉口之间距离充分远),可容纳下无穷多辆次要车流车辆排队等候穿越,那么上式就化为:

$$C_{次} = \frac{3600\lambda e^{-\lambda\alpha}}{1 - e^{-\lambda\alpha_0}} \tag{4-3-6}$$

则:

$$\Delta(n) = 1 - e^{-n\lambda\alpha_0}$$

为次要车流车道长度对通行能力的折减系数,简称车道长度折减率。

式(4-3-5)的物理意义如下:

$3600\lambda e^{-\lambda\alpha}$ 为主要道路车流每小时车头时距大于 α 秒的个数。

$\dfrac{1 - e^{-n\lambda\alpha_0}}{1 - e^{-\lambda\alpha_0}}$ 为每个这样的车头时距能让次要车流穿越的平均辆数。用微分学知识,不难证明式(4-3-5)确定的 $C_{次}$ 是 λ 的减函数。当 $\lambda \to \infty$ 时,$C_{次} \to 0$。

如果 H 不服从负指数分布,用级数法不一定能推导出关于 $C_{次}$ 的如式(4-3-5)那样简单明了的表达式,此时可引用积分法。

2) 积分法

设次要车流的车道可容纳无穷辆车排队等候穿越,H 的概率密度为 $p(t)$,其他假设与级数法相同。

对于任一大于 α 的 t 及微小增量 Δt,H 在 $t \sim t + \Delta t$ 范围内的概率为 $\Delta t p(t)$,一小时内 H 在该范围内出现的次数为 $3600\lambda \Delta t p(t)$。把 H 分割成 α 与 α_0 之和,通过理论推导可知:H 可让次流穿越的车数为 $0.5 + (H - \alpha)/\alpha_0$,于是一小时内在 $t \sim t + \Delta t$ 范围内的那些 H 可让次要车流穿越的辆数为 $3600\lambda \Delta t p(t)\left(0.5 + \dfrac{t - \alpha}{\alpha_0}\right)$

令 $\Delta t \to 0$,并对上式从 $t = \alpha$ 到 $t = \infty$ 求和,就可得到:

$$C_{次} = \int_{\alpha}^{\infty} 3600\lambda \Delta t p(t)\left(0.5 + \frac{t - \alpha}{\alpha_0}\right)dt \quad (辆/h) \tag{4-3-7}$$

完全可以验证,按级数法推导的式(4-3-6)与用积分法推导的式(4-3-7)几乎完全一致。

关于积分法的具体理论推导过程这里不再赘述。

设 H 服从负指数分布,车道长度折减率等于 1,以

$$p(t) = \frac{d}{dt}(1 - e^{-\lambda t}) = \lambda e^{-\lambda t}$$

代入式(4-3-7),就可得到:

$$C_{次} = 3600\lambda e^{-\lambda \alpha}\left(0.5 + \frac{1}{\lambda \alpha_0}\right) \quad (辆/h) \tag{4-3-8}$$

经验指出,完全由小轿车组成的车流,若流量不超过 600 辆/h,车头时距会服从负指数分布,此时若假设 $\alpha = 5s, \alpha_0 = 2.5s$,则对应于主要车流的不同流量 λ,可算出 $C_{次}$,如表 4-3-3 所示。

对应于不同 λ 值和 $C_{次}$ 值   表 4-3-3

λ	辆/h	100	200	300	400	500	600
	辆/s	0.0278	0.0556	0.0833	0.111	0.139	0.167
$C_{次}$(辆/h)		1297	1166	1048	941	844	755

表 4-3-3 说明,主要道路车流流量越高,次要道路车流达到的通行能力越低。

例 4-3-2 为了保证次要车流的通过能力达到 1000 辆/h,问对主干道车流流量应做何限制(取 $\alpha = 5s, \alpha_0 = 2.5s$)?

解: 由式(4-3-8)可得:

$$3600 e^{-\lambda \times 5}\left(\frac{\lambda}{2} + \frac{1}{2.5}\right) \geq 1000$$

用试算法,可得到上式的解为:

$$\lambda \leq 0.0953 \text{ 辆/s} = 343 \text{ 辆/h}$$

7. 在信号交叉口人行横道线上行人通行能力研究中的应用

信号交叉口某一个进口道的人行横道线上,在该进口道车流的红灯期,行人可自由地在横道线上穿过道路,设饱和人流是以并排方式穿过的,每排 α 人,穿越能力为 α_1 排/s。在饱和绿灯期内,行人不得穿行。在非饱和绿灯期 g_u 内,车流的车头时距服从负指数分布,分布的参数 λ 就是该车流的流量,车头时距 H 超过 β 秒,行人才可穿行,可穿行的排数为:

$$n_2 = 1 + (H - \beta)\alpha_1$$

那么仿照上文的推导,在 g_u 期内可穿过的排数为:

$$C_1 = g_u e^{-\lambda \beta}(\lambda + \alpha_1)$$

一个周期内可穿过的行人数应为:

$$C_2 = \gamma \alpha_1 \alpha + g_u \alpha e^{-\lambda \beta}(\lambda + \alpha_1)$$

每小时可穿过的行人数,即通行能力应为:

$$C_{人} = \frac{3600\alpha}{\gamma + g}[\gamma \alpha_1 + g_u e^{-\lambda \beta}(\lambda + \alpha_1)] \quad (辆/h) \tag{4-3-9}$$

式中:g_u——非饱和绿灯期(s),$g_u = g - g_s = g - \frac{\gamma \lambda}{s - \lambda}$;

  g——有效绿灯时间(s);

  γ——红灯时间(s);

  s——该进口道的饱和流量(辆/s)。

例 4-3-3 某信号灯交叉口的一条进口道上的周期时间 $C=110\text{s}$，有效绿灯时间 $g=50\text{s}$，饱和流量 $s=1400$ 辆/h，到达流量 $q=400$ 辆/h，车头时距服从负指数分布，横道线上行人穿越规则如前文所述，且每排人数 $a=5$，每秒可穿越排数 $a_1=2.4$，最小可穿越车头时距 $\beta=10\text{s}$，求行人在横道线上的通行能力 $C_人$。

解：
$$\lambda = \frac{Q}{3600} = \frac{400}{3600} = 0.11(\text{辆/s})$$

$$g_u = 50 - \frac{60 \times 400}{1400 - 400} = 26(\text{s})$$

$$C_人 = \frac{3600 \times 5}{110}[60 \times 2.4 + 26\text{e}^{-10 \times 0.111}(0.111 + 2.4)] = 27086(\text{人/h})$$

8. 负指数分布在交叉口延误中的应用

例 4-3-4 有一个无信号交叉口，主要道路上的车流量为 Q 辆/h，次要道路上车辆横穿主路车流所需要的时间为 α 秒，假设主要道路上车头时距服从负指数分布，求次要道路上车辆的平均等待时间。

解： 主要道路上车头时距为负指数分布，即分布密度为 $p(t) = \lambda\text{e}^{-\lambda t}$，分布函数为 $P(h \geq t) = \text{e}^{-\lambda t}$，其中 $\lambda = Q/3600$。

由于只有当主路上车头时距 $H \geq \alpha$ 时，次要道路上车辆才可以穿越。所以，主路上任意一个间隔可被接受的概率为：

$$P(h \geq \alpha) = \text{e}^{-\lambda\alpha}$$

拒绝的概率为：

$$P(h < \alpha) = 1 - \text{e}^{-\lambda\alpha}$$

可求任意一个被拒绝的间隔的分布为 $G(t)$，即

$$G(t) = P(H < t | H < \alpha) = \frac{P(H < t, H < \alpha)}{P(H < \alpha)}$$

由概率论的条件概率部分知识，可求得：

$$G(t) \begin{cases} \dfrac{\lambda\text{e}^{-\lambda t}}{1 - \text{e}^{-\lambda t}}, & 0 < t < \alpha \\ 0, & \text{其他} \end{cases}$$

所以，被拒绝的间隔平均长度为：

$$\bar{h} = \int_0^\alpha t\,\text{d}G(t) = \frac{\text{e}^{\lambda\alpha} - \lambda\alpha - 1}{\lambda\text{e}^{\lambda\alpha}(1 - \text{e}^{-\lambda\alpha})}$$

假设次要道路上的车辆接受了第 $j+1$ 个间隔，则其前 j 个间隔都小于 α，只有第 $j+1$ 个间隔不小于 α。所以，拒绝 j 个间隔的概率为：

$$p_j = [P(H < \alpha)]^j P(H \geq \alpha) = (1 - \text{e}^{-\lambda\alpha})^j \text{e}^{-\lambda\alpha}$$

所以拒绝的间隔平均个数为：

$$\bar{n} = \sum_{j=0}^\infty j p_j = \sum_{j=0}^\infty j(1 - \text{e}^{-\lambda\alpha})^j \text{e}^{-\lambda\alpha} = \frac{1 - \text{e}^{-\lambda\alpha}}{\text{e}^{-\lambda\alpha}}$$

车辆等待时间为拒绝的平均间隔数与其平均长度的乘积，故等待时间为：

$$\bar{w} = \bar{n} \cdot \bar{h} = \frac{\text{e}^{\lambda\alpha} - \lambda\alpha - 1}{\lambda\text{e}^{\lambda\alpha}(1 - \text{e}^{-\lambda\alpha})} \cdot \frac{1 - \text{e}^{-\lambda\alpha}}{\text{e}^{-\lambda\alpha}} = \frac{1}{\lambda}(\text{e}^{\lambda\alpha} - \lambda\alpha - 1)$$

例 4-3-5 假设一信号交叉口某进口道的直行车流(即主要车流)与对向左转车流(即次要车流)的冲突点为 C。左转专用车道最多可容纳 n 辆车排队。记驶过 C 点的直行车流的车头时距为 h，α 为一辆左转车辆穿越对向直行车流时直行车流的最小车头时距，α_0 为左转车辆连续通过 C 点的最小车头时距。当 $\alpha \leq h < \alpha + \alpha_0$ 时，允许一辆左转车穿过 C 点；当 $\alpha + (k-1)\alpha_0 \leq h \leq \alpha + k\alpha_0$ 且 $k \leq n$ 时，允许 k 辆车从排队驶出的左转车穿过 C 点；当 $h \geq \alpha + n\alpha_0$ 时，一律只允许 n 辆左转车穿过 C 点。记直行车在某段时间 g_u 内穿过 C 点的流率为 λ，车头时距服从负指数分布。要求计算 g_u 内能允许多少辆左转车穿过 C 点。

解： 记直行车流出现 $\alpha + (k-1)\alpha_0 \leq h \leq \alpha + k\alpha_0$ 的概率为 P_k，则：

$$\begin{aligned}
P_k &= P(h \geq \alpha + (k-1)\alpha_0) - P(h \geq \alpha + k\alpha_0) \\
&= e^{-\lambda[\alpha + (k-1)\alpha_0]} - e^{-\lambda(\alpha + k\alpha_0)} \\
&= e^{-\lambda\alpha}[e^{-\lambda(k-1)\alpha_0} - e^{-\lambda k\alpha_0}]
\end{aligned}$$

直行车流车头时距总数为 λg_u，其中出现 $\alpha + (k-1)\alpha_0 \leq h \leq \alpha + k\alpha_0$ 的次数为 $\lambda g_u \cdot P_k$，出现 $h \geq \alpha + n\alpha_0$ 的次数为 $\lambda g_u \cdot e^{-\lambda(\alpha + n\alpha_0)}$，所以 g_u 内，允许左转车穿过 C 点的总数应为：

$$\begin{aligned}
N_{\text{左}} &= \sum_{k=1}^{n} \lambda g_u P_k \cdot k + \lambda g_u \cdot e^{-\lambda(\alpha + n\alpha_0)} \cdot n \\
&= \lambda g_u P_1 + \lambda g_u \cdot 2P_2 + \cdots + \lambda g_u n P_n + n\lambda g_u e^{-\lambda\alpha} \cdot e^{-\lambda n\alpha_0} \\
&= \lambda g_u e^{-\lambda\alpha}[(1 - e^{-\lambda\alpha_0}) + 2 \cdot (e^{-\lambda\alpha_0} - e^{-2\lambda\alpha_0}) + \cdots + \\
&\quad n(e^{-\lambda(n-1)\alpha_0} - e^{-\lambda n\alpha_0})] + n\lambda g_u e^{-\lambda\alpha} \cdot e^{-\lambda n\alpha_0} \\
&= g_u \frac{\lambda e^{-\lambda\alpha}(1 - e^{-\lambda n\alpha_0})}{1 - e^{-\lambda\alpha_0}}
\end{aligned} \tag{4-3-10}$$

左转车流可称为非优先车流或次要车流，上式中的 $N_{\text{左}}/g_u$ 可称为次要车流的饱和流量(理论通行能力)，记为 $S_{\text{次}}$。

令 $n \to \infty$，得：

$$S_{\text{次}} = \frac{\lambda e^{-\lambda\alpha}}{1 - e^{-\lambda\alpha_0}} \tag{4-3-11}$$

这是次要车道可容纳无穷多辆车排队时的饱和流量。

同理，令 $n = 1$，得：

$$S_{\text{次}} = \lambda e^{-\lambda\alpha} \tag{4-3-12}$$

这是次要车道只能容纳一辆车排队时的饱和流量。

式(4-3-10)中 n 的取值，除了考虑次要车道能容纳的车辆数外，还应考虑 λg_u 的大小，自然应有 $n < \lambda g_u$。

国外对低流量交叉口常采用让路规则或停车规则进行交通管理，式(4-3-10)可以估算次要车流通过此类交叉口的理论通行能力。英国对环型交叉口采取出环优先的规则，式(4-3-10)也可估算进环车流的理论通行能力。

二、移位负指数分布

1. 基本公式

$$P(h \geq t) = e^{-\lambda(t-\tau)} \qquad (t \geq \tau) \tag{4-3-13}$$

$$P(h \leqslant t) = 1 - e^{-\lambda(t-\tau)} \qquad (t < \tau) \qquad (4\text{-}3\text{-}14)$$

2. 概率密度函数

$$f(t) = \begin{cases} \lambda e^{-\lambda(t-\tau)} & (t \geqslant \tau) \\ 0 & (t < \tau) \end{cases} \qquad (4\text{-}3\text{-}15)$$

3. 分布的均值 M 与方差 D

$$M = \frac{1}{\lambda} + \tau, D = \frac{1}{\lambda^2}$$

用样本均值 m 代替 M 或用样本方差 S^2 代替 D，则可计算出负指数分布的两个参数 λ 和 τ。

4. 适应条件

移位负指数分布适用于描述不能超车的单列车流的车头时距分布和车流量低的车流的车头时距分布。

移位负指数分布的概率密度函数曲线是随 $t-\tau$ 单调递降的，也就是说，服从移位负指数分布的车头时距越接近 τ，其出现的可能性越大。这在一般情况下是不符合驾驶人的心理习惯和行车特点的。从统计角度看，具有中等反应灵敏度的驾驶人占大多数，他们行车时是在安全条件下保持较短的车头时距，只有少部分反应特别灵敏或较冒失的驾驶人才会不顾安全去追求更短的车头时距。因此车头时距分布的概率密度曲线一般总是先升后降的。为了克服移位负指数分布的这种局限性，可采用更通用的连续型分布，如爱尔朗分布、韦布尔分布、皮尔逊Ⅲ型分布、对数正态分布、复合指数分布等。

5. 主要车流车头时距服从移位负指数分布，求次要车流的同行能力

令 α、α_0 的意义同前文，$n = \infty$，首先求出该分布的密度函数：

$$p(t) = \frac{\mathrm{d}}{\mathrm{d}t}\left[1 - e^{-\lambda(t-\tau)}\right] = \lambda e^{-\lambda(t-\tau)} \qquad (\alpha > \tau, t > \tau)$$

把密度函数带入式(4-3-7)，经化简后可得：

$$C_{\text{次}} = 3600 \frac{\lambda}{1+\lambda\tau} e^{-\lambda(\alpha-\tau)} \left(0.5 + \frac{\lambda_1}{\lambda}\right) \qquad (\text{辆/h}) \qquad (4\text{-}3\text{-}16)$$

式中：λ_1——次要车流的饱和流量，$\lambda_1 = \dfrac{1}{\alpha_0}$。

6. 信号交叉口左转车流的通行能力

信号交叉口的左转车流，相对于对向相冲突的直行车流来说，也属于次要车流，对向、直行车流就是优先车流。由于两股车流的冲突点离左转车流的停车线较近，在有专用左转车道的条件下，绿灯一亮，在对向直行车开到冲突点之前，可以让 α 辆左转车先行通过冲突点，α 一般为 1~2 辆。紧接着的直行车流的饱和绿灯期 g_s 内，左转车只能等候，一直等到非饱和绿灯期 g_u 内出现大于 α 的车头时距，左转车才能趁此间隙穿过冲突点，此 α 与前文所述一样，是直行车能让对向左转车穿越的最小车头时距。

记，直行车流车头时距服从由式(4-3-13)定义的移位负指数分布，用与上文几乎相同的推导，可以算出一个周期内左转车能通过冲突点的最大辆数为：

$$g_u e^{-\lambda(\alpha-\tau)}\left(\frac{0.5\lambda}{1+\lambda\tau}+\frac{\lambda_1}{1+\lambda\tau}\right)+\alpha \quad (辆/周期)$$

于是左转车的通行能力应为：

$$C_{左}=\frac{3600}{C}\left[g_u e^{-\lambda(\alpha-\tau)}\left(\frac{0.5\lambda}{1+\lambda\tau}+\frac{\lambda_1}{1+\lambda\tau}\right)+\alpha\right] \quad (辆/h) \tag{4-3-17}$$

式中：C——信号灯周期时间(s)；

λ_1——对向直行车流流量为零时左转车的饱和流量(辆/s)为单位。

直行车流的车头时距服从移位负指数分布，上式中的 λ、τ 是该分布的参数。特别是当 $\tau=0$ 时，λ 等于直行车流的流量 β，以辆/s 为单位，即当直行车流车头时距服从负指数分布时，对向左转车的通行能力为：

$$C_{左}=\frac{3600}{C}\left[g_u e^{-\lambda\alpha}\left(\frac{\lambda}{2}+\lambda_1\right)+\alpha\right] \quad (辆/h) \tag{4-3-18}$$

当 $\alpha=5s, s=1440$ 辆/h，$\lambda_1=1440$ 辆/h，$\alpha=1, C=100s, g=50s, C_{左}$ 随直行车流流量 λ 的增加而减小的关系如表4-3-4所示。

左转车通行能力表　　　　　　　表4-3-4

λ	辆/h	100	200	300	400	500	600
	辆/s	0.0278	0.0556	0.0833	0.111	0.139	0.167
$C_{次}$(辆/h)		636	525	422	326	234	144
$g_u(s)$		46.3	41.9	36.8	30.8	23.4	14.3

7. 应用举例

如果优先的主要车流的车头时距服从移位负指数分布，则通过与负指数分布一节中相类似的推导过程，得到与公式(4-3-10)类似的下列公式：

$$N_{左}=g_u\frac{\lambda e^{-\lambda(\alpha-\tau)}(1-e^{-\lambda n-\alpha_0})}{(1+\lambda\tau)(1-e^{-\lambda\alpha_0})} \tag{4-3-19}$$

对于横穿交通流所需安全间隔及交通流中的开段与闭段问题，也可用类似的推导方法得出与负指数分布相类似的公式和结果，这里不再赘述。

三、爱尔朗分布

1. 基本公式

爱尔朗分布函数中的参数 k，可以反映自由车流和拥挤车流之间的各种车流条件，K 值越大，说明车流越拥挤，驾驶人自由行车越困难。因此，K 值是非随机性程度的粗略表示，即车流的非随机性程度随 K 值的增加而增加。根据 K 值的不同，分布函数用不同的形式，累计的爱尔朗分布可以写成：

$$P(h\geq t)=\sum_{i=0}^{K-1}\left(\frac{Kt}{T}\right)^i\frac{e^{-Kt/T}}{i!} \tag{4-3-20}$$

$$P(h<t)=1-\sum_{i=0}^{K-1}\left(\frac{Kt}{T}\right)^i\frac{e^{-Kt/T}}{i!} \tag{4-3-21}$$

式中：$P(h\geq t)$——车头时距大于或等于 t 秒的概率；

$P(h<t)$——车头时距小于 t 秒的概率;

T——车头时距概率分布的平均值(s/veh), $T = \dfrac{3600}{Q} = \dfrac{1}{\lambda}$;

Q——车流的流量(veh/h);

λ——单位时间的平均到达率(veh/s);

K——爱尔朗分布参数,正整数。

在式(4-3-20)中,当 $K=1$ 时,简化成负指数分布;当 $K \to +\infty$ 时,将产生均一的车头时距。实际上,爱尔朗分布是皮尔逊Ⅲ型分布当 K 为正整数时的特例。

2. 概率密度函数

$$f(t) = \lambda e^{-\lambda t} \frac{(\lambda t)^{K-1}}{(K-1)!} \tag{4-3-22}$$

3. 分布的均值 M 与方差 D

$$M = TK, \quad D = T^2 K$$

用爱尔朗分布拟合观察数据式,参数 K 由观测数据的均值 m 和方差 S^2 用下式估算:

$$K = \frac{m^2}{S^2} \tag{4-3-23}$$

式中, K 值四舍五入,取整数。

四、韦布尔分布

1. 基本公式

$$P(h \geq t) = \exp\left[-\left(\frac{t-\gamma}{\beta-\gamma}\right)^\alpha\right] \quad (\gamma \leq t < \infty) \tag{4-3-24}$$

式中, β, γ, α 为分布参数,取正值,且 $\beta > \gamma$。 γ 称为起点参数, α 称为形状参数, β 称为尺度参数。显然,负指数分布和移位负指数分布是韦布尔分布的特例。

2. 概率密度函数

韦布尔分布的概率密度函数为:

$$p(t) = \frac{d[1-p(h \geq t)]}{dt} = \frac{1}{\beta-\gamma}\left(\frac{t-\lambda}{\beta-\gamma}\right)^{\alpha-1} \exp\left[-\left(\frac{t-\lambda}{\beta-\gamma}\right)^\alpha\right] \tag{4-3-25}$$

韦布尔分布的适用范围是比较广泛的。当 $\alpha=1$ 时即为负指数分布; $\alpha=2$ 或 3 时,与正态分布十分近似。使用韦布尔分布拟合数据时,可根据观测数据查阅相关的韦布尔分布拟合用表,确定所要使用的韦布尔分布的具体形式。

3. 适用条件

韦布尔分布适用范围较广,交通流中的车头时距分布、速度分布等一般都可用韦布尔分布来描述。实践表明,对具有连续型分布的交通流参数进行拟合,韦布尔分布常常具有与皮尔逊Ⅲ型分布、复合指数分布、对数正态分布和正态分布同样的效力。韦布尔分布的拟合步骤并不复杂,其分布函数也比较简单,这是皮尔逊Ⅲ型等分布所不具备的优点,这个优点给概率计算带来了很多便利。此外,韦布尔分布随机数的产生也很方便。因此,当使用最简单的负指数分布或移位负指数分布不能拟合实测的数据时,韦布尔分布是最佳选择。

4. 拟合条件

设 $t_1, t_2, t_3, \cdots, t_n$ 为某随机变量 t 的一组观测值,则韦布尔分布拟合的步骤如下:

(1)计算 t 的样本均值 m 和方差 S^2,并用下式计算样本分布的偏移系数 C_s:

$$C_s = \frac{\sum_{i=1}^{n}(t_i-m)^3}{(n-3)S^3} = \frac{\sum_{j=1}^{g}(t_i-m)^3 \cdot f_j}{(n-3)S^3} \quad (4\text{-}3\text{-}26)$$

(2)由表 4-3-5 查出与 C_s 相对应的 $1/\alpha$、$B(\alpha)$、$A(\alpha)$,计算出参数 α。

韦布尔分布拟合用表　　　　　　　　表 4-3-5

$1/\alpha$	$B(\alpha)$	$A(\alpha)$	C_s
0.28	3.573	0.3547	0.0075
0.29	3.468	0.3501	0.0383
0.30	3.370	0.3455	0.0687
0.31	3.277	0.3408	0.0989
0.32	3.190	0.3361	0.1287
0.33	3.108	0.3313	0.1583
0.34	3.030	0.3265	0.1876
0.35	2.955	0.3217	0.2167
0.36	2.885	0.3168	0.2455
0.37	2.818	0.3119	0.2741
0.38	2.754	0.3069	0.3024
0.39	2.692	0.3019	0.3306
0.40	2.634	0.2969	0.3586
0.41	2.578	0.2919	0.3865
0.42	2.524	0.2868	0.4141
0.43	2.472	0.2817	0.4417
0.44	2.422	0.2766	0.4691
0.45	2.376	0.2715	0.4963
0.46	2.328	0.2663	0.5235
0.47	2.283	0.2612	0.5505
0.48	2.241	0.2560	0.5775
0.49	2.199	0.2508	0.6043
0.50	2.159	0.2456	0.6311
0.51	2.120	0.2404	0.6578
0.52	2.082	0.2352	0.6844
0.53	2.045	0.2299	0.7110
0.54	2.009	0.2247	0.7376
0.55	1.975	0.2195	0.7640
0.56	1.941	0.2142	0.7905

续上表

$1/\alpha$	$B(\alpha)$	$A(\alpha)$	C_s
0.57	1.909	0.2090	0.8169
0.58	1.877	0.2038	0.8433
0.59	1.846	0.1933	0.8960
0.60	1.815	0.1933	0.8960
0.61	1.786	0.1881	0.9224
0.62	1.757	0.1829	0.9488
0.63	1.729	0.1777	0.9751

(3) 计算参数 β、γ 的估计值：

$$\begin{cases} \beta = m + S \cdot A(\alpha) \\ \gamma = \beta - S \cdot B(\alpha) \end{cases} \qquad (4\text{-}3\text{-}27)$$

将参数 α、β、γ 带入式(4-3-24)，即可以求得韦布尔分布。

5. 应用举例

例 4-3-6 在某坡道断面上测得重型车辆爬坡速度的 156 个值，经整理后列于表 4-3-6 的第 1、3 列，试用韦布尔分布拟合之。

解：

$$m = \frac{6 \times 3.5 + 25 \times 4.5 + \cdots + 3 \times 10.5 + 1 \times 11.5}{156} = 6.51$$

$$S = \left\{ \frac{1}{155} \times [6 \times (3.5-m)^2 + 25 \times (4.5-m)^2 + \cdots + 1 \times (11.5-m)^2] \right\}^{\frac{1}{2}} = 1.65$$

$$C_s = \frac{6 \times (3.5-m)^3 + 25 \times (4.5-m)^3 + \cdots + 1 \times (11.5-m)^3}{153 S^3} = 0.41$$

根据 $C_s = 0.41$ 查表 4-3-5 可求得：

$$\alpha = 2.381, B(\alpha) = 2.524, A(\alpha) = 0.2868$$

算得：

$$\beta = 6.51 \times 1.65 \times 0.2868 \approx 6.983$$

$$\gamma = 6.983 \times 1.65 \times 2.524 \approx 2.818$$

所求的韦布尔分布函数为：

$$P(v) = \exp\left[-\left(\frac{v - 2.818}{4.165} \right)^{2.381} \right]$$

以 v 取值为 3,4,…,12 分别代入所求得的 $P(v)$ 中，可分别算出大于 3,4,…,12 的速度出现的理论频数，列于表 4-3-6 的第 4 列，这列上下两数之差就是这个速度分组的理论频数，列于表 4-3-6 的第 5 列。

某坡道观测车辆爬坡速度整理表 表 4-3-6

速度分组 $m(s)$	组中值 $m(s)$	实测数据	$156P(v)$（v 为组下界）	理论频数
<3		0		
3~4	3.5	6	156	8
4~5	4.5	25	148	22

续上表

速度分组 $m(s)$	组中值 $m(s)$	实测数据	$156P(v)$ (v 为组下界)	理论频数
5~6	5.5	28	126	34
6~7	6.5	41	92	35
7~8	7.5	27	57	28
8~9	8.5	17	29	17
9~10	9.5	8	12	8
10~11	10.5	3	4	3
11~12	11.5	1	1	1
>12	—	0	0	0
Σ	—	156	—	—

五、M3 分布

1. 基本公式

研究发现,当交通较拥挤时,出现了部分车流成车队状态行驶,无论用负指数分布还是移位负指数分布都不能很好地描述车头时距的统计性质。针对此问题 Cowan(1975)提出了 M3 分布模型。该模型假设车辆处于两种行驶状态:一种是车队状态行驶,另一种按自由流状态行驶。分布函数为:

$$F(t) = \begin{cases} 1 - \alpha\exp\{-\lambda(t-\tau)\} & (t \geq \tau) \\ 0 & (t < \tau) \end{cases} \quad (4\text{-}3\text{-}28)$$

式中:α——按自由流状态行驶车辆所占的比例;

τ——车辆处于车队状态行驶时,车辆之间保持的最小车头时距;

λ——特征参数。

2. 分布的均值 M 与方差 D

$$M = \tau + \frac{\alpha}{\lambda}, D = \frac{\alpha(2-\alpha)}{\lambda^2}$$

需要注意的是,即使车辆成队列行驶,车头时距也有波动。因此,该模型不能刻画很小的车头时距分布,运用该模型时,往往可根据实际经验确定 λ 值,只要车头时距小于该值即认为车辆成队列行驶。这样,式(4-3-28)中只有两个参数未知,可用一般的估算法得出。

3. 适用条件

M3 分布适用范围较广,可以用来描述不同自由和聚集状态车流的车头时距分布。

六、其他车头时距分布

关于车头时距的分布,国内外学者已经做了大量的实验工作,并建立了不同的分布模型。这些模型大体上分为三个方面:一是建立车辆随机到达的概率分布模型,主要有负指数分布、移位负指数分布、正态分布、皮尔逊Ⅲ型分布和爱尔朗分布模型;二是基于自由交通流和强制交通流而发展起来的概率分布模型,这种分布模型在城市道路系统中非常适用,但是模型的参数比较复杂,这类模型有聚束指数分布、双倍移位负指数分布及一些其他的分布模型;三是建立在驾驶人、车辆行为与车头时距之间关系上的分布模型,这类模型由于收集数据比较烦琐,处理数据的工作量巨大,因此只适用于一些特殊目的的研究工作中。

以上描述的分布模型属于第一类基于自由流基础上的车头时距分布模型,下面简要介绍其他两类模型。

1. 基于强制交通流基础上的分布模型

1) 聚束负指数分布模型(Bunched Negative Exponential Distribution)

Cowan 首次提出了聚束负指数分布模型,用来描述小于等于 12s 的车头时距分布情况。由于该分布模型能较精确地拟合城市街道上交通流的实际情况,因此,在大部分的城市交通分析软件中,都使用了该分布模型。在大流量交通或小车头时距的情况下,负指数分布和移位负指数分布都不能很好地预测车头时距的分布情况。聚束负指数分布模型不仅克服了负指数分布和移位负指数分布模型的局限性,同时还保持了模型的简单化。该模型假设,与前导车的车头时距小于 τ 的跟随车认为是聚束车辆,即受到了约束,这部分车辆的比例为 θ;其余大于 τ 的跟随车是自由车辆,属于自由行驶。聚束负指数分布模型如下:

$$F(x) = \begin{cases} 1 - (1-\theta)e^{-\gamma(x-\tau)} & (x \geq \tau) \\ 0 & (x < \tau) \end{cases} \quad (4\text{-}3\text{-}29)$$

对于所有跟驰行驶的车辆的车头时距,Cowan 对聚束负指数分布模型提出了一般形式。一般分布模型更符合实际情况,但是也更复杂。

$$F(x) = \begin{cases} \theta B(x) + (1-\theta)\int_0^x B(x-u)\gamma e^{-\gamma u}du & (x \geq \tau) \\ 0 & (x < \tau) \end{cases} \quad (4\text{-}3\text{-}30)$$

2) 双倍移位负指数分布模型(Double Displaced Negative Exponential Distribution)

1991 年 J. D. Griffiths 等人提出了双倍移位负指数分布模型:

$$F(x) = \begin{cases} \phi\lambda_1 e^{\lambda_1(x-\tau)} + (1-\phi)\lambda_2(x-\tau) & (x \geq \tau) \\ 0 & (x < \tau) \end{cases} \quad (4\text{-}3\text{-}31)$$

式中:ϕ——权重因子,$0 < \phi \leq 0.5$;

τ——位移量;

λ_1、λ_2——与交通量有关的常数。

经过实际观测数据的检验,双倍移位负指数函数的左侧部分对车头时距的拟合十分精确。D. P. Sullivan 用实际数据对聚束负指数分布模型和双倍移位负指数分布模型进行了比较,发现这两种模型在拟合小车头时距的情况下都是非常精确的,但是双倍移位负指数分布模型的精度要高于聚束负指数分布模型,聚束负指数分布模型的形式却比双倍移位负指数分布模型简单。

3) 复合分布模型(Composite Distribution)

其余建立在强制交通流基础上的分布模型,都可以叫做复合分布模型。这种模型假设车辆的运行处于自由行驶状态或非自由行驶状态,两种状态车辆的车头时距分别服从不同的分布模型。

$$F(x) = \begin{cases} (1-\theta)F_1(x) + \theta F_2(x) & (x \geq \tau) \\ 0 & (x < \tau) \end{cases} \quad (4\text{-}3\text{-}32)$$

式中:θ——非自由行驶状态车辆的比例;

$F_1(x)$——自由行驶车辆服从的车头时距分布,一般用负指数分布模型表示;

$F_2(x)$——非自由行驶车辆服从的车头时距分布。

G. C. Ovuworie 等人用正态分布对非自由行驶的车辆、用负指数分布对自由行驶状态的车辆进行拟合。Masaki Koshi 等人也于 1982 年用复合分布模型对单车道上的交通流进行了验证,同时在双车道公路上进行了研究,并建立了以爱尔朗分布和负指数分布相结合的复合分布模型。

复合分布模型对实际情况拟合得都相当精确,但是相关未知参数的标定却非常复杂。J. D. Griffiths 等人在 1991 年、D. P. Sullivan 等人在 1994 年利用力矩法、极大似然法相结合的参数估计法对其进行化简,得出了未知参数的具体数值。

2. 基于驾驶人和车辆特性的分布模型

除了以统计概率为基础的车头时距分布模型外,还有一些是建立在以驾驶人、车辆行为和车头时距之间关系为基础的车头时距分布模型。由于这类模型一般用于特殊的研究目的,预测精度虽然较高,但工作量非常大,处理数据时非常麻烦,因此不常使用。

W. M. Abdelwahab 等人对城市交通中不同道路和交通条件下车头时距进行了深入、细致的研究,建立了回归模型,该模型能对交通流中可穿越的个数进行正确预测。该模型为:

$$N = \alpha_0 + \sum_{i=1}^{k} \alpha_i V^i + \varepsilon \quad (i = 1, 2, \cdots, k) \quad (4\text{-}3\text{-}33)$$

式中:N——可穿越的个数;

V——交通流率;

α_0、α_i——未知参数;

k——多项式的幂;

ε——随机误差。

还有一种跟驾驶人和车辆特性有关的分布模型是由 J. A. Bonneson 提出的,他在研究车辆驶离交叉路口时,利用驾驶人的反应时间、加速度、车速等参数建立了车头时距模型。

$$h_n = \tau N_1 + T + \frac{d}{V_{\max}} + \frac{v_{sl(n)} - v_{sl(n-1)}}{A_{\max}} \quad (4\text{-}3\text{-}34)$$

式中:T——驾驶人的启动反应时间;

τ——头车排队驾驶人的反应时间;

N_1——可穿越的个数,当 $n=1$ 时 N_1 为 1,$n>1$ 时 N_1 为 0;

d——排队车辆之间的距离;

$v_{sl(n)}$——第 n 辆车通过停车线的速度;

$V_{\max}$——最大速度;

$A_{\max}$——最大加速度。

该模型与其他模型不太相同,它是预测前后两辆机动车之间的车头时距,而不是预测车头时距的总体分布情况。这种模型可用于城市交叉路口的交通模拟,但是参数较多,需要收集大量的速度、加速度、反应时间等数据。

七、连续型分布的拟合优度检验

1. 基本内容和方法

连续型分布的拟合优度检验可用 χ^2 检验法和描点检验法来进行假设检验。χ^2 检验法用于连续分布时,其原理、方法、步骤完全与前述用于离散型分布时相同。

描点检验法一般只用于实际问题中大量碰到的负指数分布和移位负指数分布的假设检验,这两种分布的假设检验也常用 χ^2 检验法来检验,因为 χ^2 检验法能定量化。

对于描点检验法:

当假设为负指数分布时,对式(4-3-1)取对数,得:

$$\ln[P(h \geq t)] = -\lambda t \tag{4-3-35}$$

当假设为移位负指数分布时,对式(4-3-13)取对数,得:

$$\ln[P(h \geq t)] = -\lambda(t-\tau) \tag{4-3-36}$$

式(4-3-35)、式(4-3-36)在半对数坐标纸上是一条直线,观测值的分布越靠近该条直线,表明该假设分布拟合得越好。描点检验法是检验人员根据观测值的分布图形凭经验直观判断的。

2. 应用举例

例 4-3-7 在一条双向双车道的公路上,对一个方向的车流进行了车头时距观测,得到表 4-3-7 所示的结果,已知该方向交通量为 500 辆/h,试求其车头时距分布。

解: 当单向单车道交通量≤500 辆/h 时,一般负指数分布都能适合其车头时距分布,因此本题可使用负指数分布拟合观测数据。

$$\lambda = Q/3600 = 500/3600 = 0.139$$

$$P(h \geq t) = e^{-0.139t}$$

按该式计算的理论频率也列于表 4-3-7 中。

用负指数分布拟合观测数据 　　表 4-3-7

车头时距 t_i(s)	观测频数	≥t_i 的累计观测频数	观测频数累计百分比(%)	理论频数累计百分比(%)	≥t_i 的理论累计频数
0~2.99	37	134	100	100	134
3~5.99	36	97	72.4	65.9	88.3
6~8.99	26	61	45.5	43.5	58.2
9~11.99	11	35	26.1	28.7	38.4
12~14.99	9	24	17.9	18.9	25.3
15~17.99	5	15	11.2	12.5	16.7
18~20.99	5	10	7.5	8.2	11.0
21~23.99	1	5	3.7	5.4	7.3
24~26.99	1	4	3.0	3.6	4.8
27~29.99	1	3	2.2	2.4	3.2
30~32.99	2	2	1.5	1.5	2.1
≥33	0	0	0	1.0	1.4

理论曲线和观测数据均绘入图 4-3-1 中。由图看出,用 $P(h \geq t) = e^{-0.139t}$ 拟合观测数据可以得到满意的结果。

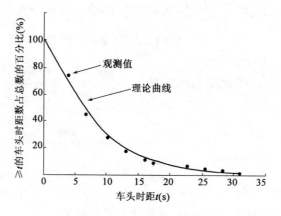

图 4-3-1　理论值与观测值

例 4-3-8　在一条车道公路上连续观测 50 辆车的车头时距,数据经分组合并列入表 4-3-8。试用爱尔朗分布拟合这组数据并检验之。

解:先确定爱尔朗分布参数

$$m = \frac{\sum_{i=1}^{8} f_i t_i}{\sum_{i=1}^{8} f_i} = \frac{112}{50} = 2.24$$

$$S^2 = \frac{\sum_{i=1}^{8} f_i t_i^2}{N-1} - \frac{\left(\sum_{i=1}^{8} f_i t_i\right)^2}{N(N-1)} = \frac{366.5}{49} - \frac{112^2}{50 \times 49} = 2.36$$

$$K = \frac{m^2}{S^2} = \frac{2.24^2}{2.36} = 2.13$$

取 $K = 2$,于是,分布函数(累积理论百分比):

$$P(h \geq t_i) = (1 + 0.89t) e^{-0.89 t_i}$$

累计理论频数 $= 50 P(h \geq t_i)$,理论频数 $F_i = 50[P(h \geq t_i) - P(h \geq t_{i+1})]$,其计算值如表 4-3-8 所示。

用爱尔朗分布拟合车头时距观测数据　　　　　　表 4-3-8

车头时距中值 t_i(s)	观测频数 f_i	累计观测频数	累计观测百分比(%)	$f_i t_i$	$f_i t_i^2$	累计理论百分比(%)	累计理论频数	理论频数 F_i	$\dfrac{f_i^2}{F_i}$
0.5	10	50	100	5.0	2.50	100	50	11.2	8.929
1.5	18	40	80.0	27.0	40.50	77.6	38.8	15.4	21.039
2.5	9	22	44.0	22.5	56.25	46.9	23.4	10.7	7.570
3.5	6	13	26.0	21.0	73.50	25.4	12.7	6.2	5.806
4.5	3	7	14.0	13.5	60.75	13.0	6.5	3.3 ⎫	
5.5	3	4	8.0	16.5	90.75	6.4	3.2	1.7 ⎬ 6.5	
6.5	1	1	2.0	6.5	42.25	3.0	1.5	0.8 ⎭	
≥7.5	0	0	0.0	0.0	0.00	1.4	0.7	0.7	
总计	50	—	—	112.0	366.50	—	—	50.0	50.882

用 χ^2 检验法检验拟合优度：

$$\chi^2 = \left(\sum_{i=1}^{5} \frac{f_i^2}{F_i}\right) - N = 50.882 - 50.0 = 0.882$$

$$DF = 5 - 3 = 2, 取 \alpha = 0.05$$

查表 4-2-3, $\chi^2_{0.05} = 5.991 > 0.882$

因此，这组数据符合 $K = 2$ 的爱尔朗分布。

【练习题】

1. 什么是离散型分布和连续型分布，各有什么代表模型？
2. 什么是二项分布和负二项分布，其区别在哪里？
3. 什么是负指数分布和爱尔朗分布，二者有何对应关系？
4. 简述用 χ^2 检验法进行拟合优度检验的基本过程。
5. 某公路断面流量为 720 辆/h，试计算该断面 5s 内没有车辆通过的概率（假设车辆到达服从泊松分布）。
6. 一段 5km 长的道路上交通密度为 15 辆/km，试计算在任意 200m 路段上（假设车辆在空间分布上服从泊松分布）：
   (1) 没有车的概率；
   (2) 有 1 辆车的概率；
   (3) 超过 3 辆车的概率。
7. 在某交叉口进口道进行交通调查，1min 内到达的车辆数平均为 10 辆，车辆到达符合二项分布，其中有 10% 为左转车，试计算在 1min 内不超过 1 辆车左转的概率是多少。
8. 在某路段观测到达机动车数据，以 5min 为计数间隔，其中来车数和观测频数见习题 4-8 表，用泊松分布拟合到达车辆分布，并检验。自由度为 7 时，$\chi^2_{0.05} = 14.07$。（要求列表计算）

在某路段观测的来车数和观测频数 习题 4-8 表

来车数	0	1	2	3	4	5	6	7	8	9	10	11	≥12
观测频数	3	14	30	41	61	69	46	31	22	8	2	0	1

第五章
车辆跟驰理论

第一节 车辆跟驰理论的基本假设

跟驰理论是运用动力学方法研究在限制超车的单车道上,行驶车队中前车速度的变化引起的后车反应。车辆跟驰行驶是车队行驶过程中一种很重要的现象,对其研究有助于理解交通流的特性。

假设在道路上,当交通流的密度很大时,车辆间距较小,车队中任一辆车的车速都受前车速度的制约,驾驶人只能按前车提供的信息采用相应的车速,我们称这种状态为非自由运行状态。跟驰理论就是研究这种运行状态车队的行驶特性。

非自由状态行驶的车队有如下三个特性:

1. 制约性

在一队汽车中,驾驶人总不愿意落后,而是紧随前车前进,这就是"紧随要求"。同时,后车的车速不能长时间地大于前车车速。只能在前车车速附近摆动,否则会发生碰撞,这就是"车速条件"。此外,前后车之间必须保持一个安全距离,在前车刹车后,两车之间有足够的距离,从而有足够的时间供后车司机做出反应,采取制动措施。这就是"间距条件"。

紧随要求、车速条件和间距条件构成了一队汽车跟驰行驶的制约性,即前车车速制约着后车车速和两车间距。

2. 延迟性（也称滞后性）

从跟驰车队的制约性可知，前车改变运行状态后，后车也要改变。但前后车运行状态的改变不是同步的，后车运行的状态改变滞后于前车。因为驾驶人对前车运行状态的改变要有一个反应过程，需要反应时间。假设反应时间为 T，那么前车在 t 时刻的动作，后车在 $(t+T)$ 时刻才能做出相应的动作，这就是延迟性。

3. 传递性

由制约性可知：第 1 辆车的运行状态制约着第 2 辆车的运行状态，第 2 辆车又制约着第 3 辆，……，第 n 辆车制约着第 $n+1$ 辆车。一旦第一辆车改变运行状态，它的效应将会一辆接一辆地向后传递。直至车队的最后一辆。这就是传递性。而这种运行状态的传递又具有延迟性。这种具有延迟性的向后传递的信息不是平滑连续的，而是像脉冲一样间断连续的。

制约性、延迟性和传递性构成了车辆跟驰行驶的基本特征，同时也是车辆跟驰模型建立的理论基础。

第二节 线性车辆跟驰理论

一、线性跟驰理论的作用

车辆跟驰行驶是车队行驶过程中一种很重要的现象，对其研究有助于理解交通流的特性。跟驰理论所研究的参数之一就是车辆在给定速度 u 下跟驰行驶时的平均车头间距 S，平均车头间距则可以用来估计单车道的通行能力。在对速度—间距关系的研究中，单车道通行能力的估计基本上都是基于如下公式：

$$C = 1000\frac{u}{S} \tag{5-2-1}$$

式中：C——单车道的通行能力(veh/h)；
u——速度(km/h)；
S——平均车头间距(m)。

研究表明，速度—间距的关系可由下式表示：

$$S = \alpha + \beta u + \gamma u^2 \tag{5-2-2}$$

式中：α、β、γ——系数，可取不同的值，α 为有效的车辆长度，β 为反应时间，γ 为跟驰车辆最大减速度的二倍的倒数。

附加项 γu^2 保证了足够的间距，使得前车在紧急停车的情况下跟驰车辆不与之发生碰撞，γ 的经验值可近似取 $0.023 s^2/ft$。一般情况下 γ 是非线性的，对于车速恒定（或近似恒定）、车头间距相等的交通流，γ 的近似计算公式为：

$$\gamma = 0.5(a_f^{-1} - a_t^{-1}) \tag{5-2-3}$$

式中：a_f、a_t——跟车和头车的最大减速度。

跟驰理论除了用于计算平均车头间距以外，还可用于从微观角度对车辆跟驰现象进行分析,近似得出单车道交通流的宏观特性。

单车道车辆跟驰理论认为,车头间距在 100~125m 以内时车辆间存在相互影响。该理论认为,在人—车—路的系统中,驾驶人是一个主动的、可预测的控制因素。

在直线行驶、无超车的情况下,跟驰车辆驾驶人的反应过程可归为以下三个阶段:

感知阶段:在这个阶段,驾驶人通过感觉收集相关信息。信息包括前车车辆的行为和跟车车辆的行为,主要有前车的速度、加速度、车间距离、相对速度和一些变量(如:碰撞时间)等。

决策阶段:驾驶人对所获得的信息进行分析,决定驾驶策略,与驾驶人对车辆特性的了解和驾驶技能、经验等有关。

控制阶段:驾驶人根据自己的决策和头车及道路的状况等反馈信息,对车辆进行操纵控制。

二、线性跟驰模型的建立

跟驰模型实际上是关于反应—刺激的关系式,用方程表示为:

$$\text{反应} = \lambda \cdot \text{刺激} \tag{5-2-4}$$

式中,λ 为驾驶人对刺激的反应系数,称为灵敏度或灵敏系数。驾驶人接受的刺激是指前面引导车的加速或减速行为以及随之产生的车辆之间的速度差或车辆距离的变化;驾驶人对刺激的反应是指根据前车所做的加速或减速运动而对后车进行的相应操纵及其效果。

线性跟驰模型相对比较简单,图 5-2-1 为建立线性跟驰模型的示意图。

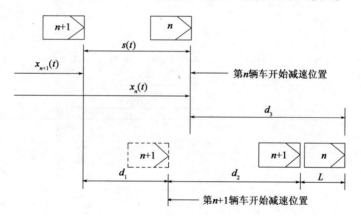

图 5-2-1 线性跟驰模型示意图

$s(t)$-时刻 t 的车头间距;$x_n(t)$-第 n 辆车在时刻 t 的位置;$x_{n+1}(t)$-第 $n+1$ 辆车在时刻 t 的位置;d_1-第 $n+1$ 辆车反应时间内行驶的距离;d_2-第 $n+1$ 辆车从减速到停止行驶的距离;d_3-第 n 辆车从减速到停止行驶的距离;L-停止状态的车头间距

从图中可以得到:

$$s(t) = x_n(t) - x_{n+1}(t) = d_1 + d_2 + L - d_3 \tag{5-2-5}$$

$$d_1 = u_{n+1}(t)T = u_{n+1}(t+T)T = \dot{x}_{n+1}(t+T)T \tag{5-2-6}$$

假设两车的制动距离相等,即 $d_2 = d_3$,则有:

$$s(t) = x_n(t) - x_{n+1}(t) = d_1 + L \tag{5-2-7}$$

由式(5-2-6)和式(5-2-7)可得:

$$x_n(t) - x_{n+1}(t) = \dot{x}_{n+1}(t+T)T + L \tag{5-2-8}$$

两边对 t 求导,得到:

$$\dot{x}_n(t) - \dot{x}_{n+1}(t) = \ddot{x}_{n+1}(t+T) \cdot T \tag{5-2-9}$$

也即

$$\ddot{x}_{n+1}(t+T) = \lambda [\dot{x}_n + (t) - \dot{x}_{n+1}(t)] \quad (n=1,2,3,\cdots) \tag{5-2-10}$$

或写成

$$\ddot{x}_{n+1}(t) = \lambda [\dot{x}_n(t-T) - \dot{x}_{n+1}(t-T)] \quad (n=1,2,3,\cdots) \tag{5-2-11}$$

其中：$\lambda = T^{-1}$。与式(5-2-4)对比，可以看出式(5-2-11)是对刺激—反应方程的近似表示，刺激为两车的相对速度；反应为跟驰车辆的加速度。

式(5-2-9)是在前导车制动、两车的减速距离相等以及后车在反应时间 T 内速度不变等假定下推导出来的。实际的情况要比这些假定复杂得多，比如刺激可能是由前车加速度引起的，而两车在变速行驶过程中驶过的距离也可能不相等。为了考虑一般的情况，通常把式(5-2-10)或式(5-2-11)作为线性跟驰模型的形式，其中，λ 不一定取值为 T^{-1}，也不再理解为灵敏度或灵敏系数，而看成与驾驶人动作强度相关的量，称为反应强度系数。

三、车辆跟驰行驶过程的一般表示

跟驰理论的一般形式可用传统控制理论框图表示，见图5-2-2a)。方程(5-2-11)所示的线性跟驰模型表示为图5-2-2b)，图中驾驶人行为由反应时间和反应强度系数代替。完善的跟驰模型应包括一系列便于建模描述车辆及道路的动态特性、驾驶人的生理心理特性和车辆间的配合，但不包括侧向控制、交通状况和紧急情况。

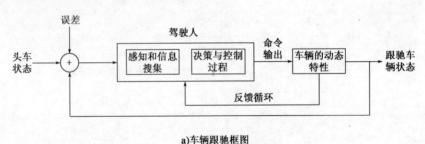

a)车辆跟驰框图

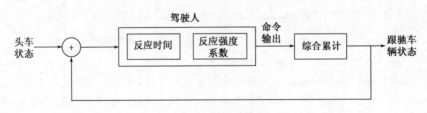

b)线性跟驰模型框图

图 5-2-2 跟驰模型框架图

第三节 线性跟驰模型实例分析

考虑两辆车的情形，停止状态时的车头间距为 7.5m。前车的运行分为三部分，先从停止状态开始均匀加速行驶，加速度为 1.0m/s^2；当速度达到 13m/s(46.8km/h)，匀速行驶 8s 然后

以 1.3m/s^2 的减速度行驶,直到停止。后车紧跟前车行驶,与前车始终保持最小安全车头间距。

下面给出车辆的速度、距离计算公式。对于非匀加速运动,速度的计算公式可以用下面近似式:

$$\dot{x}_n^{(t+\Delta t)} = \dot{x}_n(t) + \left[\frac{\ddot{x}_n(t) + \ddot{x}_n^{(t+\Delta t)}}{2}\right]\Delta t$$

取时间间隔 $\Delta t = 1\text{s}$,则前车的速度计算公式为:

$$\dot{x}_1^{(t+1)} = \dot{x}_1(t) + \frac{\ddot{x}_1(t) + \ddot{x}_1^{(t+1)}}{2}$$

距离计算公式为:

$$x_1^{(t+\Delta t)} = x_1(t) + \dot{x}_1^{(t)}\Delta t + \left[\frac{\ddot{x}_1^{(t)} + \ddot{x}_1^{(t+\Delta t)}}{2}\right]\frac{\Delta t^2}{2}$$

则前车的距离计算公式简化为:

$$x_1^{(t+1)} = x_1^{(t)} + \dot{x}_1^{(t)} + \frac{\ddot{x}_1^{(t)}}{2}$$

根据线性跟驰模型:

$$\ddot{x}_{n+1}^{(t+T)} = \lambda\left[\dot{x}_n^{(t)} - \dot{x}_{n+1}^{(t)}\right]$$

给定后车驾驶人的反应时间 T 为 1s,敏感度系数 λ 值取 0.5,则后车的加速度由下式确定:

$$\ddot{x}_2^{(t+1)} = 0.5\left[\dot{x}_1^{(t)} - \dot{x}_2^{(t)}\right]$$

后车速度计算公式为:

$$\dot{x}_2^{(t+1)} = \dot{x}_2^{(t)} + \frac{\ddot{x}_2^{(t)} + \ddot{x}_2^{(t+1)}}{2}$$

距离计算公式:

$$x_2^{(t+1)} = x_2^{(t)} + \dot{x}_2^{(t)} + \frac{\ddot{x}_2^{(t)} + \ddot{x}_2^{(t+1)}}{4}$$

计算结果见表 5-3-1。

车辆跟驰计算结果　　　　　表 5-3-1

反应时间 (s)	前车			后车			相对差	
	加速度 (m/s²)	速度 (m/s)	距离 (m)	加速度 (m/s²)	速度 (m/s)	距离 (m)	速度 (m/s)	车头间距 (m)
S	$\ddot{x}_1$	$\dot{x}_1$	x_1	$\ddot{x}_2$	$\dot{x}_2$	x_2	$\dot{x}_1 - \dot{x}_2$	$x_1 - x_2$
0	1.0	0.0	0.0	0.00	0.00	-7.5	0.00	7.5
1	1.0	1.0	0.5	0.00	0.00	-7.5	1.00	8.0
2	1.0	2.0	2.0	0.50	0.25	-7.4	1.75	9.4
3	1.0	3.0	4.5	0.88	0.94	-6.8	2.06	11.3
4	1.0	4.0	8.0	1.03	1.89	-5.4	2.11	13.4
5	1.0	5.0	12.5	1.05	2.93	3.0	2.07	15.5
6	1.0	6.0	18.0	1.03	3.98	0.5	2.02	17.5

续上表

反应时间	前车			后车			相对差	
	加速度	速度	距离	加速度	速度	距离	速度	车头间距
7	1.0	7.0	24.5	1.01	5.00	5.0	2.00	19.5
8	1.0	8.0	32.0	1.00	6.01	10.5	1.99	21.5
9	1.0	9.0	40.5	1.00	7.00	17.0	2.00	23.5
10	1.0	10.0	50.0	1.00	8.00	24.5	2.00	25.5
11	1.0	11.0	60.5	1.00	9.00	33.0	2.00	27.5
12	1.0	12.0	72.0	1.00	10.00	42.5	2.00	31.5
13	0.0	13.0	84.5	1.00	11.00	53.0	2.00	31.5
14	0.0	13.0	97.5	1.00	12.00	64.5	1.00	33.0
15	0.0	13.0	110.5	0.50	12.75	76.9	0.25	33.6
16	0.0	13.0	123.5	0.13	13.06	89.8	−0.06	33.7
17	0.0	13.0	136.5	−0.03	13.11	102.9	−0.11	33.6
18	0.0	13.0	149.5	−0.05	13.07	116.0	−0.07	33.5
19	0.0	13.0	162.5	−0.03	13.02	129.0	−0.02	33.5
20	0.0	13.0	175.5	−0.01	13.00	142.0	0.00	33.5
21	−1.3	13.0	188.5	0.00	12.88	155.0	0.01	33.5
22	−1.3	11.7	200.9	0.00	13.00	168.0	−1.30	32.8
23	−1.3	10.4	211.9	−0.65	12.67	180.8	−2.27	31.1
24	−1.3	9.1	221.7	−1.14	11.78	193.1	−2.68	28.6
25	−1.3	7.8	230.1	−1.34	10.54	204.2	−2.74	25.9
26	−1.3	6.5	237.3	−1.37	9.19	214.1	−2.69	23.2
27	−1.3	5.2	243.1	−1.34	7.83	222.6	−2.63	20.5
28	−1.3	3.9	247.7	−1.31	6.50	229.8	−2.60	17.9
29	−1.3	2.6	250.9	−1.30	5.19	235.6	−2.59	15.3
30	−1.3	1.3	252.9	−1.30	3.89	240.2	−2.59	12.7
31	−1.3	0.0	253.5	−1.30	2.60	243.4	−2.60	10.1
32	0.0	0.0	252.9	−1.30	1.30	245.3	−1.30	7.5

从计算结果看出，在加速行驶的前8s，后车的加速度经历了小于前车、大于前车的动荡变化，最后稳定在与前车一致。在匀速行驶和减速行驶阶段也出现类似的情形。说明前车的加减速变化对后车产生影响。后车的加减速变化相比前车滞后了1s，而且其速度在前车的速度值附近上下摇摆（速度差时大时小）。在加速、匀速、减速三个阶段中，两车的车头间距从开始随着速度的加快而增大，逐渐稳定在33.5m，继而随着速度的减慢而减小，直至停止时的7.5m，如图5-3-1所示。按第一

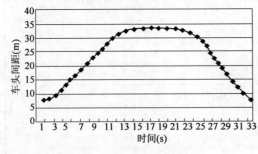

图 5-3-1　车头间距变化图

节的公式计算,此时的单车道通行能力为1400veh/h,比通常的单车道通行能力要低。其原因在于本例中所选择的参数(反应时间和敏感度系数)偏于安全,车头间距较大,从而导致通行能力降低。当选择的参数不同时,车辆之间的车头间距会出现忽大忽小的情况,当车头间距小于最小安全车头间距时就会发生车辆之间的尾撞,这是下一节将要讨论的稳定性问题。

第四节 稳定性分析

本节讨论式(5-2-10)所示的线性跟驰模型的两类波动稳定性:局部稳定性和渐进稳定性。局部稳定性:关注跟驰车辆对它前面车辆运行波动的反应,即关注车辆间配合的局部行为。

渐进稳定性:关注车队中每一辆车的波动特性在车队中的表现,即车队的整体波动性。如头车的波动在车队中的传播。

式(5-2-11)为一个复杂的二阶微分方程,求解需用拉普拉斯变换。赫尔曼推导出如下关系式:

$$C = \lambda T \tag{5-4-1}$$

式中:C——两车间距摆动特性的数值,C越大,间距值的摆动越大;C越小,间距值的摆动则趋近于零;

λ——灵敏系数,其值大,则表示反应过分强烈;

T——时间延迟,即反应时间。

一、局部稳定性

根据研究,针对$C = \lambda T$取不同的值,跟驰行驶两车的运动情况可分为以下4类:

(1)$0 \leq C \leq e^{-1}(\approx 0.368)$,车头间距不发生波动,振幅呈指数衰减。

(2)$e^{-1} < C < \pi/2$,车头间距发生波动,振幅呈指数衰减。

(3)$C = \pi/2$,车头间距发生波动,振幅不变。

(4)$C > \pi/2$,车头间距发生波动,振幅增大。

根据以上结果可知,C值不同,跟驰车辆运动情况也会不同。要使跟驰车辆间距不发生波动,必须满足$C \leq e^{-1}$。C继续增大时,间距发生波动且振幅仍呈衰减趋势。当$C < \pi/2$时,振幅会发生一定程度的衰减。

对于$C = e^{-1}$的情况,利用计算机模拟的办法给出了相关运动参数的变化曲线(其中反应时间$T = 1.5s,C = e^{-1}(\approx 0.368)$),如图5-4-1所示。模拟过程中假定头车的加速和减速性能是理想的,头车采取恒定的加速度和减速度。图中实线代表头车运动参数的变化,虚线代表跟驰车辆运动参数的变化,其中的"速度变化"是指头车和跟驰车辆分别相对于初始速度的变化值,即每一时刻的速度与初始速度之差。

图5-4-2给出了另外4种不同C值的车头间距变化图。C分别取阻尼波动、恒幅波动和增幅波动几种情况的值。当$C = 0.5$和0.8时,间距发生波动,振幅急剧衰减;当$C = 1.57(\approx \pi/2)$时,间距发生波动,振幅不变;当$C = 1.60$时,间距发生波动,振幅增大。

关于波动行为的这些结果可以应用于跟车的速度、加速度和车头间距。因此,当$C \leq e^{-1}$即车头间距不发生波动的情况下,车速由u_1变到u_2车头间距变化量为:

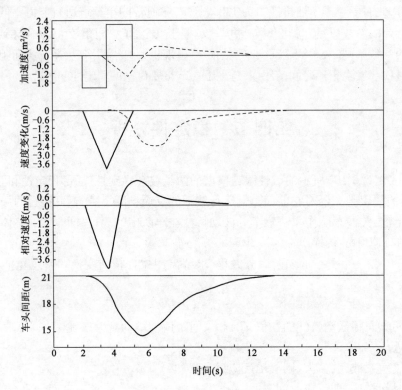

图 5-4-1 车头加速度波动方式及两车运动的影响

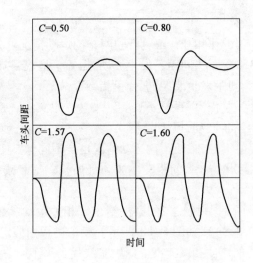

图 5-4-2 不同 C 值对应的车头间距变化

$$\Delta S = \frac{1}{\lambda}(u_2 - u_1) \tag{5-4-2}$$

如果头车停车,其最终速度 $u_2=0$,车头间距的总变化量为 $-u_1/\lambda$。跟车为了避免与前车发生碰撞,车头间距最小值必须为 u_1/λ。另外,在稳态交通流的限制下,为了车头间距尽可能小,λ 应取尽可能大的值,其理想值为 $(eT)^{-1}$。对于一般情况下的跟驰现象(不一定为车队起动过程或制动过程),如果头车和跟车的初始速度和最终速度分别为 u_1 和 u_2,那么有:

$$\int_0^\infty \ddot{x}_f(t+T)\,dt = u_2 - u_1 \tag{5-4-3}$$

式中:$\ddot{x}_f(t+T)$——跟驰车辆的加速度。

由方程(5-2-10)可得到:

$$\lambda \int_0^\infty [\dot{x}_l(t) - \dot{x}_f(t)]\,dt = u_2 - u_1$$

或

$$\Delta S = \int_0^\infty [\dot{x}_l(t) - \dot{x}_f(t)]\,dt = \frac{u_2 - u_1}{\lambda} \tag{5-4-4}$$

式中:$\dot{x}_l$、$\dot{x}_f$——头车和跟驰车辆的速度;

ΔS——车头间距变化量。

下面介绍与其他控制相关的局部稳定性。

由于驾驶人无法对相对加速度或车头间距的高阶导数作出正确的估计,因而他们对这些变量缺乏敏感性。所以车辆跟驰方程采用如下形式:

$$\ddot{x}_f(\tau+1) = C \frac{d^m}{dt^m}[x_l(\tau) - x_f(\tau)] \tag{5-4-5}$$

其中,$m = 0,1,2,3,\cdots$。

跟随车辆的加速度是车辆间距的m阶导数。$m=1$时,为线性跟驰模型。当给定m值时,可以得到方程(5-4-5)的解:

$$C + s^m e^s = 0 \tag{5-4-6}$$

当m为偶数时,方程无解。因此,局部稳定性仅适用于间距、相对速度等的奇数阶导数,最小值为$m=3$。结果显示,与车头间距变化相关的加速度是不稳定的。

二、渐进稳定性

在讨论了线性跟驰模型的局部稳定性之后,下面通过分析一行驶的车队(头车除外)来讨论渐进稳定性。描述一列数量为N的车队的方程为(设车队中各驾驶人反应强度系数λ值相同):

$$\ddot{x}_{n+1}(t+T) = \lambda[\dot{x}_n(t) - \dot{x}_{n+1}(t)] \tag{5-4-7}$$

其中,$n = 1,2,3,\cdots,N$。

这些方程的求解依赖于一列车队中头车车速以及参数λ和T。无论车头间距为何初值,如果发生振幅波动,那么车队后部的某一位置必定发生碰撞$u_0(t)$。当方程(5-4-7)的数值解可以确定碰撞发生的位置,对延迟这个碰撞的研究就显得很有意义。从傅立叶分析中可以知道,速度可以表示为频率和振幅的线形组合,即

$$u_0(t) = a_0 + f_0 e^{i\omega t} \tag{5-4-8}$$

那么,车队中第n辆车的速度为:

$$u_n(t) = a_0 + f_n e^{i\omega t} \tag{5-4-9}$$

将式(5-4-8)和式(5-4-9)代入式(5-4-7)得:

$$u_n(t) = a_0 + F(\omega,\lambda,T,n) e^{i\Omega(\omega,\lambda,T,n)} \tag{5-4-10}$$

其中,振幅$F(\omega,\lambda,T,n)$表示成$\left[1 + \left(\frac{\omega}{\lambda}\right)^2 + 2\frac{\omega}{\lambda}\sin(\omega T)\right]^{-n/2}$。

当 $1+\left(\dfrac{\omega}{\lambda}\right)^2+2\dfrac{\omega}{\lambda}\sin(\omega T)>1$ 或 $\dfrac{\omega}{\lambda}>2\sin(\omega T)$，可以通过增大 n 来减小振幅。反应强度系数 λ 有严格的频率范围限制，当 $\omega\to 0$，λ 需要满足：

$$\lambda T<\dfrac{1}{2}\left[\lim_{\omega\to 0}\dfrac{(\omega T)}{\sin(\omega T)}\right] \tag{5-4-11}$$

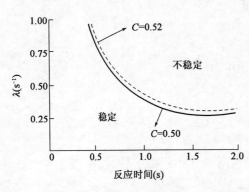

图 5-4-3　渐进稳定性

当频率满足上述不等式，不等式的右端在 $0.5\sim 0.52$ 间变化时，就可保证车辆的渐进稳定性。如图 5-4-3 所示，渐进稳定性的标准将两个参数确定的区域分成了稳定和不稳定两部分。由此可知 $\lambda T\leqslant \mathrm{e}^{-1}$，保证局部稳定的同时也确保了渐进稳定性。领头车运行中的波动是以 λ^{-1} 沿队列向后传播。

为了说明以上的渐进稳定性理论，下面通过图示给出两组利用计算机模拟得到的数值计算结果。图 5-4-4 列出了一列车队中不同时间的车辆间距。取了 3 个不同的 C，分别为 0.368、0.5 和 0.75。头车 $n=1$ 的初始波动方式与图 5-4-1 所示情况相同，即先减速然后加速到初始速度，因此加速度对时间的积分为 0。第一种情况 $C=0.368(\approx \mathrm{e}^{-1})$，不发生波动，为局部稳定状态。第二种情况 $C=0.5$，也就是渐进稳定性的极限处，振幅随着波动在车辆中的传播而衰减。第三种情况 $C=0.75$ 和 $C=0.8$（图 5-4-5），很好地说明了波动的不稳定性。

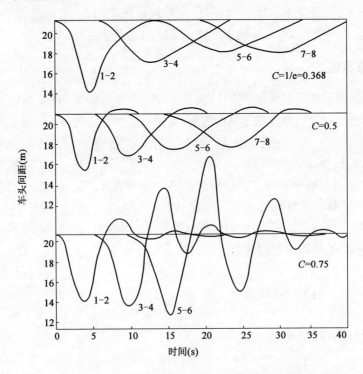

图 5-4-4　线性跟驰模型车队中车头间距随时间的变化

注：图中 C 取 3 个不同值，$t=0$ 时，车头间距为 21m。

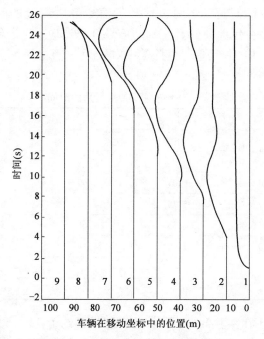

图 5-4-5　9 辆车车队渐进稳定性（$C=0.8$）

三、次最近车辆的影响

在前述的跟驰模型中，一列车队中每一辆车的运动仅仅由它最前面的那辆车决定，然而，次最近车辆的影响也应该被考虑（例如，一辆车前除了它最前面的那辆车外，可能这辆车前面还有一辆车）。这种影响也可以列入模型中，那么跟驰模型可以写成：

$$\ddot{x}_{n+2}(t+T) = \lambda_1[\dot{x}_{n+1}(t) - \dot{x}_{n+2}(t)] + \lambda_2[\dot{x}_n(t) - \dot{x}_{n+2}(t)] \qquad (n=1,2,3,\cdots)$$
(5-4-12)

式中：λ_1、λ_2——跟驰车辆驾驶人对最近车辆和次最近车辆刺激的反应强度系数。

$$(\lambda_1 + \lambda_2)T < \frac{1}{2}\frac{\omega T}{\sin(\omega T)} \qquad (5\text{-}4\text{-}13)$$

当 ω 趋于 0 时，有：

$$(\lambda_1 + \lambda_2)T < \frac{1}{2} \qquad (5\text{-}4\text{-}14)$$

由方程可以看出，次最近车辆的影响主要是将 λ_1 增加到 $\lambda_1 + \lambda_2$。这降低了 λ_1 的作用，而且仍然可以保持渐进稳定。

为了确定次最近车辆的影响程度，研究人员专门做了三车跟驰实验。通过对实验结果的分析，认为在车辆跟驰行驶过程当中，只有最近车辆对跟驰车辆有明显的影响，次最近车辆的影响可以忽略不计。

四、扰动的传播

赫尔曼和伯兹（Potts）为研究扰动在一列车中往后传播的方式而拟定了一组三项实验。11 辆车成一列沿着实验跑道以约 40 英里/h 行驶。前头车辆突然刹车，并记录领头车和第

6车之间以及领头车和第11辆车之间出现刹车信号灯所经过的时间t_6与t_{11}。在实验A中,指令驾驶人只对直接在他前面的汽车制动信号灯起反应,在实验B中,驾驶人对任何制动刺激起反应;在实验C中,制动信号灯除第一和最后一辆车外,全部截断。其结果汇总于表5-4-1中。

扰动通过一列车往下传播所用的时间(s)　　　　表5-4-1

抽样数	实验A		实验B		实验C
	t_6	t_{11}	t_6	t_{11}	t_{11}
1	3.00	5.96	2.33	5.70	10.90
2	3.00	6.05	1.49	6.85	9.95
3	3.05	5.75	2.68	6.50	12.00
4	3.44	6.75	1.68	6.10	10.20
5	2.73	7.90	2.66	3.72	9.35
6					8.30
每辆车之平均值	0.61	0.65	0.43	0.58	1.01

最短的传播时间出现在实验B中;最长的传播时间(约1.0s/veh)出现在实验C中。实验A和实验C之间在时间上的差别表示制动信号灯的时间长短,可作为传递减速指令的一种手段。早前指出传播率为λ^{-1}s/veh。

第五节　跟驰理论与交通流模型

满足局部稳定性和渐进稳定性要求,即不发生恒幅和增幅波动的交通流为稳态流。本节将利用单车道车辆跟驰模型讨论稳定流的特性,针对不同的交通流状态对跟驰模型进行必要的扩充和修正,并由此推导相应的速度—间距、流量—密度模型。

一、稳态流分析

1. 线性跟驰模型分析

前面式(5-2-10)已经给出了基于线性跟驰模型的单车道运动方程式:
$$\ddot{x}_{n+1}(t+T) = \lambda[\dot{x}_n(t) - \dot{x}_{n+1}(t)] \quad (n=1,2,3,\cdots)$$

运动过程中车队将由一种稳定状态进入另一种随机稳定的状态,为了使两种稳定状态联系起来,现假设在$t=0$时,每一辆车的速度为u_1,车头间距为s_1。头车在$t=0$时速度开始改变(加速或减速),在一段时间t后其最终速度变为u_2。在从车速u_1变化到车速u_2的过程中,车头间距也从s_1变为s_2,即

$$s_2 = s_1 + \lambda^{-1}(u_2 - u_1) \quad (5\text{-}5\text{-}1)$$

上式可以从跟驰方程式中得到。公式(5-5-1)也综合考虑了公式(5-2-10)中的基本因素。这个公式只有在反应时间T准确时才有效,否则不能得到正确结论,即时间T是无效的。而这种结果的前提条件是要求运动方程式中的交通流是稳定的。另外由于车头间距是交通流密度k的倒数,于是我们可以得到与公式(5-5-1)对应的速度—密度关系式,如公式(5-5-2)所示:

$$k_2^{-1} = k_1^{-1} + \lambda^{-1}(u_2 - u_1) \tag{5-5-2}$$

式(5-5-1)和式(5-5-2)有如下重要性：

(1)把一个稳定状态和另一个随机稳定状态联系了起来。

(2)建立了包含车辆跟驰微观参数 λ 在内的宏观交通流变量之间的关系。

对于停车流而言，车速 $u_2 = 0$，相应的车头间距 s_0 由车辆长度和车辆间的相对距离构成，通常称为车辆的有效长度(或停车安全距离)，用 L 表示。对应于 s_0 的密度 k_j 被称为"阻塞密度"。

给定密度 k_j，对于任意交通状态，速度为 u，密度为 k，公式(5-5-2)可以写为：

$$u = \lambda(k^{-1} - k_j^{-1}) \tag{5-5-3}$$

将此公式与单车道交通实验观测结果对比[位于纽约与新泽西之间的 Hudson 河下的林肯隧道的北行交通流实验观测结果(Greenberg1959)]，得到如图 5-5-1 所示的速度—密度关系(Gazis et al. 1959)，并且得到了 λ 的估计值为 $0.60s^{-1}$。根据渐进稳定性：$C = \lambda T < 0.5$，可以得出 T 的上限约束为 $0.83s$。

但是上面分析和所得结论并不合理，速度—间距关系的方程式表现出了理论的缺陷。由于模型是线性的，并不能很合理地描述交通流流量和密度这两个基本参数的变化特征，图 5-5-2 利用与图 5-5-1 中相同的数据进行了说明。图 5-5-2 引入了标准化的流量和标准化密度，其中标准密度来源于稳态流理论中公式(5-5-3)。

从而可以得到：

$$q = uk = \lambda \left(1 - \frac{k}{k_j}\right) \tag{5-5-4}$$

公式(5-5-4)的缺陷在于前提条件要求流量与密度为线性关系，从而引出对线性跟驰方程式的修正。

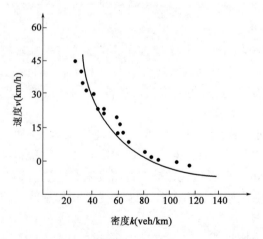

图 5-5-1　速度—密度关系图[最小二乘法拟合(Gazis et al. 1959)]^

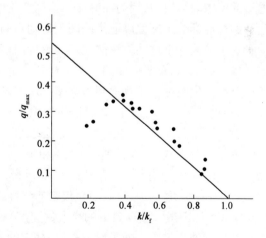

图 5-5-2　标准流量与标准密度间的关系图(Gazis et al. 1959)

2.非线性跟驰模型

线性跟驰模型假定驾驶人的反应强度与车间距离无关，即对给定的相对速度，不管车间距小(如5m 或 10m)还是大(如几百米)反应强度都是相同的。实际上，对于给定的相对速度，驾驶人的反应强度应该随车间距离的减小而增大，这是因为驾驶人在车辆间距较小的情况相对于车辆间距较大的情况更紧张,因而反应的强度也会较大。为了考虑这一因素,我们可以认为反应强度系数 λ 并非常量,而是与车头间距成反比的,由此得出如下的非线性跟驰模型。

(1) 车头间距倒数模型

$$\lambda = \frac{\lambda_1}{s(t)} = \frac{\lambda_1}{x_n(t) - x_{n+1}(t)} \tag{5-5-5}$$

式中:λ_1——参数,假定为常量,并把它作为敏感系数。

把公式(5-5-5)带入公式(5-2-10)中,得到如下的跟驰方程:

$$\ddot{x}_{n+1}(t+T) = \frac{\lambda_1}{x_n(t) - x_{n+1}(t)} [\dot{x}_n(t) - \dot{x}_{n+1}(t)] \quad (n = 1,2,3,\cdots) \tag{5-5-6}$$

同前,假定这些参数是来自稳态流的。方程通过积分得到速度—密度的关系式:

$$u = \lambda_1 \ln\left(\frac{k_j}{k}\right) \tag{5-5-7}$$

流量—密度关系式:

$$q = \lambda_1 k \ln\left(\frac{k_j}{k}\right) \tag{5-5-8}$$

由此可知 $u=0$ 时,车头间距等于车辆的有效车长,即 $L = k^{-1}$。对于非线性跟驰模型,微小的干扰就会随着速度传播。这些稳定流的关系与那些可近似为连续交通流的关系是一致的。这些交通流特性为:干扰以固定的速度传播。

上面两种方法并不类似。在可变的类推情况下,速度—间距关系随着干扰的传播,在相位转化的跟驰情况下,速度—间距和流量—密度关系并不能表示交通流状态。

对于任意状态下的稳态交通流运动方程的解决方案,并不适合简单发展模型或单车道交通流的流体动力模型,因为在有微小速度变化的情形下,只要车辆所受的干扰传播过来,每个运行的车辆都会迅速地以适当的间距达到新的速度。

这里强调一下这些方法的缺点,就是没有考虑人的行为和生理方面的干扰。在跟驰模型的具体情形下,当车辆受到的干扰传播到下游第 n 辆车时,波动开始,在 $(n-1)T$ 秒车辆初始速度开始发生改变。车辆达到最终速度所消耗的时间长短主要取决于参数 λ,对于线性模型而言,取决于 $\lambda^{-1} > T$;对于非线性模型,取决于 $\lambda^{-1} < S/T$。

对敏感系数 λ 而言,在探讨一般形式之前,利用图 5-5-1 和图 5-5-2 中的数据,结合交通流参数的稳态关系式,可以得到图 5-5-3 和 5-5-4。用最小二乘法对数据进行拟合,得到的稳态关系下 λ_1 和 λ_2,其值分别为 27.7km/h 和 142veh/km。假设这些数据在道路设施交通量上具有典型性,则估算值 27.7km/h,不仅仅是非线性跟驰模型的敏感系数,而且也是在相关条件下的"典型速度"(即最大交通量下的交通流速度)。

在道路处于最大交通量时 $u = \lambda_1$,对应的车流密度为 $e^{-1}k_j$。在林肯隧道的实例中,道路通行能力 $\lambda_1 e^{-1} k_j$ 约为 1400veh/h。

(2) 正比于速度的间距倒数模型

分析公式(5-5-8),在 $k=0$ 时正切值 dq/dk 趋近无穷大,这是不合理的。而在准确的流量和密度的线性关系中密度趋近 0,这并不是一个严重的缺陷,因为跟驰模型不适合低密度,在低密度下,车头间距很大,车辆之间的跟驰现象已变得很微弱了,正是模型的这一特征,提供了模型的修改形式。

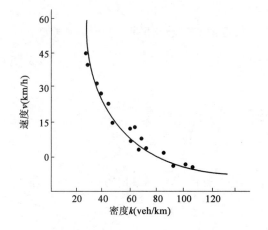

图 5-5-3　速度—密度关系图[最小二乘法拟合(Gazis et al. 1959)]

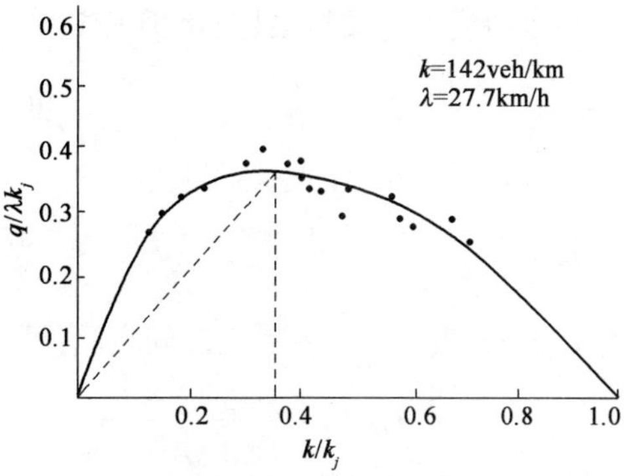

图 5-5-4　标准流量与标准密度间的关系图(Gazis et al. 1959)

$$\lambda = \frac{\lambda_2 \dot{x}_{n+1}(t+T)}{[x_n(t) - x_{n+1}(t)]^2}$$

从上面分析中可以得到跟驰模型的下列公式：

$$\ddot{x}_{n+1}(t+T) = \frac{\lambda_2 \dot{x}_{n+1}(t+T)}{[x_n(t) - x_{n+1}(t)]^2}[\dot{x}_n(t) - \dot{x}_{n+1}(t)] \quad (n=1,2,3,\cdots) \quad (5\text{-}5\text{-}9)$$

利用车头间距和密度的倒数关系对此式积分，如果最大流量时的速度（最佳速度）取 $e^{-1}u_f$，则系数 λ_2 为 k_m^{-1}，我们可以给出如下的稳态方程：

$$u = u_f e^{-k/k_m} \quad (5\text{-}5\text{-}10)$$

和

$$q = u_f k e^{-k/k_m} \quad (5\text{-}5\text{-}11)$$

式中：u_f——自由速度，即密度趋于零时的速度；

k_m——最大流量时的密度（最佳密度）。

在这些前提下，敏感系数 λ_2 可以认为和 k_m^{-1} 一致。该模型给出了在密度为零时的极限速度 u_f。

为了更完整地说明在低密度下交通流的速度与车辆密度大小无关，速度—密度关系应该进行适度调整，即写成如下形式：

当 $0 \leqslant k \leqslant k_f$ 时　　　　　　　　$u = u_f$ 　　　　　　　　　　　　　(5-5-12)

当 $k \geqslant k_f$ 时　　　　　　　　$u = u_f \exp\left[-\left(\frac{k-k_j}{k_m}\right)\right]$ 　　　　　　(5-5-13)

式中，k_f 是车辆之间将要产生影响时的密度，超过此值，交通流速度随着密度的增加而减小。如果假定影响刚发生时的间距为 120m，那么 k_f 的值近似为 8veh/km。

（3）格林希尔兹模型

描述速度—密度关系的格林希尔兹线性模型，可以近似地表示为：

$$u = u_f \left(\frac{1-k}{k_j}\right) \quad (5\text{-}5\text{-}14)$$

式中：u_f——自由车速；

k_j——阻塞密度。

巧合的是该公式与跟驰模型所表达的稳态方程很近似,方程式(5-5-14)可以改写如下:

$$u = u_f \left(\frac{1-L}{s} \right) \tag{5-5-15}$$

方程式两边对时间求导可得:

$$\dot{u} = \left(\frac{u_f L}{s^2} \right) \dot{s} \tag{5-5-16}$$

对第 $n+1$ 辆车引入反应时间之后,可得到:

$$\ddot{x}_{n+1}(t+T) = \frac{u_f L}{[x_n(t) - x_{n+1}(t)]^2} [\dot{x}_n(t) - \dot{x}_{n+1}(t)] \quad (n=1,2,3,\cdots) \tag{5-5-17}$$

反应强度系数为:

$$\lambda = \frac{u_f L}{[x_n(t) - x_{n+1}(t)]^2} \tag{5-5-18}$$

上述方程说明:不同的刺激反应系数对应不同的公式。这种方法运用到早期的跟驰模型中。这种方法的假设前提:速度—间距关系反映了车辆跟驰时另一车辆驾驶人心理生理的特性。

(4)模型的统一表示

总结上述的各种跟驰理论方程,可以得到如下的通式:

$$\ddot{x}_{n+1}(t+T) = \lambda [\dot{x}_n(t) - \dot{x}_{n+1}(t)] \tag{5-5-19}$$

其中的反应强度系数 λ 取以下几种形式:

① 为常数,即 $\lambda = \lambda_0$。
② 反比于车头间距,即 $\lambda = \lambda_1/s$。
③ 正比于车速,反比于车头间距的平方,即 $\lambda = \lambda_2 u/s^2$。
④ 反比于车头间距的平方,即 $\lambda = \lambda_3/s^2$。

这些模型可以看作参数 λ 一般形式的具体化,即

$$\lambda = \frac{a_{l,m} \dot{x}_{n+1}^m(t+T)}{[x_n(t) - x_{n+1}(t)]^l} \quad (n=1,2,3,\cdots) \tag{5-5-20}$$

式中,$a_{l,m}$ 是通过实验确定的常数,l、m 为指数且 $l \geq 0, m \geq 0$,模型的规范取决于参数的基本原则,引入了对实际交通现象的描述。就稳态而言,公式(5-5-19)和公式(5-5-20)给出了跟驰模型的基本形式。

3. 交通流基本参数关系的一般表示

将方程(5-5-19)对时间积分,可以得

$$f_m(u) = a \cdot f_l(s) + b \tag{5-5-21}$$

式中:u——交通流的稳态速度;

s——稳态车头间距;

a、b——与生理有关的积分变量。

$f_p(x)$ 可由下式确定($p = l$ 或 m):

当 $p \neq l$ 时,

$$f_p(x) = x^{l-p} \tag{5-5-22}$$

当 $p = l$ 时,
$$f_p(x) = \ln x \tag{5-5-23}$$

积分常数的确定依赖于具体的 l 和 m 值($l \geq 0, m \geq 0$),而且与两个边界条件:①$s \to \infty$ 时,$u \to u_f$;②$s = L$ 时,$u = 0$ 的满足情况有关(各参数含义同前),下面分几种情况进行讨论。

(1) $l > 1, 0 \leq m < 1$ 的情况,两边界条件均满足,积分常数的 a、b 值,可由下式求得:
$$\begin{cases} a = \dfrac{-f_m(u_f)}{f_l(L)} \\ b = f_m(u_f) \end{cases} \tag{5-5-24}$$

(2) $l > 1, m \geq 1$ 的情况,仅满足第一个边界条件,可得到积分常数的 b 值为 $b = f_m(u_f)$,积分常数 a 的值,可以通过实验数据拟合求得。

(3) $l \leq 1, 0 \leq m < 1$ 的情况,仅满足第二个边界条件,可得到积分常数 a、b 的值,具有如下关系:
$$b = -af_l(L) \tag{5-5-25}$$

(4) $l \leq 1, m \geq 1$ 的情况,两边界条件均不满足,积分常数的 a、b 值,只能通过具体实验的数据拟合求得。

对于方程式而言,当 $l < 1, m = 1$ 时,不可能满足临界条件,参数可以任意用来分配。例如:密度 k_m 为最大交通流量条件下的密度或被确认为在自由速度下的临界密度,且自由速度是由速度—密度数据拟合而成。k_m 和 k_j 间的关系具体特征,通过模拟两者的关系可以用来描述交通流量,并且不考虑生理因素。例如:对于两个模型,分别假设条件为 $l = 1, m = 0$ 和 $l = 2, m = 0$,分别在 $e^{-1}k_j$ 和 $k_j/2$ 时得到最大交通量,但是这个结论实际上并不合理。主要问题在于 q_{max} 标准值,是否在此条件或接近这些条件下获得。例如,可以通过 $k = e^{-1}k_j$ 或 $k_j/2$ 验证。

利用公式(5-5-21)~式(5-5-25)以及稳态交通流的特性,可以得到速度、密度和流量间关系。图 5-5-5 和图 5-5-6 为取不同 l 和 m 值时所对应流量—密度关系曲线。这些流量曲线的参数通过 $q_n = q_{max}$ 和 $k_n = k/k_f$ 进行标准化。

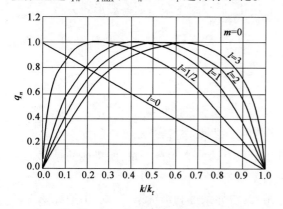

图 5-5-5 标准流量与标准密度关系图($m = 0$)
注:根据公式(5-5-19)和公式(5-5-20),$m = 0$ 和 l 取不同的值时所对应的流量—密度关系曲线。

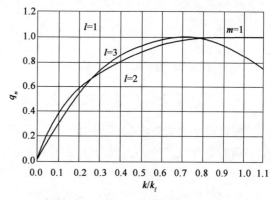

图 5-5-6 标准流量与标准密度关系图($m = 1$)

公式(5-5-19)和式(5-5-20)给出了跟驰模型的一般形式,l 和 m 可取非整数值,从芝加哥的艾森豪威尔高速公路的相关数据中,人们提出了 $m = 0.8$ 和 $l = 2.8$ 模型。实际上在早期对稳态流和跟驰现象的研究中,各种各样的 l 和 m 值都得到过。

当 $m=0$ 和 $l=0$,为简单线性跟驰模型。1934 年通过对交通流照片资料拟合得到了 $m=0$ 和 $l=2$ 的模型,这个模型也可以通过引入与跟驰特性有关的知觉因素来改善。

如早期的讨论所述,当 $m=0$ 和 $l=1$,可通过可变流量类推出稳态流的关系,同时引入跟驰实验的检验和驾驶人相关速度影响的因素是变化的且这种变化与车距变化成反比的假设,即 $m=0$ 和 $l=1$ 模型。一个稳态交通流的推断方程和随后在休斯敦和德克萨斯州的 Gulf 高速公路的测试得到 $m=0$ 和 $l=3/2$ 模型。

在早期的分析中,考虑到趋近低密度的自由速度因素,获得 $m=0$ 和 $l=2$ 模型。还有 $m=0$ 和 $l=3$ 模型,该模型从芝加哥的艾森豪威尔高速公路的相关数据分析中获得(Drake et. Al 1967)。通过对与模型相关观察资料的进一步分析,指出反应强度系数可能在大约 1800veh/h 的单车道上产生不同的值。

二、车辆跟驰模型的一般表示

线性跟驰模型中的敏感度系数描述了司机驾驶操作时的敏感性。通过研究发现,敏感度系数不是常量,而是与两车距离、本车速度等众多因素有关的变数。

两车之间的距离大小影响驾驶的敏感性。距离越远,敏感性越差;距离越近,驾驶人的注意力越集中,总是及时加减速以调整与前车的距离。考虑距离对敏感性影响的跟驰模型为:

$$\ddot{x}_{n+1}(t+T) = \frac{\lambda}{x_n(t) - x_{n+1}(t)} [\dot{x}_n(t) - \dot{x}_{n+1}(t)] \tag{5-5-26}$$

另外,本车速度对敏感性也有影响,速度快时驾驶人需小心操作,避免危险事件发生,此时的跟驰模型变为:

$$\ddot{x}_{n+1}(t+T) = \frac{\lambda \dot{x}_{n+1}(t+T)}{x_n(t) - x_{n+1}(t)} [\dot{x}_n(t) - \dot{x}_{n+1}(t)] \tag{5-5-27}$$

这样关于敏感度考虑的因素越来越多,各因素的影响程度和方式非常复杂,难以确切地描述影响的定量关系。为此,将距离和车速的影响通用化,形成跟驰模型的一般形式为:

$$\ddot{x}_{n+1}(t+T) = \frac{\lambda [\dot{x}_{n+1}(t+T)]^m}{[x_n(t) - x_{n+1}(t)]^l} [\dot{x}_n(t) - \dot{x}_{n+1}(t)] \tag{5-5-28}$$

式中,l、m 为常数,$n=1,2,3,\cdots$。

三、跟驰理论与交通流模型的推演

跟驰模型是微观模型,能描述车辆之间跟踪行驶的动态演变过程,模型中的加速度表明车辆的运行是变速度的。然而通过积分,得到的模型中只有速度和距离变量,所描述的是稳态交通流,即各辆车都是匀速行驶。故此可以同宏观的交通量模型建立关系。

由跟驰模型推导交通流模型时,要用到两个条件:边界条件和最优条件。所谓边界条件是指交通流处于两种极端情形,即自由流状态和阻塞流。

当交通流处于自由流状态时:

$$u = u_f, k = 0, q = 0 \tag{5-5-29}$$

当交通流处于阻塞流状态时:

$$u = 0, k = k_j, q = 0 \tag{5-5-30}$$

最优条件是指交通流处于饱和状态的情况：
$$u = u_m, k = k_m, q = q_{max} \tag{5-5-31}$$

下面推导 $m=0, l=1$ 时的交通流模型为：
$$\ddot{x}_{n+1}(t+T) = \frac{\lambda}{x_n(t) - x_{n+1}(t)} [\dot{x}_n(t) - \dot{x}_{n+1}(t)]$$

两端积分，得到第 $n+1$ 辆车的速度：
$$\dot{x}_{n+1}(t+T) = \lambda \ln[x_n(t) - x_{n+1}(t)] + C$$

由于在稳态交通流中，时刻 $t+T$ 的车速与时刻 t 相同，因此可以去掉时间的表示，有：
$$u = \dot{x}_{n+1}$$

同理，$x_n(t) - x_{n+1}(t)$ 代表了交通流中的平均车头间距，与密度有如下关系：
$$k = \frac{1}{x_n(t) - x_{n+1}(t)}$$

则上式变为：
$$u = \lambda \ln\left(\frac{1}{k}\right) + C$$

根据边界条件 $u = 0, k = k_j$，得：
$$0 = \lambda \ln\left(\frac{1}{k_j}\right) + C$$

则模型变为：
$$u = \lambda \ln\left(\frac{k_j}{k}\right)$$

因为：
$$q = uk = k\lambda \ln\left(\frac{k_j}{k}\right)$$

根据最优条件 $u = u_m, k = k_m, q = q_{max}$，此时有：
$$\frac{\mathrm{d}q}{\mathrm{d}k} = 0$$

即
$$\ln\left(\frac{k_j}{k}\right) = 1 \text{ 或 } \frac{k_j}{k_m} = \mathrm{e}$$

代入前式中，有：
$$u_m = \lambda \ln\left(\frac{k_j}{k_j/\mathrm{e}}\right) \text{ 或 } \lambda = u_m$$

因此导出的交通流模型为：$u = u_m \ln\left(\frac{k_j}{k}\right)$，此为格林伯模型。

由微观的跟驰理论导出宏观的交通流模型在理论上具有重要意义。不仅说明微观模型和宏观模型之间具有紧密联系，而且在不同来源的理论之间建立了桥梁，从而在某种程度上印证了这些理论的合理性。

当 m 和 l 取其他值时，还可以导出另外的交通流模型。图 5-5-7 描述了跟驰模型和常用交通流模型的对应关系。研究表明，当 m 和 l 在一定范围内取值（可取非整数值）时，可以得出不同的交通流模型。这两个参数的取值受到两个方面的限制。

其一,由于一般跟驰模型中的 m 和 l 分别是速度影响项和距离影响项的指数,而速度影响项必须在分子上,距离影响项必须在分母上,因此 m 和 l 都不能是负数,取值范围在图中阴影线的右下方。其二,从上述格林伯模型的推导可知,$m=0$ 使得模型当 $k=0$ 时畅行车速不存在。事实上当 $m \geq 1$ 时畅行车速总是不存在的,同理当 $l \leq 1$ 时阻塞密度也不存在。因此要确保畅行车速和阻塞密度都存在,必须 $0 \leq m < 1$ 以及 $l > 1$,即两个参数的取值在图中的虚线框以下(可行域)范围。在此可行域中,可解得一个通用的速度—密度模型:

$$u^{l-m} = u_f^{l-m}\left[1 - \left(\frac{k}{k_j}\right)^{l-1}\right] \quad (5\text{-}5\text{-}32)$$

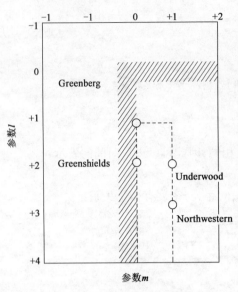

图 5-5-7 跟驰模型与交通流模型的关系

显然,格林希尔兹模型在可行域中,将 $m=0, l=2$ 代入上式中,得到:

$$u = u_f\left(1 - \frac{k}{k_j}\right)$$

对于一条具体的路段,需要调查一定数量的数据,通过回归分析或曲线拟合确定参数,从而确定该路段的交通流模型。例如,美国 HCM1985 年版中的交通流模型($m=0.8, l=2.5$)为:

$$u = 60\left[1 - \left(\frac{k}{k_j}\right)^{1.5}\right]^5 \quad (5\text{-}5\text{-}33)$$

四、跟驰理论的发展

在先前所有的讨论中,我们都假定驾驶人对于同一刺激采取相同的比率加速和减速,即加速度的绝对值相等。但是,这一假设是不符合实际的,大多数车辆的减速性能要比加速性能强,而且在交通比较拥挤时,跟驰车辆的驾驶人对前车减速的反应强度要比加速的反应强度大一些,这是出于行车安全的考虑。因此,对应于前面车辆的加速或减速刺激,即相对速度是正还是负或者车头间距是增大还是减小,跟驰车辆的反应具有不对称性。为了在跟驰模型中反映出这种不对称性,我们可以把跟驰理论的基础模型改写成如下形式:

$$\ddot{x}_{n+1}(t+T) = \lambda_i[\dot{x}_n(t) - \dot{x}_{n+1}(t)]$$

其中,λ_i 为 λ_+ 或 λ_-,取决于相对速度是正还是负或者车头间距是增大还是减小。

经研究发现 λ_- 平均值要比 λ_+ 高大约 10%,这使得在利用跟驰理论解释跟驰现象时产生了一个特殊的问题,即在头车加速至较高速度再减速至初始速度的循环过程中,不对称性将阻止车辆减速至原来的速度。N 次循环后,车头间距将增大到一定值以至于一部分车辆从车队分离出去。为了解决这一问题,可以在模型中加一项松弛项,以考虑这种不对称性。遗憾的是,到目前为止还没有这方面的成功理论,对此尚需进一步的研究和探讨。

除此之外,跟驰理论还有一些不足。我们上面通过对稳态流分析,对跟驰理论的模型不断进行修正和扩充,以使模型适合于各种不同的交通状况。但是经过近几年的实验和进一步研究发现,流量—密度曲线在接近最大流的地方有明显的间断,流量突然下降。这说明流量—密度曲线具有不连续性,而以前的研究认为该曲线是连续的,并没有发现这一问题。针对这一情况,现在有人提出了一种全新理论:突变理论。这种理论与传统跟驰理论的建模方法完全不同,该理论中第一次提出可以用"交点突变"的思想来解释和描述交通流参数的上述不连续性,有望解决传统跟驰理论的不足。初步的研究表明,这一理论应用于交通流分析具备可行性。

随着科技的发展,道路和车辆技术水平也在不断提高。为了进一步提高道路的利用率和通行能力,现在又提出了智能化公路和车辆自动驾驶的设想方案,并在做一些实验性的研究和探索。所谓智能化公路和车辆自动驾驶,就是在道路上开设装有导向设备(如导向槽)的专门车道,车辆在配有特殊装置的情况下可以进入该车道进行自动行驶,无需驾驶人手工操纵。车辆也可以随意离开该车道进入普通车道,由驾驶人手工驾驶车辆行驶。传统的跟驰理论都是基于驾驶人手工操纵车辆进行的研究,如果智能化公路和车辆自动驾驶技术在实用领域取得突破性进展,那么必将导致跟驰理论新的研究领域和发展方向。目前,智能化公路与车辆自动驾驶技术的研究还处于实验室阶段,但也取得了一些可喜成果,其应用前景是十分乐观的。

第六节 加速度干扰

本节简单介绍加速度干扰(acceleration noise)的问题。分析驾驶人在道路上的行车过程,任何人都不会始终维持某一速度恒定不变,而是在一定的速度范围内变化或摆动。交通量较小时驾驶人也会出现这种现象;交通量较大时虽然跟驰现象十分明显,但是由于受交通控制信号的影响,车辆速度更会出现摆动。加速度干扰就是对车辆速度摆动的描述,车速摆动还涉及乘车舒适性的问题,加速干扰可以作为一个定量评价指标。

一、加速度干扰的计算

车辆速度摆动的大小可用加速度对平均加速度的标准差 σ 来表示,我们称 σ 为加速度干扰,单位与加速度的单位一致,其公式如下:

$$\sigma = \left\{ \frac{1}{T} \int_0^T [a(t) - \bar{a}]^2 \mathrm{d}t \right\}^{1/2} \tag{5-6-1}$$

式中:T——观测总时间;

$a(t)$——t 时刻加速度;

$\bar{a}$——平均加速度。

如果假定平均加速度为 0,那么加速度干扰的公式形式如下:

$$\sigma = \left\{ \frac{1}{T} \int_0^T [a(t)]^2 \mathrm{d}t \right\}^{1/2} \tag{5-6-2}$$

式中参数含义同上。

如果加速度的观测以连续的时间间隔 Δt 来取样,那么相应的计算公式如下:

$$\sigma = \left\{ \frac{1}{T} \sum [a(t) - \bar{a}]^2 \Delta t \right\}^{1/2} \tag{5-6-3}$$

式中参数含义同上。

相应的,如果平均加速度为0,则变为如下形式:

$$\sigma = \left\{ \frac{1}{T} \sum [a(t)]^2 \Delta t \right\}^{1/2} \quad (5\text{-}6\text{-}4)$$

式中参数含义同上。

下面来推导加速度干扰计算的实用公式,实际应用中一般采用如下公式形式:

$$\sigma = \left\{ \frac{1}{T} \sum (a_i - \bar{a})^2 \Delta t_i \right\}^{1/2} \quad (5\text{-}6\text{-}5)$$

式中:a_i——第 i 观测时间段的加速度(认为各小时间段内加速度值相等);

Δt_i——第 i 观测时间段长。

其余参数含义同上。将此式进行如下变换:

$$\sigma = \left[\frac{1}{T} \sum (a_i - \bar{a})^2 \Delta t_i \right]^{1/2} = \left[\frac{1}{T} \sum \left(\frac{\Delta u_i}{\Delta t_i} - \bar{a} \right)^2 \Delta t_i \right]^{1/2} \quad (5\text{-}6\text{-}6)$$

这里 Δu_i 为第 i 观测时间段的速度,相应的:

$$\sum \left(\frac{\Delta u_i}{\Delta t_i} - \bar{a} \right)^2 \Delta t_i = \sum \left(\frac{\Delta u_i^2}{\Delta t_i} - 2\bar{a} \Delta u_i + \bar{a}^2 \Delta t_i \right) = \sum \left(\frac{\Delta u_i^2}{\Delta t_i} \right) - 2\bar{a} \sum \Delta u_i + \bar{a}^2 \sum \Delta t_i \quad (5\text{-}6\text{-}7)$$

而

$$\Delta u_i = \frac{\Delta u_i}{\Delta t_i} \Delta t_i = a_i \Delta t_i = T \frac{a_i \Delta t_i}{T} \quad (5\text{-}6\text{-}8)$$

所以有

$$\sum \Delta u_i = T \sum \frac{a_i \Delta t_i}{T} = \bar{a} T \quad (5\text{-}6\text{-}9)$$

代入上式,并且利用 $T = \sum \Delta t_i$,有:

$$\sum \left(\frac{\Delta u_i}{\Delta t_i} - \bar{a} \right)^2 \Delta t_i = \sum \frac{\Delta u_i^2}{\Delta t_i} - 2\bar{a}^2 T + \bar{a}^2 T = \sum \frac{\Delta u_i^2}{\Delta t_i} - \bar{a}^2 T \quad (5\text{-}6\text{-}10)$$

将此式代入式(5-6-6)得到:

$$\sigma = \left(\frac{1}{T} \sum \frac{\Delta u_i^2}{\Delta t_i} - \bar{a}^2 \right)^{1/2} = \left[\frac{(\Delta u)^2}{T} \sum \frac{n_i^2}{\Delta t_i} - \left(\frac{u_T - u_0}{T} \right)^2 \right]^{1/2} \quad (5\text{-}6\text{-}11)$$

式中:u_T——观测总时段的末速度;

u_0——观测总时段的初速度;

Δu——速度的等分间距,$\Delta u_i = n_i \Delta u$。

二、加速度干扰计算实例

假设车辆先在公路上行进,随后进入市区,记录开始进入市区约 5min 的车辆参数变化情况,其速度—时间轨迹图如图 5-6-1 所示。初始速度 u_0 为 54 英里/h,在 30s 时驾驶人因为曲线,速度降到 45 英里/h,于 96s 时又逐渐地加速到 60 英里/h。他以此速度继续到 132s 时,被迫调整到较低速度行驶。他以此较低的速度继续摆动到 264s,之后减速调整到城市交通与速率限制区段的要求。对于第二个 5min 间隔,驾驶人遇到一系列急促的加速和减速,包括记录开始后的 450s 碰上交通信号而完全停车。第一个 5min 记录的加速度干扰确定如表 5-6-1 所示。

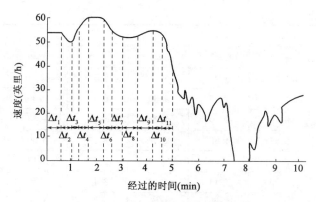

图 5-6-1　10min 时间间隔的速度图形

加速度干扰计算实例　　　　　　　　　　　　表 5-6-1

时间间隔	在每一时间间隔结束时总的经历时间(s)	在每一时间间隔结束时速度 u（英里/h）	n_i	$\Delta t_i(s)$	$n_i^2/\Delta t_i$
0	0	54	—	—	—
1	30.0	54	0	30.0	0.00
2	60.0	50	2	30.0	0.13
3	78.0	56	3	18.0	0.50
4	96.0	60	2	18.0	0.22
5	132.0	60	0	36.0	0.00
6	150.0	56	2	18.0	0.22
7	180.0	54	1	30.0	0.03
8	216.0	56	1	36.0	0.03
9	240.0	56	0	30.0	0.00
10	264.0	54	1	18.0	0.06
11	300.0	40	7	36.0	1.36
总共				300.0	2.55

注：如果 Δt 以秒计，行驶时间 T 以秒计及 $\Delta u = 2.0$ 英里/h，则 $(\Delta u)^2 \approx (2.0 \times 88/60)^2 \approx 8.60$ 英尺^2/s^2。

实例中，假设 $\Delta u = 2.0$ 英里/h，为了逐步计算 $n^2/\Delta t$ 值，使用 $n^2/\Delta t$ 值表（表 5-6-2）。式 (5-6-11) 中用相应值代入，请注意 u_0 与 u_T 必须把英里/h 换算成英尺/s，则

$$\sigma = \left[\left(\frac{8.60}{300}\right) \times 2.55 - \left(\frac{40-54}{300}\right)^2 \times \left(\frac{88}{60}\right)^2\right]^{1/2} = (0.068)^{1/2} = 0.26 \,(\text{英尺/s}^2)$$

与此对比第二个 5min 期间的加速干扰约为 0.88 英尺/s^2。对于第二个 5min 期间，$T = 270$s，因为 T 为运行的时间，所以从 450s 到 480s 的时间间隔不包括在加速度干扰的计算内。

$n^2/\Delta t$ 的计算结果　　　　　　　　　　　　表 5-6-2

Δt	$n^2/\Delta t$ 值							
	$n=1$	$n=2$	$n=3$	$n=4$	$n=5$	$n=6$	$n=7$	$n=8$
1	1.00	4.00	9.00	16.00	25.00	36.00	49.00	64.00
2	0.50	2.00	4.50	8.00	12.50	18.00	24.50	32.00

续上表

Δt	$n^2/\Delta t$ 值							
	n = 1	n = 2	n = 3	n = 4	n = 5	n = 6	n = 7	n = 8
3	0.33	1.33	3.00	5.33	8.33	12.00	16.33	21.33
4	0.25	1.00	2.25	4.00	6.25	9.00	12.25	16.00
5	0.20	0.80	1.80	3.20	5.00	7.20	9.80	12.80
6	0.17	0.67	1.50	2.67	4.17	6.00	8.17	10.67
7	0.14	0.57	1.29	2.29	3.57	5.14	7.00	9.15
8	0.13	0.50	1.13	2.00	3.13	4.50	6.13	8.00
9	0.11	0.44	1.00	1.78	2.78	4.00	5.44	7.11
10	0.10	0.40	0.90	1.50	2.50	3.60	4.90	6.40
11	0.09	0.36	0.82	1.45	2.27	3.27	4.45	5.82
12	0.08	0.33	0.75	1.33	2.08	3.00	4.08	5.33
13	0.08	0.31	0.69	1.23	1.92	2.77	3.77	4.92
14	0.07	0.29	0.64	1.14	1.79	2.57	3.50	4.57
15	0.07	0.27	0.60	1.07	1.67	2.40	3.27	4.27
16	0.06	0.25	0.56	1.00	1.56	2.25	3.06	4.00
17	0.06	0.24	0.53	0.94	1.47	2.12	2.88	3.76
18	0.06	0.22	0.50	0.89	1.39	2.00	2.72	3.56
19	0.05	0.21	0.47	0.84	1.32	1.89	2.58	3.37
20	0.05	0.20	0.45	0.80	1.25	1.80	2.45	3.20

三、加速度干扰的影响因素

加速度干扰主要受三种因素——驾驶人、道路和交通情况的影响。一个鲁莽的驾驶人用频繁而较大的速度变化要比一个稳重的驾驶人有较大的"干扰"。一条狭窄、弯曲的道路或一条有信号的城市街道,要比一条多车道的高速道路所发生的速度变化为大且较频繁,自然加速度干扰也就大。

经过对不同交通条件及不同驾驶人进行实验研究发现,加速度干扰有以下变化趋势:

(1) 通过丘陵地区的两条道路,一条狭窄的双车道道路的,比另一条双向四车道道路的 σ 要大得多。

(2) 对丘陵地区的同一条道路,下坡路段的 σ 比升坡路段的 σ 大。

(3) 对于两个驾驶人以低于公路设计车速的不同速度行驶时,σ 大致一样。

(4) 如果一个或两个驾驶人超过设计车速,对于速度较快的驾驶人,σ 较大。

(5) 交通量增加,σ 也增大。

(6) 由于停车、公共汽车靠站、横向交通、过街行人等产生的交通拥挤增加,σ 也增大。

(7) 与行驶时间和停车时间相比,σ 值可能是交通拥挤的更好的度量标准。

(8) σ 的高值表明有潜在的危险情况。

至于 σ 高值和低值,目前一般认为:$\sigma > 1.5$ 英尺/s^2 时为高值,$\sigma < 0.7$ 英尺/s^2 时为低值。当 σ 值为高值时,乘坐舒适性很差。

车辆速度的摆动直接关系到乘坐舒适性,因此 σ 值可以作为乘坐舒适性的定量评价指标。但是,目前还没有对此进行充分的研究,只是有一些定性的结论,还需进一步的探讨。

【练习题】

1. 给出跟驰理论的基本定义,并简要分析跟驰理论中车辆的特性。
2. 根据自己对跟驰理论的理解,试谈谈线性跟驰模型在理论上有何不足。
3. 跟驰模型实际上是反应—刺激的关系式,用方程应如何表示?
4. 设某车行驶的速度变化为 $v(t) = 90 + 20\sin t \, (km/h)$,则当观测时间 $t = 2\pi$ 时,根据加速度干扰定义,试求解:
   (1) 加速度干扰的计算公式;
   (2) 加速度干扰的大小。
5. 一辆实验车在某条高速公路上行驶,用记录仪记录了实验车在某时段的速度,摘录一部分数据如习题 5-5 表所示。

实验车的速度记录   习题 5-5 表

时刻(s)	0	10	20	30	40	50	60
速度(km/h)	80	73	65	55	68	76	80

试求解下列问题:
(1) 写出加速度干扰的定义和计算公式;
(2) 根据表中的数据,求出加速度干扰的值。

第六章

连续交通流模型

第一节 简单连续交通流模型

一、概述

1955年,英国学者莱特希尔(Lighthill)和惠特汉(Whitham)将交通流比拟为一种流体,对一条很长的公路隧道,研究了在高车流密度情况下的交通流规律,提出了流体动力学模拟理论,被称为 L-W 理论。该理论运用流体动力学的基本原理,模拟流体的连续方程,建立车流的连续过程。把车流密度的疏密变化比拟成水波的起伏而抽象为车流波。当车流因道路或交通状况的改变而引起密度的改变时,在车流中产生车流波的传播。通过分析车流波的传播速度,以寻求车流流量和密度、速度之间的关系,并描述车流的拥挤—消散过程。因此,该理论又可称为车流波动理论。

流体力学模拟理论假定车流中各个车辆的行驶状态与它前面的车辆完全一样,这与实际是不相符的。但是,该理论在"流"的状态较为明显的场合,如在分析瓶颈路段的车辆拥挤问题时,有其独特的用途。交通流与流体的比较表见表 6-1-1。

第六章 连续交通流模型

交通流与流体的比较表　　　　　　　　　　表 6-1-1

物理特性	流体动力学系统	交通流系统
连续体	单向不可压缩流体	单车道不可压缩车流
离散元素	分子	车辆
变量	质量 m	密度 k
	速度 v	车速 u
	压力 p	流量 q
动量	mv	ku
状态方程	$p = cmT$	$q = ku$
连续性方程	$\dfrac{\partial m}{\partial t} + \dfrac{\partial (mv)}{\partial x} = 0$	$\dfrac{\partial k}{\partial t} + \dfrac{\partial (ku)}{\partial x} = 0$
运动方程	$\dfrac{du}{dt} + \dfrac{c^2}{m} \cdot \dfrac{\partial m}{\partial x} = 0$	$\dfrac{du}{dt} + k\left(\dfrac{du}{dk}\right) \cdot \dfrac{\partial m}{\partial x} = 0$

流体满足两个基本假设:假设一,流量守恒;假设二,速度与密度对应。对于交通流,第一个假设使用守恒方程或连续性方程来表示;然而,对于第二个假设的成立,具有一定的限制性,限制条件为速度(或流量)是密度的函数,但只适用于平衡状态,由于平衡状态只能在实际应用中得出,满意的速度—密度关系很难得出,该关系通常通过假设或理论推断得出。

守恒方程作为距离和时间的函数,用来表示流量和密度,在实际应用中连续模型用于输入—输出模型。另外,由于流量被假设成密度函数,连续模型具有了第二个优点(即可压缩性)。简单连续模型由守恒方程和状态方程(速度—密度或流量—密度关系式)组成。如果将这些方程和基本的交通流方程(即交通流量等于密度乘以速度)相结合,可以获得某一路段任何时间内的速度、流量和密度。通过这些基本交通流变量的了解,可以了解交通系统的状态,而且可以使工程师获得衡量系统运营效果的有效办法,如延误的中断、总的行程、总的行程时间等。

二、车流连续性守恒方程的建立

守恒方程很容易推导出来。在设有两个交通计数的单向连续路段(两个计数点分别设在上游和下游)(图 6-1-1),两点间的距离为 Δx,在 Δx 间距内没有出口和进口(即两站之间没有交通流的产生或离去)。

设 N_i 是在 Δt 时间内通过的断面 i 的车辆数,q_i 是时间 Δt 内的交通量。Δt 是断面 1 和断面 2 同时开始计数所持续的时间。设 $N_1 > N_2$,由于在间距 Δx 内没有车辆的减少,在断面 1 和断面 2 间会产生车辆的聚集。

设 $N_2 - N_1 = \Delta N$,则车辆聚集为负值。基于这样的定义,可以得出:

$$\frac{N_1}{\Delta t} = q_1 = 断面 1 的交通量$$

$$\frac{N_2}{\Delta t} = q_2 = 断面 2 的交通量$$

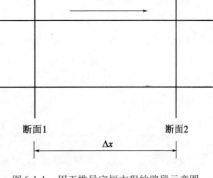

图 6-1-1　用于推导守恒方程的路段示意图

$$\frac{\Delta N}{\Delta t} = \Delta q \Rightarrow \Delta N = \Delta q \cdot \Delta t \tag{6-1-1}$$

在时间 Δt 内两断面的车辆聚集数为 ΔN。如果 Δx 足够短,使得该路段内的密度 k 保持一致,那么 Δt 内断面1与断面2之间的密度增量 Δk 可以表示为:

$$\Delta k = \frac{-(N_2 - N_1)}{\Delta x} = \frac{-\Delta N}{\Delta x} \tag{6-1-2}$$

即车辆聚集数为:

$$-\Delta N = \Delta k \Delta t$$

因此有:

$$-\Delta q \Delta t = \Delta k \Delta x \Rightarrow \frac{\Delta q}{\Delta x} + \frac{\Delta k}{\Delta t} = 0 \tag{6-1-3}$$

假设两站间的车流连续且允许有限的增量为无穷小,则取极限可得:

$$\frac{\partial q}{\partial x} + \frac{\partial k}{\partial t} = 0 \tag{6-1-4}$$

方程(6-1-4)描述了交通流的守恒规律,该方程就是有名的守恒方程或连续性方程。这个方程与流体力学的方程有着相似的形式。如果在路段内有车辆的产生和离去,那么守恒方程将采用如下一般形式:

$$\frac{\partial q}{\partial x} + \frac{\partial k}{\partial t} = g(x,t) \tag{6-1-5}$$

这里的 $g(x,t)$ 是指车辆的产生(离去)率(单位时间、单位长度内车辆产生或离去数)。在实际中,当交通流受到干扰时,将会考虑车辆的产生与离去(例如,交叉口的进出口)。

三、守恒方程解析解

方程(6-1-5)可以用来确定道路上任意路段的交通流状态,它把两个相互依赖的基本变量(密度 k 和流率 q)与两个相互独立的变量(间距 x 和时间 t)联系了起来。但是如果没有另外的附加方程或假设条件,方程(6-1-2)中使用动量方程;第二种方法是改进简单连续流模型。为此,在平衡状态下,把流率 q 表示成密度 k 的函数,可以合理地假设 $u = f(k)$,则 $q = k \cdot f(k)$。

可以在公式(6-1-5)中考虑最基本的关系:

$$q = ku \tag{6-1-6}$$

可以很容易知道,如果 $q = k \cdot f(k)$,在公式(6-1-5)中,我们将得到只有一个未知量的方程,可以对其解析求解。一般情况下的解析法很复杂,在实际应用中是不可行的。因此我们只考虑没有交通产生或者离去的影响,即 $g(x,t) = 0$ 的情况。基于这种思想,守恒方程可以写为如下的形式:

$$\frac{\partial(ku)}{\partial x} + \frac{\partial k}{\partial t} = \frac{\partial[kf(x)]}{\partial x} + \frac{\partial k}{\partial t} = f(k)\frac{\partial k}{\partial x} + k\frac{\mathrm{d}f \cdot \partial k}{\mathrm{d}k \partial x} + \frac{\partial k}{\partial t} = 0$$

或

$$\left[f(k) + k\frac{\mathrm{d}f}{\mathrm{d}k}\right]\frac{\partial k}{\partial x} + \frac{\partial k}{\partial t} = 0 \tag{6-1-7}$$

应该指出的是,$f(k)$ 可以是任意函数,不需要为了使结果通用作特定的假设。例如,采用格林尔兹提出的速度—密度线性模型,则公式(6-1-7)变形为:

$$\left(u_f - 2u_f \frac{k}{k_{jam}}\right)\frac{\partial k}{\partial x} + \frac{\partial k}{\partial t} = 0 \tag{6-1-8}$$

式中：u_f——自由流速度；

k_{jam}——堵塞密度。

公式(6-1-7)是一阶非线性偏微分方程，可以通过特性曲线的方法，求出其解析解。在实际条件下，方程(6-1-7)包含有以下结果：

(1)密度 k 是波状曲线上的常量，交通波曲线表示流量和密度沿道路的变化。

(2)交通特性曲线是基于定义和边界条件，从时空分布中散发出来的直线。

(3)交通特性曲线的斜率：

$$\frac{dx}{dt} = f(x) + k[f(k)] = \frac{dq}{dk} \tag{6-1-9}$$

它表示交通特性曲线的斜率等于在流量—密度曲线上从流量边界点散发出来的特性曲线的切线斜率。

(4)在空间分布中任意一点(x,t)的密度由通过该点的时空特性曲线得出。

(5)当两条交通特性曲线相交时，在这一点密度就会有两个值，这是不符合实际的。这种差异可以通过交通波的产生加以解释。简而言之，两条交通特性曲线相交，将会产生交通波，特性曲线终止。一个交通波表示 k、q 或 u 的突然改变。

四、守恒方程的数值解法

根据前面的介绍可知，解析法的优点在于真实地描述出上游对下游的干扰，它反映出排队和堵塞在高速公路和干线道路时空分布的行程和消散，更进一步地讲，它可以论证模型中排队的行程和消散存在着内在的联系。解析法的缺点是推导过程中要求的条件过于简单，这包括简单的初始交通流条件、车辆的到达和离开模型、没有出入口、简单的流率、密度关系等。更重要的是，在真实条件下经常遇到很复杂的情况，如存在转向车道和高速公路出入口匝道等，因此要想求得精确的解析解是非常困难的。

通常对于可压缩流体的类似问题，可以通过对状态方程进行数值求解来解决。该方法考虑到在实际中可能遇到的复杂情况，即对真实到达和离开模型的处理、更复杂的 u-k 模型以及实验条件等。

数值计算思路如下：首先把所要考虑的道路离散成若干微小的路段 Δx 并按连续时间增量 Δt 来更新离散化的网络中每一个节点的交通流参数值。

如图 6-1-2 所示，首先从空间上对路段进行离散化处理，然后再将时间离散，即

$$T = n \cdot \Delta t$$

T 为观测周期。对式(6-1-7)离散化，得：

$$\frac{k_j^{n+1} - \frac{1}{2}(k_j^n + k_{j-1}^n)}{\Delta t} + \frac{\frac{1}{2}(q_{j+1}^n + q_{j-1}^n)}{\Delta x} = \frac{1}{2}(g_{j+1}^n + g_{j-1}^n)$$

式中：Δt、Δx——时间和空间的增量，要求 $\Delta x / \Delta t$ 大于自由流状态的平均速度；

k_j^n、g_j^n——在 j 路段，$t = t_0 + n\Delta t$ 时刻的密度、流量；

q_j^n——路段 j 在 $t = t_0 + n\Delta t$ 的净流率。

整理上式可得下面方程：

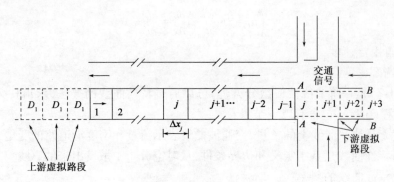

图 6-1-2　道路空间离散示意图

$$k_j^{n+1} = \frac{1}{2}(k_{j+1}^n + k_{j-1}^n) \left| \frac{\Delta t}{2\Delta x}(q_{j+1}^n + q_{j-1}^n) + \frac{\Delta t}{2}(g_{j+1}^n + g_{j-1}^n) \right. \quad (6\text{-}1\text{-}10)$$

如果密度确定,在 $t_0 + (n+1)\Delta t$ 时刻的速度由平衡态速度—密度关系中的平衡速度 $u_e(k)$ 获得,即

$$u_j^{n+1} = u_e k_j^{n+1} \quad (6\text{-}1\text{-}11)$$

例如,对于格林尔兹线性模型有:

$$u_j^{n+1} = u_f\left(1 - \frac{k_f^{n+1}}{k_{jam}}\right) \quad (6\text{-}1\text{-}12)$$

式中:u_f——自由流速率;

k_{jam}——阻塞密度。

需要指出的是,式(6-1-10)适用于任何速度—密度模型,包括不连续模型;如果无法获得 u 的解析表达式,那么可以从 $u\text{-}k$ 曲线通过数值方法获得其数值解。$t_0 + \Delta t(n+1)$ 时刻的流率可以从下面的基本关系得到:

$$q_j^{n+1} = k_j^{n+1} u_j^{n+1} \quad (6\text{-}1\text{-}13)$$

另外,公式(6-1-10)允许堵塞在上游和下游都可以传播,而不仅仅在上游传播。

对于上述公式的使用,只需要确定到达率和离开率,就可以利用均衡 $q\text{-}k$ 模型得出 $j=1$ 和 $j=J$(阻塞)时的密度。图 6-1-2 的离散化和密度的求解假设所有的状态空间增量 Δx 相等,然而,不考虑离散,在车流到达和离开时必须始终保持 $\Delta x / \Delta t$ 大于自由流的平均速度。

在早期的文献中就开始研究数值事例和应用。更重要的应用是简单连续流模型通过分析多车道交通流进行修正[米查罗伯罗斯(Michalopoulos)等人,1984]。该模型相对简单,但只能通过数值求解得出。

五、多车道流体动力学模型

双车道或多车道的简单连续流模型可以通过整合每个车道的守恒方程得出。车道间的交通流变化意味着所研究车道上的车辆产生或减少,车辆产生条件基于这样一个假设:相邻车道之间的车流的交换与平衡密度的偏差成比例(Gazis 等,1962)。

这些平衡值即为特定车道值,可以通过实验获得。以这个前提为基础,以下的方程描述了双车道高速公路上的交通流状况(Munjal and Pipes,1977)。

$$\frac{\partial q_1(x,t)}{\partial x} + \frac{\partial k_1(x,t)}{\partial t} = Q_1(x,t) \quad (6\text{-}1\text{-}14)$$

$$\frac{\partial q_2(x,t)}{\partial x} + \frac{\partial k_2(x,t)}{\partial t} = Q_2(x,t) \tag{6-1-15}$$

式中：t、x——时间和空间坐标；

$q_i(x,t)$——第 i 个车道的流率（$i=1,2$）；

$k_i(x,t)$——第 i 个车道的密度（$i=1,2$）；

$Q_i(x,t)$——车道变换率（$i=1,2$），正值表示进入，负值表示离开。

从上述假定状态可得：

$$Q_1 = \alpha[(k_2 - k_1) - (k_{20} - k_{10})] \tag{6-1-16}$$

$$Q_2 = \alpha[(k_1 - k_2) - (k_{10} - k_{20})] \tag{6-1-17}$$

式中：α——敏感系数，单位为 t^{-1}；

k_{i0}——第 i 个车道的平衡密度（$i=0,1$）。

由于系统封闭，流量守恒，因此很容易得出 $Q_1 + Q_2 = 0$。

模型改进：上述的模型并没有考虑入口或出口匝道引起的车辆的产生和离去。此外，当两车道密度相等时，如果平行密度 $k_{10} \neq k_{20}$，则根据这一模型判断将会发生车辆变换车道的现象。虽然公式也描述了很低的交通流密度情况下的车道变换状况，但是这种情况在自由流状态（假设没有车辆的增加）下很少发生。因此，为使这个模型更符合实际情况，必须对其加以改进。假设敏感系数 α 是可变的，取决于两个车道间的密度变化；要考虑进出口问题，考虑交换时间滞后的影响（伽塞斯等人，1962）。改进之后结合原始资料和相关的信息，前面的公式被修正为：

$$\frac{\partial q_1(x,t)}{\partial x} + \frac{\partial k_1(x,t)}{\partial t} = g + Q_1(x,t) \tag{6-1-18}$$

$$\frac{\partial q_2(x,t)}{\partial x} + \frac{\partial k_2(x,t)}{\partial t} = Q_2(x,t) \tag{6-1-19}$$

这里的 $g(x,t)$ 为车道 1（右侧车道）上的匝道口产生的净流率，驶入为正，驶出为负。

$$Q_1 = \alpha\{[k_2(x,t-\tau) - k_1(x,t-\tau)] - (k_{20} - k_{10})\}$$

$$Q_2 = \alpha\{[k_1(x,t-\tau) - k_2(x,t-\tau)] - (k_{10} - k_{20})\}$$

其中：

$$\begin{cases} 0, & |k_2(x,t-\tau) - k_1(x,t-\tau)| \leq k_A \\ \dfrac{\alpha_{\max}}{k_{jam} - k_A}[\,|k_2(x,t-\tau) - k_1(x,t-\tau)| + K_A\,], & |k_2(x,t-\tau) - k_1(x,t-\tau)| > k_A \end{cases}$$

(6-1-20)

式中：k_A——恒定值，如果密度值低于该值，将不会发生车道间交通流量的变换；

τ——相互作用滞后时间；

k_{jam}——阻塞密度。

在该模型中假设车辆在 1 车道上增加（或离开），这里的 1 车道指公路的右侧第一个车道。如果合适的话，在 2 车道也可增加一个类似的车辆产生条件。公式（6-1-18）和公式（6-1-19）可以通过时间和空间离散化的数值求解[米查罗伯罗斯（Michalopoulos）等人，1984]。图 6-1-3 给出了双车道公路路段（包含一个入口匝道）的空间离散化过程；多个出口和进口的情况可以类似推出。

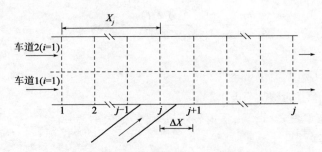

图 6-1-3　同向双车道高速公路空间离散示意图

公式(6-1-9)和公式(6-1-10)的一种数字解法为(米查罗伯罗斯,1984):

$$k_{1,j}^{n+1} = \frac{1}{2}(k_{1,j+1}^n + k_{1,j-1}^n) - \frac{\Delta t}{2\Delta x}(G_{1,j+1}^n + G_{1,j-1}^n) + \frac{\Delta t}{2}(g_{1,j+1}^n + g_{1,j-1}^n) +$$

$$\frac{\Delta t}{2}(Q_{1,j+1}^n + Q_{1,j-1}^n) \qquad (j = 1,2,\cdots,J) \tag{6-1-21}$$

$$k_{2,j}^{n+1} = \frac{1}{2}(k_{2,j+1}^n + k_{2,j-1}^n) - \frac{\Delta t}{2\Delta x}(G_{1,j+1}^n + G_{1,j-1}^n) + \frac{\Delta t}{2}(Q_{1,j+1}^n + Q_{1,j-1}^n) \qquad (j = 1,2,\cdots,J) \tag{6-1-22}$$

其中:

$$Q_{1,j}^n = \alpha_{1,j}^{n-s}[(k_{2,j}^{n-s} - k_{1,j}^{n-s}) - (k_{20} - k_{10})]$$

$$Q_{2,j}^n = \alpha_{2,j}^{n-s}[(k_{1,j}^{n-s} - k_{2,j}^{n-s}) - (k_{10} - k_{20})]$$

$$G_{i,j}^n = k_{i,j}^n u_{i,j}^n = k_{i,j}^n \cdot u_e(k_{i,j}^n) \qquad (i = 1,2)$$

式中: $k_{i,j}^n$ ——在 $t = t_0 + n\Delta t$ 时刻,第 i 个车道的第 j 点的密度; t_0 是初始时间;

s ——车辆在第 i 车道的第 j 节点进行车道变换所延迟的时段数;

$u_e(k_{i,j}^n)$ ——响应的 $k_{i,j}^n$ 的平衡速度。

如果使用格林希尔兹的简单平衡模型可以证明得出 $G_{i,j}^n = k_{i,j}^n u_f[1 - (k_{i,j}^n/k_{jam})]$,这里 u_f 和 k_{jam} 分别表示自由流速度和堵塞密度。

随着每个时间段密度的计算,流率 $q_{i,j}^{n+1}$ 和速度 $u_{i,j}^{n+1}$ 可以由以下两式得到:

$$u_{i,j}^{n+1} = u_e k_{i,j}^{n+1}$$

$$q_{i,j}^{n+1} = k_{i,j}^{n+1} u_{i,j}^{n+1}$$

求解所需的上游或下游边界条件($k_{1,j}^n; k_{i,jn}$)应与车辆的到达和离开相对应,它们可以是常量、随时间变化的变量或随机值,随机值可用仿真技术得到。初始条件可以为常量,也可以根据所考虑的实际情况随距离变化。在确定下游边界条件时,当交通流量不能确定,并且 Δx 充分小时,可以假设:

$$k_{i,J}^n = k_{i,J-1}^{n-1} \qquad \forall n; i = 1,2$$

最后,在初始阶段 $0 \leq t \leq \Delta t$(即当 $n - s \leq 0$ 时)可以假设 $\alpha_{i,j}^{n-s} = 0$,这意味着没有变化车道的现象发生。

我们可以将简单的连续流模型拓展到多个车道的情况。假设 I 代表车道数,每个车道的一般守恒方程为:

$$\frac{\partial q_i}{\partial x} + \frac{\partial k_i}{\partial t} = g_i + Q_i \qquad (i = 2,3,\cdots,I) \tag{6-1-23}$$

式中

$$Q_i = \alpha_{i,i-1}\{[k_{i-1}(x,t-\tau) - k_i(x,t-\tau)] - (k_{i-1,0} - k_{i,0})\} + \\ \alpha_{i,i+1}\{[k_{i+1}(x,t-\tau) - k_i(x,t-\tau)] - (k_{i+1,0} - k_{i,0})\} \quad (6\text{-}1\text{-}24)$$

对于所有内侧车道,即对于 $i = 2, 3, \cdots, I-1, g_i = 0$,上式中:

$$\alpha_{i,i\pm1} \begin{cases} 0, |k_i(x,t-\tau) - k_{i\pm1}(x,t-\tau)| \leq k_A \\ \dfrac{\alpha_{\max}}{k_{\text{jam}} - k_A}[|k_i(x,t-\tau) - k_{i\pm1}(x,t-\tau)| - k_A], |k_i(x,t-\tau) - k_{i\mp1}(x,t-\tau)| > k_A \end{cases}$$

或者

$$\alpha_{i,i\pm1} = 常量$$

上面的公式对于最外侧和最内侧的车道(即 $i = 1$ 和 $i = I$)也是适用的。在这样的情况下,我们进行如下变换:对于 $i = 1$,令 $i - 1 = i$;对于 $i = I$,令 $i + 1 = I$,并且 $g_i = f(x,t)$。

按照类似于前面的记法,公式(6-1-23)的总的求解结果为:

$$k_{i,j}^{n+1} = \frac{1}{2}(k_{i,j+1}^n + k_{i,j-1}^n) - \frac{\Delta t}{2\Delta x}(G_{i,j+1}^n + G_{i,j-1}^n) + \frac{\Delta t}{2}(g_{i,j+1}^n + g_{i,j-1}^n) + \\ \frac{\Delta t}{2}(Q_{i,j+1}^n + Q_{i,j-1}^n) \quad (j = 1, 2, \cdots, J)$$

式中

$$Q_{i,j}^n = \alpha_{i,j} + (k_{i,j}^{n-s}, k_{i-1,j}^{n-s})[(k_{i-1,j}^{n-s} - k_{i,j}^{n-s}) - (k_{i-1,0} - k_{i,0})] + \\ \alpha(k_{i,j}^{n-s}, k_{i+1,j}^{n-s})[(k_{i+1,j}^{n-s} - k_{i,j}^{n-s}) - (k_{i+1,0} - k_{i,0})]$$

$$G_{i,j}^n = k_{i,j}^n u_i^n = k_{i,j}^n \cdot u_e k_{i,j}^n$$

$$\alpha(k_{i,j}^{n-s}, k_{i\pm1}^{n-s}) = \begin{cases} 0, |k_{i,j}^{n-s} - k_{i\pm1,j}^{n-s}| \leq k_A \\ \dfrac{\alpha_{\max}}{k_{\text{jam}} - k_A}(|k_{i,j}^{n-s} - k_{i\pm1,j}^{n-s}| - K_A), |k_{i,j}^{n-s} - k_{i\pm1,j}^{n-s}| \leq k_A \end{cases}$$

上面所讨论的模型明显没有包括道路宽度 y 这一因素,也就是说没有随 y 方向上进行空间离散。由于已经把道路划分成了多条车道,所以 y 方向的空间离散是很自然的。原则上,一个二维空间模型能够更准确地描述交通流行为。下面是一个满足守恒定律的简单连续流方程:

$$\frac{\partial k}{\partial t} + \frac{\partial(ku_x)}{\partial x} + \frac{\partial(ku_y)}{\partial y} = g(x,y,t) \quad (6\text{-}1\text{-}25)$$

式中: x、y、t——空间和时间坐标;

$k = k(x,y,t)$——交通流密度;

$u_x = u_x(x,y,t)$——速度向量沿 x 方向的分量(与道路中心线平行);

$u_y = u_y(x,y,t)$——速度向量沿 y 方向的分量;

$g(x,y,t)$——车辆的产生率。

由于上面的方程有 3 个未知量,因此必须和下面的两个状态方程结合起来进行求解:

$$u_x = u_x(x,y,t) = u_e(k)$$
$$u_y = u_y(x,y,t) = v_e(k)$$

应该指出的是,在这个新方程中,密度表示每单位区域内的车辆数,例如堵塞密度定义为:

$$\overline{k}_{jam} = \frac{1}{h_x h_y}$$

式中：h_x、h_y——x 和 y 方向上的最小车头时距。

公式(6-1-25)的一般形式为：

$$k_t + (ku_x)_x + (ky_y)_y = g \tag{6-1-26}$$

此外，也可采用数值解法对公式(6-1-25)和公式(6-1-26)求解，并且 $u_e(k)$ 和 $v_e(k)$ 表达式也可以得出[米查罗伯罗斯(Michalopulos)，1984]。

第二节 交通波理论

在实际的交通观测中，我们经常会发现交通流的某些行为非常类似于流体波的行为。例如，图 6-2-1 是由双向八车道路段过渡到双向六车道的半幅平面示意图。由图可以看出，在四车道的路段（即原路段）和三车道的路段（即瓶颈段），车流都是各行其道，比较有序。而在四车道向三车道过渡的那段路段，车流出现了拥挤、紊乱甚至堵塞。这是因为车流在即将进入瓶颈时会产生一个与车流运行方向相反的波，类似声波碰到障碍物时的反射，或者管道内的水流突然受阻时后涌那样。这个波导致在瓶颈之间的路段上车流出现紊流现象。

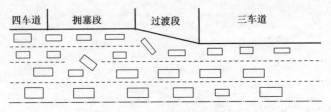

图 6-2-1 瓶颈路段的车流波

车流中两种不同密度部分的分界面经过一辆辆车向车队后部传播的现象，称为车流的波动。车流中密度不同的两部分的分界面称为车流波，车流波沿道路移动的速度称为波速。交通波表示流量或密度的不连续性，其物理含义为车辆在来不及加速或减速的情况下突然改变速度。

图 6-2-2 为在时间—空间坐标系下表示的一对 n 辆车的运行状态变化图。图中每根曲线表示一辆车运行的时间—空间轨迹。曲线间的水平距离表示车头时距，垂直距离表示车头间距。两条虚线分隔出 Ⅰ、Ⅱ 和 Ⅲ 三个时间—空间区域。在区域 Ⅰ 内，车速最高而密度最低。进入区域 Ⅱ 后，车速明显降低而密度明显升高。进入区域 Ⅲ 后，速度有所回升而密度有所下降。虚线与运行轨迹的交点就是车队密度不同的分界（对某一确定时刻而言），虚线本身则表示此分界既沿车队向后一辆一辆地传播下去，又沿着道路而移动，虚线的斜率就是波速。虚线 AB 是低密度状态转变的分界，它所体现的车流波为集结波；而 AC 是高密度状态向低密度状态转变的分界，它所体现的车流波为疏散波。两种不同的车流波可统称为集散波。

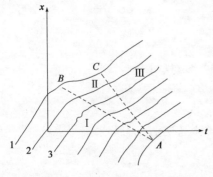

图 6-2-2 车队运行状态变化图

一、交通波模型的建立

1. 方法一

为讨论方便起见,如图 6-2-3 所示,假设一条公路上有两个相邻的不同交通流密度区域(k_1 和 k_2),用垂直直线 S 分割这两种密度,称 S 为波阵面,设 S 的速度为 u_w。A 段的车流平均速度为 u_1,密度为 k_1;B 段的车流平均速度为 u_2,密度为 k_2,并规定交通流按照图中箭头 x 正方向运行速度为正,反之为负。

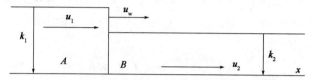

图 6-2-3　两种密度的车辆运行情况

u_1-在 A 区车辆的空间平均速度;u_2-在 B 区车辆的空间平均速度

显然,由交通流量守恒可知,在时间 t 内通过界面 S 的车数 N 可以表示为:

$$N = u_{r1} k_1 t = u_{r2} k_2 t$$

即

$$(u_1 - u_w) k_1 = (u_2 - u_w) k_2$$

式中:u_{r1}——$u_{r1} = u_1 - u_w$,在 A 区相对于垂直分界线 S 的车辆的速度;

u_{r2}——$u_{r2} = u_2 - u_w$,在 B 区相对于垂直分界线 S 的车辆的速度。

整理可得:

$$u_2 k_2 - u_1 k_1 = u_w (k_2 - k_1) \tag{6-2-1}$$

由 $q = uk$ 可知:

$$q_1 = u_1 k_1$$
$$q_2 = u_2 k_2$$

带入公式(6-2-1),可以得到:

$$u_w = \frac{q_2 - q_1}{k_2 - k_1} \tag{6-2-2}$$

2. 方法二

图 6-2-4 为一个车队前三辆车运行的时间—空间轨迹。这个车队从速度 u_1、密度 k_1(对应于车头间距 l_1)转变到速度 u_2、密度 k_2(对应于车头间距 l_2)。O 为第一辆车的变速点,A 为第二辆车的变速点,虚线 OA 的斜率就是集散波的波速。

设变速点 A 的时刻 t,位置为 x,则在时刻 0 到时刻 t 之间,两车的车头间距变化为 $l_2 - l_1$,第一辆车行驶的距离为 tu_2,第二辆车行驶的距离为 tu_1,所以有 $l_2 - l_1 = tu_2 - tu_1$,解之得:

$$t = \frac{l_2 - l_1}{u_2 - u_1}$$

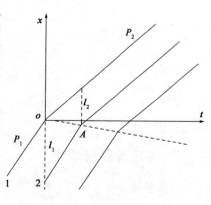

图 6-2-4　车辆时空轨迹图

又由 $x = -l_1 + ru_1$，可得：

$$u_w = \frac{x}{t} = -\frac{l_1}{t} + u_1 = -\frac{l_1(u_2 - u_1)}{l_2 - l_1} + u_1 = \frac{l_2 u_1 - l_1 u_2}{l_2 - l_1} = \frac{\frac{u_1}{k_1} - \frac{u_2}{k_1}}{\frac{1}{k_2} - \frac{1}{k_1}} = \frac{q_1 - q_2}{k_1 - k_2} \quad (6\text{-}2\text{-}3)$$

二、交通波模型的意义

交通波描述了两种交通状态的转化过程，u_w 代表转化的方向和进程，$u_w > 0$，表明波面的运动方向与交通流的运动方向相同；$u_w = 0$，表明波面维持在原地不动；$u_w < 0$，则说明波的传播方向与交通流的运动方向相反。

当 $q_1 > q_2$，$k_1 < k_2$ 时，u_w 为负值，表明波的方向与原车流流向相反。此时在瓶颈过渡（图 6-2-1）内的车辆即被迫后拥，开始排队，出现拥堵。有时 u_w 可能为正值，表明此时不致发生排队现象，或者是已有的排队将开始消散。

若 A、B 两区车流量与交通密度大致相等，则可以写成：

$$q_2 - q_1 = \Delta q \quad k_2 - k_1 = \Delta k$$

由此可得微弱波的波速，即传播小紊流的速度：

$$u_w = \frac{\Delta q}{\Delta k} \text{或} u_w = \frac{dq}{dk} \quad (6\text{-}2\text{-}4)$$

在图 6-2-5a) 中，A、B、C 三点代表三种交通流状态，当这其中两种交通流状态相遇时，便产生交通波，在流量—密度关系曲线上，集散波的波速是割线的斜率，微弱波的波速是切线的斜率，如图 6-2-5a) 所示，当车流从低密度低流量的 A 状态转变到高密度高流量的 B 状态时，集散波的波速是正的，即沿道路方向的下游运动；当车流量从低流量低密度的 C 状态转变到高流量而密度较低的 B 状态时，集散波的波速是负的，即沿道路上游传播。从 A 状态到 B 状态的波是集结波，而从 B 状态到 A 状态的波是消散波，两者都是前进波。从 B 状态到 C 状态的波是集结波，从 C 状态到 B 状态的波为消散波，两者都是后退波。进一步讲，某一点的上游和下游交通流率的不同，并不能说明存在交通波，除非在交通特性曲线相交的条件下才能成立。图 6-2-5b) 是在时空坐标系中描述的交通波，明显可以看出交通波的含义。

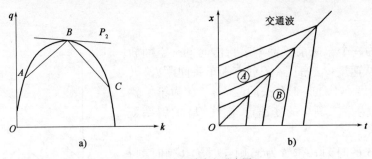

图 6-2-5 交通波含义示意图

三、停车波和启动波

1. 模型的变化

从前面内容中我们已经知道速度和密度有一定的关系，还介绍了几种常用的速度—密度模型,下面就应用著名的格林希尔兹线性模型进一步分析交通波模型。

已知格林希尔兹线性模型的表达式为:

$$u_i = u_f \frac{1-k_i}{k_{jam}} \tag{6-2-5}$$

为了便于推导,我们把密度标准化,即令:

$$\eta_i = \frac{k_i}{k_{jam}} \tag{6-2-6}$$

其中,η_i 为 i 车流的标准化密度,将式(6-2-6)代入式(6-2-5),有:

$$u_1 = u_f(1-\eta_1), u_2 = u_f(1-\eta_2)$$

式中:u_f——自由流速度;

η_1、η_2——分界 S 两侧的标准化密度。

将以上关系代入式(6-2-4),得波速:

$$u_w = \frac{k_1 u_f(1-\eta_1) - k_2 u_f(1-\eta_2)}{k_1 - k_2} \tag{6-2-7}$$

用式(6-2-6)得到 η_1 和 η_2 的关系式来简化(6-2-7),可得:

$$u_w = u_f[1-(\eta_1+\eta_2)] \tag{6-2-8}$$

式(6-2-8)是用标准化密度表示的波速公式,下面就利用该式分析交叉口车流由于交通信号影响而产生的停车和启动现象。

2. 交通密度大致相等的情况

如果在界限 S 两侧的标准化密度 η_1 与 η_2 大致相等,S 左侧的标准化密度为 η,而 S 右侧的标准化密度为 $\eta + \eta_0$,这里 $\eta + \eta_0 \leq 1$。

在此情况下,设:

$$\eta_1 = \eta, \eta_2 = \eta + \eta_0$$

并且:

$$[1-(\eta_1+\eta_2)] = [1-(2\eta+\eta_0)] = 1-2\eta$$

式中,η_0 忽略不计,把上式带入式(6-2-8),则此段的波就以下列速度传播:

$$u_w = u_f(1-2\eta) \tag{6-2-9}$$

3. 停车波

现假定车队以区间平均速度 u_1 形式,在交叉口停车线处遇到红灯停车。此时 $k_2 = k_{jam}$,即 $\eta_2 = 1$。根据式(6-2-8),有:

$$u_w = u_f[1-(\eta_1+1)] = -u_f\eta_1 \tag{6-2-10}$$

式(6-2-10)说明,由于停车而产生的波,以 $u_f\eta_1$ 的速度向后方传播,经过 t 秒后,将形成一列长度为 $u_f\eta_1 t$ 的排队车队。

4. 启动波

下面考察车辆启动时的情况。当车辆启动时,$k_1 = k_{jam}$,也即 $\eta_1 = 1$。因为:

$$u_2 = u_f(1-\eta_2)$$

即 $\eta_2 = 1 - \left(\dfrac{u_2}{u_f}\right)$ 将其代入式(6-2-8),得到:

$$u_w = u_f[1-(1+\eta_2)] = -u_f\eta_2 = -(u_f - u_2) \qquad (6\text{-}2\text{-}11)$$

由于 u_2 是刚刚启动时的车速(很小),同 u_f 相比可以忽略不计,因此,这列排队等待长度从一开始启动,就产生了启动波,该波以接近 u_f 的速度向后传播。

四、案例应用

假设交通流量为 960veh/h,密度为 12veh/km,速度为 80km/h,如图 6-2-6 中点 1 所示。一辆载货汽车以 20km/h 的速度(图 6-2-6 中用矢径 20 的斜率表示)驶入以上交通流,形成 2km。直接跟在这辆载货汽车后面的汽车因为不可能超车,所以都被迫调整速度,这样就形成了速度为 80km/h 的车队,区间平均速度为 20km/h,车队流量为 1600 辆/h,如图 6-2-6 中点 2 所示。车队的尾部(即在这个车队后面的畅行车辆赶上车队车辆)以图 6-2-6 中弦 1—2 斜率所表示的速度运行,所以可得:

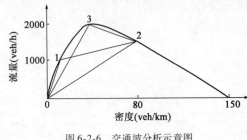

图 6-2-6 交通波分析示意图

$$u_w = \frac{q_2 - q_1}{k_2 - k_1} = \frac{1600 - 1000}{80 - 12} = 8.8(\text{km/h})$$

这样,车队的尾部(增加了密度的返回波)相对于车行道以 8.8km/h 的速度向前运行,但是,车队的头部则以 20km/h 的速度向前运行,所以,车队的长度在按照 $20-8.8=11.2(\text{km/h})$ 的比率增长着。载货汽车需要 0.1h 走完 2km 的路程,之后载货汽车转向离开,所形成的车队为 $0.1 \times 11.2 = 1.12(\text{km})$,在 80veh/h 的情况下,车队中有 89 辆汽车。注意,当车队在增长时,虽然尾部以 8.8km/h 的速度向前运行,但是相对于车队里的汽车而言,尾部以 11.2km/h 的速度向后减速。

在载货汽车转弯离开以后,车流量就增加到设施的最佳流量(通行能力)。这种情况用图 6-2-6 中的点 3 表示,具有 2000veh/h 的流量和 20veh/km 的密度,区间平均速度为 62.5km/h。车队的头部以图 6-2-6 中的弦 2—3 的斜率所表示的速度运行,波速为:

$$u_w = \frac{q_3 - q_2}{k_3 - k_2} = \frac{2000 - 1600}{32 - 80} = -8.3(\text{km/h})$$

车队的尾部以 8.8km/h 的速度向前运行的同时,车队的头部以 8.3km/h 的速度移向尾部,车队(原长为 1.12km)要在 $1.12/(8.8+8.3) = 0.065(\text{h})$(约为 4min)内消散。

五、信号交叉口的车辆排队的形成与消散

考察一列在信号控制交叉口的排队等待的车队。如果此时在车队的车辆数,也就是车队规模为 n,平均车头间距为 h,那么估计车队长度为 nh。假设绿灯相位刚刚开始,上游 N_1 辆车加入了车队,而前面的 N_2 辆车驶离车队,此时排队长度是 $[n+(N_1-N_2)]h$。然而,事实并非如此,因为绿灯刚刚开始,无论 N_1 和 N_2 是否相等,排队长度都在发生变化。例如,如果 $N_1 = N_2$,那么有效排队长度仍为 n,但是排队长度并不是 nh,因为车流的可压缩性,排队车辆的平均车头间距会减小。简单地采用流入量和流出量可以对排队状态进行分析,但是不能精确估计排队长度。而连续流模型认为速度和密度有一定的函数关系,即 $u = f(k)$,Michalopoulos 于 1979 年提出了这种分析方法,下面对其进行详细介绍。

图 6-2-7 显示了信号控制交叉口在一个饱和周期内排队的行程过程。图中 x 和 t 分别代表空间和时间。假设从停车线开始的 L 距离没有出口和入口,并且认为 L 足够长,车辆排队不会充满这一路段,并假设停车线下游的交通流顺畅,没有堵塞现象。图中 L_1 和 L_1' 分别代表信号周期 c 开始和结束时的排队初始长度和最终长度。

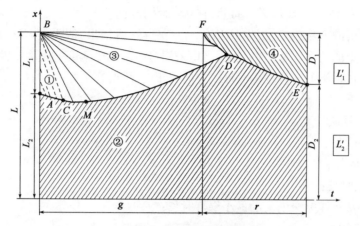

图 6-2-7　信号控制交叉口在一个饱和周期内排队的行程过程

沿着空间 x 轴,点 B 对应停车线,点 A 对应绿灯相位开始时车队的队尾;$t=0$ 对应绿灯相位开始的时刻,在 AB 段内交通流达到堵塞密度,流率为零;A 的上游(L 段的剩余部分 L_2)车辆以平均流率 q_a 达到,L_2 上的密度是 k_a。用 c 表示周期时长,$c=g+r$,g、r 分别表示有效绿灯时间和红灯时间。绿灯相位结束时刻 F 对应停车线,假设在绿灯相位(从点 B 至点 F)车流处于饱和状态,饱和流量为 q_m,对应的密度为 k_m。在红灯相位(从点 F 至周期结束),停车线处于堵塞状态,$q=0$,$k=k_j$。从 $x=0$,$t=0$ 和 $x=L$ 出发绘出的特征线是由初始条件和边界条件确定的。这些特征曲线的斜率与流量—密度曲线上相应点的切线斜率一致。

例如,在 AB 段上特性曲线的斜率是负值,与流量—密度曲线在点 $(k_j,0)$ 的切线一致,k_j 为堵塞密度。点 B 的密度由 k_j 很快变成 k_m,这里的 k_m 指最大通行能力下的密度。这样特性曲线在 B 点呈扇形展开,即斜率经历从 $dq/dk(k_j,0)$ 到 0 的所有可能值,斜率等于 0 时为最佳状态。按照这一方式,可以画出如图 6-2-7 所示剩下的特性曲线。图 6-2-8 显示了流量—密度曲线上相应点的切线斜率变化情况。

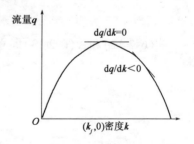

图 6-2-8　从堵塞密度到最佳密度流量—密度曲线斜率变化情况

如图 6-2-7 所示,从边界发出的特性曲线把整个时空区域($0 \leq x \leq L, 0 \leq t \leq c$)划分为 4 个流量—密度状况截然不同的区域。特性曲线的相交线,即为交通波曲线。在一个周期内,交通波曲线为 $ACMDE$,也就是队尾的时空边界。这条线代表车队队尾的轨迹,并且它到停车线的垂直距离代表车队长度,由 $y(t)$ 表示。曲线 $ACMDE$ 上任意点处切线的斜率代表交通波(或车队队尾)沿道路向上游或下游传播的速度。

根据特性曲线的交线推演出曲线 $ACMDE$,就可以确定车队队尾的轨迹。首先,可以看到 A 点产生的线性交通波相对于停车线向后传播,该波在 C 点结束,那么直线 BC 代表最后一条由停车线发出,具有密度 k_j 的特性曲线。在 C 点之后,由于从区域 3 内呈扇形放射的特性曲线具有不同的密度,交通波向下游传播的密度是变化的,而向上游传播的密度恒为 k_a,这就是交通波 CMD 呈非线性的原因。事实上,正如曲线 CMD 的斜率所示,它以变化的速度传播。在绿灯相位结束(到达点 F)时,交通波 FD 产生,在 D 点与车队队尾相遇,并产生新的交通波面。交通波再一次形成波面下游的堵塞区,在下游(区域 4)密度恒为 k_j。最后,一个周期结束时,L_1' 代表了最终排队长度,也就是下一周期的初始排队长度。

下面通过解析的方法确定曲线 ACMDE。为获得解析结果,假设流量—密度或等价的速度—密度存在特定的关系。为简单起见,这里采用格林希尔兹速度—密度线性模型关系,采用其他模型的解析过程类似。假设车流形式方向为正向,B 点的坐标为 $(0, L,)$,即 $x_B = L$。所用到的变量含义如下:

$y(t)$:时刻 t 排队长度;

g:绿灯相位时长;

r:红灯相位时长;

c:$g+r$,周期时长;

$g_{\min}$:使得排队车流完全消失的最小绿灯时长;

u_f:自由流速度;

k_j:堵塞密度;

q_a, k_a:上游车流的到达率和密度;

x_i, t_i, y_i:点 i 的相应坐标值。

基于前面的分析,可得以下结果:

从 B 点考察 C 点的坐标:

$$x_C = L - u_f t \tag{6-2-12}$$

从 A 点考察 C 点的坐标:

$$x_C = (L - L_1) - \left(\frac{k_a u_f}{k_j}\right) t \tag{6-2-13}$$

式(6-2-12)和式(6-2-13)联立,解得:

$$x_C = L - \frac{k_j L_1}{k_j - k_a} \tag{6-2-14}$$

$$t_C = \frac{k_j L_1}{u_f(k_j - k_a)} \tag{6-2-15}$$

$$y_C = \frac{k_j L_1}{k_j - k_a} = L - x_C \tag{6-2-16}$$

曲线 CMD 上的点与停车线之间的垂直距离为:

$$y_{CMD} = [u_f + h(k_a)](t_C)^{1/2} - h(k_a) t \tag{6-2-17}$$

式中:$h(k_a) = u_f[1 - (2k_a/k_j)]$。

$$t_M = \frac{[u_f + h(k_a)]^2 t_C}{4[h(k_a)]^2} \tag{6-2-18}$$

$$y_M = \frac{[u_f + h(k_a)]^2 t_C}{4[h(k_a)]} \tag{6-2-19}$$

$$y_{\text{FD}} = u_\text{f} t - u_\text{f}(tg)^{1/2} \tag{6-2-20}$$

$$t_\text{D} = \left[t_\text{C}^{1/2} + \frac{u_\text{f} g^{1/2}}{u_\text{f} + h(k_\text{a})} \right]^2 \tag{6-2-21}$$

$$y_\text{D} = u_\text{f} \left\{ t_\text{C} - \frac{u_\text{f} h(k_\text{a}) g}{[u_\text{f} + h(k_\text{a})]^2} + \frac{[u_\text{f} - h(k_\text{a})](gt_\text{C})^{1/2}}{u_\text{f} + h(k_\text{a})} \right\} \tag{6-2-22}$$

$$y_{\text{DE}} = y_\text{D} + \frac{u_\text{f} k_\text{a}(t - t_\text{D})}{k_j} \tag{6-2-23}$$

$$y_\text{E} = L_1' = L_1 + \frac{k_\text{a} u_\text{f} c}{k_j} - \frac{k_j u_\text{f} g}{4(k_j - k_\text{a})} \tag{6-2-24}$$

$$t_\text{E} = c \tag{6-2-25}$$

如果在绿灯相位内,排队车辆能够消散,则消散时间为:

$$g_{\min} = \frac{\left[\left(\dfrac{y_\text{C}}{t_\text{C}} \right) + h(k_\text{a}) \right]^2 t_\text{C}}{[h(k_\text{a})]^2} \tag{6-2-26}$$

在这样的周期内,最终排队长度 L_1' 与初始长度 L_1 无关,值为:

$$y_\text{E} = L_1' = \frac{(c-g)(k_\text{a} u_\text{f})}{k_j} \tag{6-2-27}$$

这样通行能力逐渐变化的情况也能被考虑进去。

前面推导出的出事排队长度和最终排队长度的解析关系可以应用于饱和周期的稳定性分析。式(6-2-24)可表示为:

$$L_1' = L_1 + b \tag{6-2-28}$$

式中:$b = k_\text{a} u_\text{f} c / k_f - k_j u_\text{f} g / 4(k_j - k_\text{a})$。

如果 c 和 g 已知,则 b 是常量,即它与初始排队长度 L_1 无关。因此,式(6-2-28)可以推广到任意周期 N,形式为:

$$L_{N+1} = L_N + b \tag{6-2-29}$$

式中:L_N、L_{N+1}——N 和 $N+1$ 周期开始时的排队长度。

显然如果 $L_N = L_{N+1}$ 或 $L_N = L_N + b$,即 $b = 0$,那么存在稳定状态,满足:

$$\frac{k_\text{a} u_\text{f} c}{k_j} - \frac{k_j u_\text{f} g}{4(k_j - k_\text{a})} = 0 \tag{6-2-30}$$

由此得稳态时的绿信比 g/c 为(记为 λ):

$$\frac{g}{c} = \frac{k_j g}{4(k_j - k_\text{a})} = \lambda \tag{6-2-31}$$

因为 λ 始终是正值,所以容易看出如果 $g/c < \lambda$,周期尾部的排队长度将随这种情况的延续持续增大。否则,如果 $b < 0$ 或 $g/c > \lambda$,周期尾部的排队长度会减小。应该指出的是式(6-2-29)和式(6-2-31)对于饱和周期,即绿灯时间小于式(6-2-26)给出的值,很有意义。对于非饱和状态,则 L_N 和 L_{N+1} 无关,由式(6-2-27)给出的排队长度。如果 $b = 0$,交通需求的一个微小变动将会使平衡状态改变,出现亚稳定状态。因此,每一个信号周期开始时的排队长度将随着 b 的波动而波动,这主要取决于实际交通需求的变化。

【练习题】

1. 如习题 6-1 图所示,假设两站之间车流连续,且为单向路段,没有交通流的变化(即该路段上没有交通流驶入或驶出),试根据题中所给图形分析以下问题:

(1)写出此时的守恒方程;

(2)写出上述守恒方程的推导过程。

2. 交通波描述了两种交通流状态的转化过程,习题 6-2 图中 A、B 两点代表两种交通流状态,当这两种交通流状态相遇时,便产生了交通波,波速为 A、B 连线的斜率。试分别描述下列 5 个图形中交通流的运动状态、交通波的运动方向,并从中任意挑选两个图形,解释在实际情况中,何时会出现这种状态?

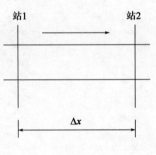

习题 6-1 图

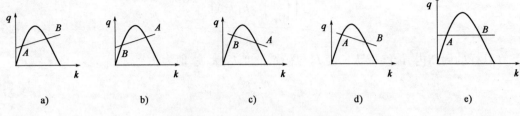

习题 6-2 图　各种交通流状态下的交通波

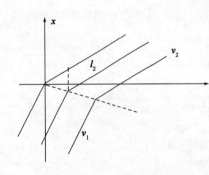

习题 6-3 图　三列车的运行轨迹

3. 当车队在信号交叉口遇到红灯,或者无法超车路段有事故阻挡交通时,停车排队而集结成高密度的队列,在绿灯起亮或者事故排除后,车辆又陆续启动而疏散形成一列具有适当密度的车队,这一现象称为车流的波动。习题 6-3 图显示的是车队中连续三列车的运行轨迹,试依据运行轨迹图推导出:

(1)波速公式:$W = (Q_1 - Q_2)/(k_1 - K_2)$

(2)波流量公式:$Q_W = \dfrac{v_2 - v_1}{1/K_2 - 1/K_1}$

4. 某一快速干道上车流的速度与密度模型为 $v^{0.103} = 1.547 - 0.00256k$,其中 v 的单位为 km/h,k 的单位为辆/km。一列车队在行驶过程中经过 $v_1 = 50$km/h,$v_2 = 12$km/h,$v_3 =$ km/h 三种状态,其中 v_2 的持续时间(即为拥挤持续时间)为 0.353h。

(1)由状态 1→2 的交通波为集结波还是消散波? 求出对应的波速。

(2)由状态 2→3 的交通波为集结波还是消散波? 求出对应的波速。

(3)求出拥挤车辆的总数 N。

5. 已知某道路入口处车速限制为 20km/h,对应通行能力 3880 辆/小时,在高峰期间 2 小时内,从上游驶来的车流具有 $v_1 = 50$km/h,$Q_1 = 4200$ 辆/h,高峰过后上游流量降至 $Q_3 = 1950$ 辆/h,$v_3 = 60$km/h,试估计此段道路入口前车辆拥挤时的最大排队长度和拥挤持续时间。

6. 某单向道路穿过小区,为保证安全,限速为 15km/h,道路通行能力达 3000 辆/h,高峰时上游车流的流速为 40km/h,流量为 4000 辆/h,持续 0.2h 后,上游流量降至 2500 辆/h,速度为

50km/h，试运用交通流理论计算：

(1) 最大拥挤车队车辆数；

(2) 车辆拥挤的持续时间。

7. 假设一列车队在行驶过程中经历了疏散、密集、疏散三个状态，对应的流量、密度、速度如习题 6-7 表。

三种状态下的交通三参数　　　　　　习题 6-7 表

状　态	流量(辆/h)	密度(辆/km)	速度(km/h)
状态 1	1200	20	60
状态 2	1500	75	20
状态 3	2000	50	40

(1) 求由状态 1 转为状态 2 形成的交通波的波速，该交通波是集结波还是消散波？

(2) 求由状态 2 转为状态 3 形成的交通波的波速，该交通波是集结波还是消散波？

(3) 求拥挤车队最长时的车辆数(已知车队在状态 2 持续了 10min)。

8. 设车流密度与速度的关系为 $v = 88 - k$，一列车头间距为 20m/辆 的车队以 36.48km/h 的速度向某一交叉口驶去，已知该交叉口的红灯时间为 50s，求：

(1) 该交叉口的最大排队车辆数；

(2) 绿灯时间为多少时才不致发生第二次排队。

9. 已知某公路为双向六车道，车流畅行时速度 $v_1 = 80$km/h，正常双向车流量为 8400 辆/h。某天由于发生交通事故，阻塞了两条车道，已知每条车道的通行能力为 1940 辆/h，且此时在事故区车速下降至 22km/h，这样持续了 2h 后，事故被有效清除，道路交通流恢复正常，车流量变为 1956 辆/h。试估计由该事故引起的车辆平均排队长度和阻塞时间，并计算排队车辆消散所需要的时间。

10. 某条有中央分隔带的道路为单向四车道，在某一段封闭路段内，由于周围建筑施工，致使一部分道路被占用，在此路段，车速为 20km/h，对应的通行能力为 3860 辆/h，高峰时段该路段上游车速为 40km/h，流量为 4500 辆/h(单向)，持续时间为 1.5h 后，上游流量降至 2000 辆/h，速度为 50km/h，试计算此路段入口的上游车辆在高峰时段的拥挤长度和拥挤持续时间。

11. 在某信号灯交叉口的一条进口道上，车流服从线性模型，饱和车头时距为 2s，停车排队的车头空距为 8m，到达流量为 900 辆/h，红灯时长为 45s，绿灯时间足够长，求停车排队最远至几米？

第七章 排队理论

第一节 排队理论的基本概念

一、概述

排队理论以概率论为基础,是运筹学的一个重要分支,排队理论的应用极其广泛,该理论在交通工程中的应用也较多。

排队理论也称随机服务系统,是研究"服务"系统因"需求"拥挤而产生等待队列的排队现象,以及合理协调"需求"与"服务"关系的一种数学理论,亦称"随机服务系统理论"。排队理论是20世纪初开始发展的。1905年丹麦哥本哈根电话工程师爱尔朗(Erlang)首先在电话自动交换机设计时应用了排队理论,使电话机既能满足通话需求而又不至于设线过多。第二次世界大战以后,排队理论在很多领域内被采用。在交通工程中,对于研究车辆延误、通行能力、信号灯配时以及停车场、加油站等交通设施的设计与管理方面得到广泛的应用。1936年亚当斯用以考虑未设置交通信号交叉口的行人延误问题,1951年唐纳(Tanner)予以推广应用。1954年,伊迪(Edie)应用排队模型估计收费亭的延误。同年在摩斯柯维茨(Moskowitz)的报告中,将其应用于车辆等候交通流空档的实验报告。

排队现象在交通运输系统中随处可见,例如,交叉口、收费站、停车场、高速公路出入口、瓶颈路段、事件现场、汇流区域和慢速行驶车辆后方。交通工程的学者们一直致力于排队现象的分析和排队长度的计算。例如在分析道路交叉口时,可以将交叉口看成一个服务台,将车流看成是受服务的对象,车辆服从先到先服务原则。

一个典型的排队系统如图 7-1-1 所示,进入系统的顾客由顾客源(总体)出发,达到服务机构(服务台、服务员)前排队等候接受服务,服务完成后离开。排队结构指队列的数目和排列方式,排队规则和服务规则是说明顾客在排队系统中按怎样的规则、次序接受服务的。图中虚线部分即是排队系统。

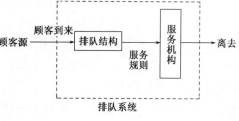

图 7-1-1　排队系统示意图

二、排队与排队系统

"排队"单指等待服务的顾客(车辆或行人),不包括正在被服务的顾客;而"排队系统"既包括了等待服务的顾客,又包括了正在被服务的顾客。

例如,一队正在加油站排队等候加油的车队,他们与加油站构成一个排队系统。其中尚未轮到加油、依次排队等候的汽车行列称为排队,所谓"排队车辆"后"排队(等待)时间"都是仅指排队本身而言。如说"排队系统中的车辆"或"排队系统(逗留)时间",则把正在接受服务的车辆也包括在内,后者显然大于前者。

三、排队系统的组成部分

排队系统有三个组成部分:

1. 输入过程

输入过程,就是指各种类型的顾客按怎样的规律到来。常见的有如下几种输入过程:

(1)定长输入——顾客等时距到达。

(2)泊松输入——顾客到达符合泊松分布或顾客到达时距符合负指数分布过程,这种分布最容易处理,因而应用最广泛。

(3)爱尔朗输入——顾客到达时距符合爱尔朗分布。

2. 排队规则

排队规则,指到达的顾客按怎样的次序接受服务。常见的有以下几种排队规则:

(1)损失制——顾客到达时,若所有服务台均被占,该顾客就自动消失,永不再来。

(2)等待制——顾客到达时,若所有服务台均被占,它们就排成队伍,等待服务。服务次序有先到先服务(这是最通常的情形)和优先服务(如急救车、消防车等)等多种规则。

(3)混合制——顾客到达时,若队长小于某一定值 L,就排入队伍等候;若队长大于或等于 L,顾客就离去,永不再来。

3. 服务方式

服务方式,指同一时刻有多少服务台可接纳顾客,为每一顾客服务了多少时间。每次服务可以接待单个顾客,也可以成批接待,例如公共汽车一次就装载大批乘客。

服务时间的分布主要有以下几种:
(1) 定长分布服务——每一顾客的服务时间都相等。
(2) 负指数分布服务——各顾客的服务时间相互独立,服从相同的负指数分布。
(3) 爱尔朗分布服务——各顾客的服务时间相互独立,服从相同的爱尔朗分布。

为了以后叙述上的方便,引入下列记号:令 M 代表泊松输入或负指数分布服务,D 代表定长输入或定长服务,E_k 代表爱尔朗输入或服务,G 代表任意服务时间。按照排队理论通行的 Kendall 记号规则,$X/Y/Z$ 分别代表输入的间隔时间分布、服务时间的分布和服务台数目。一个泊松输入、负指数分布服务,N 个服务台的排队系统可以写成 $M/M/N$,泊松输入、定长服务、单个服务台的系统可以写成 $M/D/1$,泊松输入、任意服务时间、单个服务台的系统可以写成 $M/G/1$。同样,可以理解 $M/E_k/N$、$D/M/N$ 等记号的含义。如果考虑排队模型的系统容量限制和顾客源数目以及服务规则,还需在上述的模型后添加三项记号 $X/Y/Z/A/B/C$,感兴趣的读者可以参照专门的排队文献了解。如果不附其说明,本章的这种记号一般都指先到先服务、单个顾客服务台的等待制系统。

四、排队系统的主要数量指标

排队系统最重要的数量指标有 3 个,分别为等待时间、忙期和队长。
(1) 等待时间
从顾客到达时起至开始接受服务时为止的这段时间。
(2) 忙期
服务台连续繁忙的时期,这关系到服务台的工作强度。
(3) 队长
有排队顾客数与排队系统中顾客之分,这是排队系统提供的服务水平的一种衡量。

第二节 排队过程分析

由于输入过程、服务方式及服务台个数的不同,排队系统的类型也就多种多样,本节介绍两种典型的排队过程,即 $M/M/1$ 和 $M/M/N$ 排队系统,和一般服务时间的排队过程,如 $M/G/1$、$M/D/1$、$M/E_k/1$。如第一节所述,这里不再考虑系统容量限制、顾客源数目等问题,服务采取先到先服务的方式。

一、单通道服务系统

$M/M/1$ 系统为泊松输入、负指数分布,单个服务台的排队系统。
由于 $M/M/1$ 排队系统等待接受服务的通道只有单独一条,也叫"单通道服务"系统,见图 7-2-1。

图 7-2-1 单通道服务系统示意图

设顾客平均到达率为 λ,则到达的平均时距为 $1/\lambda$。排队从单通道接受服务后通过的平均服务率为 μ,则平均服务时间为 $1/\mu$。比率 $\rho = \lambda/\mu$ 称为服务强度或交通强度或利用系数,可确定各种状态的性质。所谓状态,指的是排队系统的顾客数。如果 $\rho < 1$(即 $\lambda < \mu$),并且时间充分,每个状态都按一定的非零概率反复出现。$\rho \geqslant 1$ 时,任何状态都是不稳定的,而排队长度将会变得越来越长。因此,要保持稳定状态即确保通道排队能够消散的条件是 $\rho < 1$。从简单的事件可以了解到排队系统的特性。

对于每一个单通道的排队系统,如果顾客随机达到且服从泊松分布,其平均到达率为 λ,即:在每个单位时间内有 λ 个顾客达到;系统的服务次数是独立的,服从平均服务为 μ 的指数分布。设 $p_n(t)$ 为排队系统在 t 时间内有 n 个顾客的概率。考虑在时间 $t + \Delta t$ 的情况,此处 Δt 很短促,以致在这段时间里只能有一个顾客可以到达或者离开这个系统,这样,在 Δt 期间的概率可以如下表述:

$\lambda \Delta t$ = 有一个顾客进入系统的概率;

$1 - \lambda \Delta t$ = 没有任何顾客进入系统的概率;

$\mu \Delta t$ = 有一个顾客离开系统的概率;

$1 - \mu \Delta t$ = 没有任何顾客离开系统的概率。

在 $t + \Delta t$ 时间里,该系统有 3 种方式可以到达 n 状态($n > 0$ 时):

(1)在时刻 t,系统处于 n 状态,在 Δt 时间内没有顾客到达或离去(在 Δt 时间内,同时到达和离去的概率认为为零)。

(2)在时刻 t,系统处于 $n - 1$ 状态,而在 Δt 时间内有一位顾客到达。

(3)在时刻 t,系统处于 $n + 1$ 状态,而在 Δt 时间内有一位顾客离去。

那么,在 $t + \Delta t$ 时刻,系统处于 n 状态的概率为:

Ⅰ. 当 $n \geqslant 1$ 时,

$$p_n(t + \Delta t) = p_n(t)[(1 - \lambda \Delta t)(1 - \mu \Delta t)] + P_{n-1}(t)[(\lambda \Delta t)(1 - \mu \Delta t)] + P_{n+1}(t)[(1 - \lambda \Delta t)(\mu \Delta t)] \tag{7-2-1}$$

展开并合并同类项得:

$$p_n(t + \Delta t) - P_n(t) = -p_n(t)(\mu + \lambda)\Delta t + P_{n-1}(t)\lambda \Delta t + P_{n+1}(t)\mu \Delta t + \mu\lambda(\Delta t)^2[P_n(t) - P_{n-1}(t) - P_{n+1}(t)]$$

略去二项无穷小,并除以 Δt,得:

$$\frac{P_n(t + \Delta t) - P_n(t)}{\Delta t} = \lambda P_{n-1}(t) - (\mu + \lambda)P_n(t) + \mu P_{n+1}(t)$$

设 $\Delta t \to 0$,得

$$\frac{dP_n(t)}{dt} = \lambda P_{n-1}(t) - (\mu + \lambda)P_n(t) + \mu P_{n+1}(t) \tag{7-2-2}$$

式中:$n = 1, 2, 3, \cdots$。

在 $t + \Delta t$ 时刻,使系统处于非零状态的概率,可以有以下两种方式:①在 t 时刻没有一个顾客等待,并且在 Δt 间隔内没有达到;②在 t 时刻有一个顾客到达,在 Δt 间隔内有一个顾客离去,而没有到达。用概率表示这些关系式:

$$P_0(t + \Delta t) = P_0(t)(1 - \lambda \Delta t) + P_1(t)[\mu \Delta t(1 - \lambda \Delta t)]$$

展开并合并同类项,略去二项无穷小的各项并除以 Δt:

$$\frac{P_0(t+\Delta t)-P_0(t)}{\Delta t}=\mu P_1(t)-\lambda P_0(t)$$

设 $\Delta t \to 0$,

$$\frac{dP_0(t)}{dt}=\mu P_1(t)-\lambda P_0(t) \tag{7-2-3}$$

当系统达到稳定状态(即当一定状态的概率,不随时间变化时),结果如下:
在时刻 t 的所有 n 值,

$$\frac{dP_n(t)}{dt}=0 \tag{7-2-4}$$

根据公式(7-2-2)~式(7-2-4)可以建立以下适合各种稳定状态的差分微分方程系统,得到的方程形式为:

Ⅱ. 当 $n>0$ 时,

$$\mu P_{n+1}(t)+\lambda P_{n-1}=(\lambda+\mu)P_n$$

Ⅲ. 当 $n=0$ 时,

$$\mu P_1=\lambda P_0 \tag{7-2-5}$$

式中,p_n 是当 $t\to\infty$ 时 $P_n(t)$ 的值。
前面的几个方程可整理如下:

$$\lambda P_0=\mu P_1 \tag{7-2-6}$$
$$\lambda P_0+\mu P_2=(\lambda+\mu)P_1 \tag{7-2-7}$$
$$\lambda P_1+\mu P_3=(\lambda+\mu)P_2 \tag{7-2-8}$$

联系到 $\rho=\lambda/\mu$,根据式(7-2-6),于是有 $P_1=\rho P_0$,带入式(7-2-7)和式(7-2-8)得:

$$P_2=(\rho+1)P_1-\rho P_0=\rho^2 P_0 \tag{7-2-9}$$
$$P_3=(\rho+1)P_2-\rho P_1=\rho^3 P_0 \tag{7-2-10}$$

…

当 $n\geqslant 1$ 时,上述公式可表示为:

$$P_n=\rho^n P_0 \tag{7-2-11}$$

因为所有的概率的总和为1,即

$$\sum_{n=0}^{\infty}P_n=1$$

若 $\rho<1$,则

$$1=P_0+\rho P_0+\rho^2 P_0+\cdots=P_0(1+\rho+\rho^2+\rho^3+\cdots)=P_0\left(\frac{1}{1-\rho}\right)$$

$$P_0=1-\rho \tag{7-2-12}$$

所以方程(7-2-11)可以先写成 $P_n=\rho^n(1-\rho)$。

(1)在系统中没有顾客的概率:

$$P(0)=1-\rho \tag{7-2-13}$$

(2)在系统中有 n 个顾客的概率:

$$P(n)=\rho^n(1-\rho) \tag{7-2-14}$$

(3)系统中的平均顾客数:

$$\bar{n}=\frac{\rho}{1-\rho} \tag{7-2-15}$$

(4)系统中的顾客数的方差：

$$\sigma = \frac{\rho}{(1-\rho)^2} \tag{7-2-16}$$

(5)平均排队长度：

$$\bar{q} = \frac{\rho^2}{1-\rho} = \rho \cdot \bar{n} = \bar{n} - \rho \tag{7-2-17}$$

(6)非零平均排队长度：

$$\bar{q}_w = \frac{1}{1-\rho} \tag{7-2-18}$$

(7)排队系统中的平均消耗时间：

$$\bar{d} = \frac{1}{\mu - \lambda} = \frac{\bar{n}}{\lambda} \tag{7-2-19}$$

(8)排队中的平均等待时间：

$$\bar{\omega} = \frac{\lambda}{\mu(\mu-\lambda)} = \bar{d} - \frac{1}{\mu} \tag{7-2-20}$$

例 7-2-1 某条道路上设一调查统计点，车辆到达该点是随机的，服从泊松分布，单向车流量为 800 辆/h。所有车辆到达该点要求停车领取 OD 调查卡，假设工作人员平均能在 4s 内处理一辆汽车，符合负指数分布，试估计在该点上排队系统中的平均车辆数、平均排队长度、非零平均排队长度、排队系统中的平均消耗时间以及排队中的平均等待时间。

解： 这是一个 $M/M/1$ 排队系统：

$$\lambda = 800 \text{veh/h}$$

$$\mu = \frac{1}{4} \text{辆/s} = 900 \text{veh/h}$$

$$\rho = \frac{\lambda}{\mu} = \frac{800}{900} = 0.89 < 1，系统是稳定的。$$

系统中的平均车辆数：

$$\bar{n} = \frac{\rho}{1-\rho} = \frac{\lambda}{\mu-\lambda} = \frac{800}{900-800} = 8(\text{veh})$$

平均排队长度：

$$\bar{q} = \bar{n} - \rho = 8 - 0.89 = 7.11(\text{veh})$$

非零平均排队长度：

$$\bar{q}_w = \frac{1}{1-\rho} = \frac{1}{1-0.89} = 9.09(\text{veh})$$

系统中的平均消耗时间：

$$\bar{d} = \frac{\bar{n}}{\lambda} = \frac{8}{800}(\text{h/veh}) = 0.01(\text{h/veh}) = 36\text{s/veh}$$

排队中的平均等待时间：

$$\bar{\omega} = \bar{d} - \frac{1}{\mu} = 36 - 4 = 32(\text{s/veh})$$

例 7-2-2 今有一个停车场，到达车辆是 60veh/h，服从泊松分布。停车场的服务能力为 100veh/h，服从负指数分布。其单一的出入道可存车 6veh，问该数量是否合适？

解:这是一个 $M/M/1$ 排队系统:
$$\lambda = 60\text{veh/h}, \mu = 100\text{veh/h}$$
$\rho = \lambda/\mu = 60/100 = 0.6 < 1$,系统是稳定的。

因为单一出入道可存车辆数为6辆,如果排队车辆超过6辆的概率 $P(>6)$ 很小(一般认为小于5%)则认为合适,反之则认为不合适。

$$P(0) = 1 - \rho = 1 - 0.6 = 0.4, P(1) = \rho(1-\rho) = 0.6 \times 0.4 = 0.24$$
$$P(2) = 0.6^2 \times 0.4 = 0.14, P(3) = 0.6^3 \times 0.4 = 0.09$$
$$P(4) = 0.6^4 \times 0.4 = 0.05, P(5) = 0.6^5 \times 0.4 = 0.03$$
$$P(6) = 0.6^6 \times 0.4 = 0.05$$
$$P(>6) = 1 - P(\leq 6) = 1 - \sum_{n=1}^{6} P(n) = 1 - 0.97 = 0.03$$

计算结果表明,排队车辆数超过6辆的可能性极小,故可认为该出入道的存车辆数是合适的。

二、多通道系统

在 $M/M/N$ 排队系统中,服务通道有 N 条,所以也叫"多通道服务"系统。

设 λ 为进入多通道服务系统顾客的平均到达率,排队行列从每个服务台接受服务后的平均输出率为 μ,则每个服务台的平均服务时间为 $1/\mu$,仍记 $\rho = \lambda/\mu$,ρ/N 则称为 $M/M/N$ 系统的服务强度或交通强度或利用系数,亦可称为饱和度。和 $M/M/1$ 相仿,当 $\rho/N < 1$ 时,系统是稳定的;而 $\rho/N \geq 1$ 时,系统的任何状态都不稳定,排队长度将趋向于无穷大。

$M/M/N$ 系统根据顾客排队方式的不同,又可分为单路排队多通道系统和多路排队多通道系统。

1. 单路排队多通道系统

指排成一个队等待数条通道服务的情况,排队中头一顾客可视为哪个通道有空就到哪里接受服务,如图7-2-2所示。

2. 多路排队多通道系统

指每个通道排一个队,每个通道只为其相对应的一队顾客服务,顾客不能随意换队,如图7-2-3所示。这种情况相当于由 N 个 $M/M/1$ 系统组成的系统,其计算公式亦由 $M/M/1$ 系统的计算公式确定。

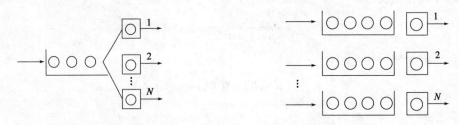

图7-2-2 单路排队多通道服务　　图7-2-3 多路排队多通道系统

对于单路排队多通道服务的 $M/M/N$ 系统,其计算公式如下:

系统中没有顾客的概率:

$$P(0) = \frac{1}{\sum_{k=0}^{N-1} \frac{\rho^k}{k!} + \frac{\rho^N}{N!} \cdot \frac{1}{(1-\rho/N)}} \quad (7\text{-}2\text{-}21)$$

系统中有 k 个顾客的概率：

$$p(k) = \begin{cases} \dfrac{\rho^k}{k!} \cdot P(0) & (k < N) \\ \dfrac{\rho^k}{N! \, N^{k-N}} P(0) & (k \geq N) \end{cases} \quad (7\text{-}2\text{-}22)$$

系统中的平均顾客数：

$$\bar{n} = \rho + \frac{\rho^{N+1}}{N! \, N} \cdot \frac{P(0)}{(1-\rho/N)^2} \quad (7\text{-}2\text{-}23)$$

平均排队长度：

$$\bar{q} = \bar{n} - \rho \quad (7\text{-}2\text{-}24)$$

系统中平均消耗的时间：

$$\bar{d} = \frac{\bar{q}}{\lambda} + \frac{1}{\mu} = \frac{\bar{n}}{\lambda} \quad (7\text{-}2\text{-}25)$$

排队中的平均等待时间：

$$\bar{\omega} = \frac{\bar{q}}{\lambda} \quad (7\text{-}2\text{-}26)$$

例 7-2-3 一个收费站，车辆到达率为 2400veh/h，车辆通过四个服务通道引向收费站，平均每辆车服务时间为 4s，服从负指数分布，试分别按多路多通道系统（4 个 M/M/1 系统）和单路多通道系统（M/M/N 系统）计算各相应指标。

解：(1) 按 4 个平行的 M/M/1 系统计算

根据题意，每个服务通道有它各自的排队车道，排队车辆不能从一个车道换到另一个车道上去。把总车流量四等分，就是引向每个通道的车流量，于是对每个通道有：

$$\lambda = \frac{\frac{2400}{4}}{3600} = \frac{1}{6}(\text{veh/h}), \mu = \frac{1}{5}(\text{veh/s})$$

$$\rho = \frac{\lambda}{\mu} = \frac{5}{6} < 1, \text{系统稳定}$$

$$\bar{n} = \frac{\rho}{1-\rho} = \frac{\frac{5}{6}}{1-\frac{5}{6}} = 5(\text{veh/h}), \bar{q} = \bar{n} - q = 5 - \frac{5}{6} = 4.17(\text{veh})$$

$$\bar{d} = \frac{\bar{n}}{\lambda} = \frac{5}{\frac{1}{6}} = 30(\text{s/veh}), \bar{\omega} = \bar{d} - \frac{1}{\mu} = 30 - 5 = 25(\text{s/veh})$$

而对于 4 个通道的系统：

$$\bar{n} = 5 \times 4 = 20(\text{辆}), \bar{q} = 4.17 \times 4 = 16.68(\text{辆})$$

$$\bar{d} = 30(\text{s/辆}), \bar{\omega} = 25(\text{s/辆})$$

(2) 按 M/M/4 系统计算

$$\lambda = \frac{2400}{3600} = \frac{2}{3}(\text{辆/s}), \mu = \frac{1}{5}(\text{辆/s})$$

$$\rho = \frac{\lambda}{\mu} = \frac{10}{3}, \frac{\rho}{N} = \frac{10}{3 \times 4} = \frac{5}{6} < 1, \text{系统稳定}$$

$$P(0) = \frac{1}{\sum_{k=0}^{3}\frac{\left(\frac{10}{3}\right)^k}{k!} + \frac{\left(\frac{10}{3}\right)^k}{4!\left(1-\frac{5}{6}\right)}} = \frac{1}{16.061 + 30.8642} = 0.0213$$

$$\bar{q} = \frac{\left(\frac{10}{3}\right)^n}{4! \times 4} \times \frac{0.0213}{\left(1-\frac{5}{6}\right)^2} = 3.3(\text{辆})$$

$$\bar{n} = \bar{q} - p = 3.3 + \frac{10}{3} = 6.6(\text{辆})$$

$$\bar{\omega} = \frac{\bar{q}}{\lambda} = \frac{3.3}{\frac{2}{3}} = 5(\text{s/辆})$$

$$\bar{d} = \frac{\bar{q}}{\lambda} = \frac{1}{\mu} = 5 + 5 = 10(\text{s/辆})$$

两种服务方式的相应指标对比如表 7-2-1 所示。

两种系统相应指标对比表　　　　　　　　　　表 7-2-1

服务指标	多路排队 M/M/1①	单路排队 M/M/4②	[(①-②)/①]×100%
系统中车辆数 $\bar{n}$	20 辆	6.6 辆	67
排队中车辆数 $\bar{q}$	16.68 辆	3.3 辆	80
系统中消耗时间 $\bar{d}$	30s/辆	10s/辆	67
排队中消耗时间 $\bar{\omega}$	25s/辆	5s/辆	80

通过比较可见,在相同通道数目的条件下,M/M/4 系统明显优于 4 个平行的 M/M/1 系统。原因在于 4 个平行的 M/M/1 系统表面到达车流量被分散,但实际受着排队车道与服务通道一一对应的束缚,如果某一通道由于某种原因拖长了为某车服务的时间,显然要增加在此通道后面排队车辆的等待时间,甚至会出现临近车道排队车辆后来居上的情形。而 M/M/4 系统就要灵活得多,排在第一位的车辆可视哪个服务台有空就到哪个服务台,避免了各服务台忙闲不均的情形,充分发挥了他们的服务能力,因而显得优越。

三、一般服务时间的排队模型

一般服务时间排队模型指具有泊松输入、一般分布的服务时间,系统容量和顾客源均无限制的单服务台排队系统。

1. M/G/1 排队系统

假设服务时间 μ 的期望值 $E(\mu)$ 和方差 $D(\mu)$ 存在,服务强度 $\rho = \lambda E(\mu) < 1$,则可以利用布莱切克—辛钦(Pollaczek-Khintchine,P-K)公式及里特公式求出系统运行指标:

$$L_s = \rho + \frac{\rho^2 + \lambda^2 D(\mu)}{2(1-\rho)} \tag{7-2-27}$$

$$W_s = \frac{L_s}{\lambda} \tag{7-2-28}$$

$$W_q = W_s - E(\mu) \tag{7-2-29}$$

$$L_q = \lambda W_q = L_s - \rho \tag{7-2-30}$$

其中 L_s 的计算公式称做 P-K 公式。它表明,只要知道服务时间 μ 的期望值和方差,而不管 μ 是服从什么分布,都可以求出系统的运行指标。

例 7-2-4 有一汽车冲洗台,汽车按平均 18 辆/h 的泊松流到达,冲洗时间 μ 的期望 $E(\mu) = 0.05 \text{h/veh}$,方差 $D(\mu) = 0.01 \text{h/veh}$,求系统的运行指标,并对系统进行评价。

解:此问题属于 $M/G/1$ 系统,$\lambda = 18$,$\rho = \lambda E(\mu) = 0.9$,$D(\mu) = 0.01$,于是有

$$L_q = \frac{0.9^2 + 18^2 \times 0.01}{2(1-0.9)} = 20.25 \,(\text{veh})$$

$$L_s = \rho + L_q = 20.25 + 0.9 = 21.15 \,(\text{veh})$$

$$W_s = \frac{L_s}{\lambda} = \frac{21.15}{18} = 1.175 \,(\text{h})$$

$$W_q = \frac{20.15}{18} = 1.125 \,(\text{h})$$

上述结果表明,该服务机构存在的突出问题是顾客的平均等待时间太长,是被服务时间的 $\frac{1.125}{0.05} = 22.5$ 倍。

2. $M/D/1$ 排队系统

作为 $M/G/1$ 系统的一种特殊形式,$M/D/1$ 系统表示泊松输入、定长服务时间以及系统容量和顾客源均无限制的单服务台排队系统。这里的服务时间 $\mu \equiv E(\mu)$,$D(\mu) = 0$,由 P-K 公式可得:

$$L_s = \rho + \frac{\rho^2}{2(1-\rho)},\; L_q = L_s - \rho = \frac{\rho^2}{2(1-\rho)}$$

$$W_s = \frac{L_s}{\lambda},\; W_q = \frac{L_q}{\lambda}$$

若记 $E(\mu) = 1/\mu$,则有

$$L_q = \frac{\lambda^2}{2\mu(\mu-\lambda)},\; W_q = \frac{\lambda}{2(\mu-\lambda)}$$

均为标准的 $M/M/1$ 系统相应运行指标的一半,可见系统内部越有规律越省时间。

3. $M/E_k/1$ 排队系统

本系统的服务时间 μ 服从 k 阶爱尔朗分布。其实际背景是服务机构由 k 个串联的服务台组成,顾客为接受服务必须经过全部 k 个服务台。每个服务台的服务时间 μ 均服从参数为 $k\mu$ 的负指数分布,则总共的服务时间 $\mu = \sum_{i=1}^{k} \mu_i$ 便服从 k 阶爱尔朗分布,且 $E(\mu) = \frac{1}{\mu}$,$D(\mu) = \frac{1}{k\mu^2}$。由 P-K 公式有

$$L_s = \rho + \frac{\lambda^2 \left(\frac{1}{\mu^2} + \frac{1}{k\mu^2}\right)}{2\left(1 - \frac{\lambda}{\mu}\right)} = \rho + \frac{(k+1)\rho^2}{2k(1-\rho)},\; \rho = \frac{\lambda}{\mu}$$

$$L_q = L_s - \rho = \frac{(k+1)\rho^2}{2k(1-\rho)}$$

$$W_s = \frac{L_s}{\lambda}, W_q = \frac{L_q}{\lambda}$$

【练习题】

1. 排队论的基本部分包括哪些？一般的排队理论计算要求符合哪些基本假设？

2. 排队论有哪些类别？不同排队模型的区别是什么？

3. 试用统计学方法证明：某个服务窗口的到达服从参数 $\lambda=1.6$ 的泊松分布，服务时间服从参数 $\mu=0.9$ 的负指数分布，该服务窗口能够提供正常服务。

4. 对某设备进行故障与修复测试，任意抽查 100 个测试小时，每小时产生故障的次数如习题 7-4 表 1 所示。又任意抽查了 100 个故障修复记录，每个故障修复所用的时间如习题 7-4 表 2 所示。

习题 7-4 表 1

故障产生次数	出现次数 f_1
0	9
1	25
2	33
3	15
4	10
5	6
6 次及以上（取 7）	2
合计	100

习题 7-4 表 2

修复时间（min）	出现次数 f_2
0～12	36
12～24	26
24～36	15
36～48	10
48～60	8
60～72	5
72 以上	0
合计（统计计算时取中值）	100

(1) 根据统计表，计算故障产生率和平均修复时间（修复服务率），说明修复工作是否能够及时完成。

(2) 假设故障产生率和服务率可以通过统计检验，分别服从泊松分布和负指数分布，根据排队论，计算排队等待修复设备数量（期望值）和设备平均修复时间（期望值）。

5. 某高速公路入口的收费站设有一个收费窗口，进入收费站的车流量为 300veh/h，车辆到达服从泊松分布。收费员平均每 10s 完成一次收费，服务时间符合负指数分布。试估计收费站排队系统的平均车辆数、平均排队长度、平均消耗时间及排队中的平均等待时间。

6. 某单位停车场采用人工收费，车辆到达服从泊松分布，平均每小时到达 20 辆车，收费员办理准入的时间服从负指数分布，平均需要 2min，求：

(1) 收费员的空闲概率；

(2) 至少有 1 台车辆等待的概率；

(3) 在停车场等待并办理入场的平均逗留时间；

(4) 车辆在入场前消耗 5min 以上的概率。

7. 某售票窗口有3个窗口,顾客的达到服从泊松分布,平均到达率为每0.9人/min,售票时间服从负指数分布,平均每人服务时间为2.5min。假设顾客到达后排成一队,依次在空闲的窗口购票,试分析该售票处:

(1) 是否能够正常提供购票服务;

(2) 整个购票处的空闲概率;

(3) 平均队长;

(4) 平均等待时间和逗留时间。

8. 一个车辆修理车间只有一台维修设施,来修理的车辆达到数服从泊松分布,平均每小时达到4辆,修理时间服从负指数分布,数学期望值是6min,方差 $\sigma^2 = 1/8$,求店内待修车辆的数量(期望值)。

第八章
元胞自动机模型

第一节 概 述

交通流理论的研究目标是建立能描述实际交通一般特性的交通流模型,寻找交通流动的基本规律,以揭示交通拥堵产生的机理。元胞自动机模型是在 20 世纪 80 年代提出,20 世纪 90 年代得到迅猛发展的一种新的交通流动力学模型。人们把元胞自动机理论应用于交通流的研究,采用离散的时空和状态变量,规定车辆运动的演化规则,并通过大量的样本平均来揭示交通运行规律。由于交通元素从本质上说是离散的,用元胞自动机理论来研究交通,就避免了离散—连续—离散的近似过程,因此其具有独特的优越性。与其他模型相比,元胞自动机模型在保留交通这一复杂系统的非线性行为和其他物理特征的同时,更易于计算机操作,并能灵活地修改其规则以考虑各种真实交通条件,如路障、高速公路出入匝道、驾驶人过度反应引起的随机慢化等。Wolfram 的 184 号规则可以看成最简单的元胞自动机交通流模型。在 20 世纪 90 年代,Nagel 和 Schreckenberg 提出著名的 NaSch 模型之后,元胞自动机交通流模型开始受到了各领域研究学者的广泛关注,并提出了诸多改进模型,使得元胞自动机交通流模型得到了长足的发展。

第二节 元胞自动机的定义、构成和特征

一、元胞自动机的物理定义

元胞自动机(cellular automata,CA)实质上是定义在一个具有离散、有限状态的元胞组成的元胞空间上,并按照一定的局部规则,在离散的时间维度上演化的动力学系统。

在元胞自动机中,空间被一定形式的规则网格分割为许多单元。这些规则网格中的每一个单元都称为元胞,并且它只能在有限的离散状态集中取值。所有的元胞遵循同样的作用规则,依据确定的局部规则进行更新。大量的元胞通过简单的相互作用而构成动态系统的演化。不同于一般的动力学模型,元胞自动机不由严格定义的物理方程或函数确定,而由一系列的演化规则构成。元胞自动机相当于传统物理学中近距离作用的"场",是场的离散化模型。元胞自动机的精神是利用大量的简单元件,通过简单的连接和简单的运算规则,在时空中并行地持续运行,以模拟出复杂而丰富的现象。

二、元胞自动机的构成

元胞自动机最基本的组成单位包括元胞、元胞空间、邻居及规则四个部分,另外还应包括元胞的状态。简单讲,元胞自动机可以视为由一个元胞空间和定义于该空间的变换函数所组成。

1. 元胞

元胞(cellular)又称为单元或基元,是元胞自动机的最基本的组成部分。元胞分布在离散的一维、二维或多维欧几里得空间的晶格点上。元胞的形状会随元胞空间划分的不同而不同。某一时刻,每个元胞只能有一个状态(status)。状态可以是$\{0,1\}$表示的二进制形式,也可以是$\{s_0,s_1,\cdots,s_i,\cdots,s_N\}$表示的整数形式离散集合。严格意义上,元胞自动机的元胞只能有一个状态变量。但在实际应用中,常常根据需要添加其他的状态变量。例如,在研究车辆交通的元胞自动机模型中,对于被车辆所占据的元胞,其参量还应包含车辆的位置、速度等变量。

2. 元胞空间

元胞所分布在空间上的网格点的集合就是我们所说的元胞空间。

理论上,它可以是任意维数的欧几里得空间的规则划分。目前的研究工作多集中在一维和二维元胞自动机上,三维及三维以上的元胞自动机的研究相对较少。对于一维元胞自动机,元胞空间的划分只有一种,即等距分段式而高维的元胞自动机,元胞空间的划分则可能有多种形式。对于最为常见的二维元胞自动机,二维元胞空间通常可按三角形、四方形或六边形三种网格排列,如图8-2-1所示。

这三种规则的元胞空间划分在构模时各有优缺点:

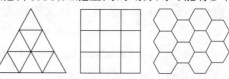

图8-2-1 元胞自动机空间的三种划分形式

（1）三角形网格的优点是拥有相对较少的邻域数目，这一点在某些时候很有用。而缺点是在计算机上表达和显示不方便，往往需要转换为四方网格。

（2）四边形网格的优点是直观而简单，而且特别适合于在现有计算机环境下进行表达和显示。其缺点是某些情况下不能较好地模拟各向同性的现象。

（3）六边形网格的优点是能较好地模拟各向同性的现象。其缺点同三角形网格一样，在计算机上表达和显示较为困难、复杂。

3. 邻居

按定义，元胞自动机演化规则是局部的，对指定元胞的状态进行更新时只需要知道其邻近元胞的状态。某一元胞状态更新时所要搜索的空间域叫做该元胞的邻居。原则上，对邻居的大小没有限制，只是所有元胞的邻居大小都要相同。而实际上往往只由邻接的元胞构成邻居，如果邻居太多，则演化规则的复杂性可能是无法接受的（规则的复杂性通常随邻居内元胞数量呈指数增长）。在一维元胞自动机中，通常以半径 r 来确定邻居，距离一个元胞 r 内的所有元胞均被认为是该元胞的邻居。二维元胞自动机的邻居定义较为复杂，但通常有以下几种形式（以最常用的规则四边形网格划分为例）：VonNeumann 型、Moore 型、扩展的 Moore 型和 Margolus 型。具体的邻居定义方式，限于篇幅这里不再赘述，有兴趣的读者可参阅相关文献。

4. 元胞空间的边界条件

实际上在模拟指定的元胞自动机演化规则时，不可能处理无限的网格，系统必须是有限的、有边界的。显然，属于元胞空间边界的网格点不具有其他内部格点一样的邻居。为了确定这些边界格点的行为，可以指定不同的演化规则，以考虑适当的邻居。即对边界格点的信息进行编码，并根据这些信息来选择不同的演化规则。按照这种方法，还可以定义几种具有完全不同行为的边界（图 8-2-2）。

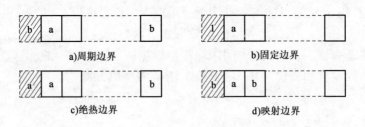

图 8-2-2　通过扩展邻居获得的几种边界条件

（1）周期边界（periodic boundary）：周期边界是指相对边界连接起来的元胞空间。对于一维空间，元胞空间表现为一个首尾相接的"圈"。对于二维空间，上下相接，左右相接，从而形成一个拓扑圆环面（torus），形似车胎。周期型空间与无限空间最为接近，因而在理论探讨时，常以此类空间作为实验，进行相关的理论分析和模拟。

（2）固定边界（constant boundary）：所有边界外元胞均取某一固定常量，如 0、1 等。

（3）绝热边界（adiabatic boundary）：边界外邻居元胞的状态始终和边界元胞的状态保持一致，即具有状态的零梯度。

（4）映射边界（reflective boundary）：在边界外邻居元胞的状态是以边界元胞为轴的镜面

反射。

图 8-2-2 中,阴影部分代表虚拟元胞,它附加在网格末端使得边界节点和内部节点一样具有完整的邻居结构(这里为左端边界)。

除上述几种外,还有其他一些边界处理方式,如道路交通流研究中常用的开口式边界等。需要指出的是,在实际应用中,尤其是二维或更高维数的模型构建时,各种类型的边界处理方式不是孤立的,它们之间可以相互结合。如在二维空间中,上边界可采用映射型,下边界可采用绝热型,而左右边界可采用周期型。具体采用哪几种处理方式,要根据所要解决问题的边界特征来进行合理选择。

5. 演化规则

演化规则就是根据元胞当前状态及其邻居状况确定下一时刻该元胞状态的动力学函数,简单讲,就是一个局部状态转移函数。

如元胞 i 的局部演化规则如下式所示:

$$f: S_i^{t+1} = f(S_i^t, S_N^t) \tag{8-2-1}$$

式中:f——状态转移函数(或局部演化规则);

S_N^t——t 时刻 i 元胞的邻居元胞的状态。

可以说,演化规则是元胞自动机的灵魂所在,一个元胞自动机模型是否成功,关键在于演化规则设计是否合理,是否真实反映出了客观事物内在的本质特征。演化规则的灵活性又使得元胞自动机在非常广的范围内得以应用。

三、元胞自动机的特征

从上述各种元胞自动机的构成及其演化规则上可以看出,经典元胞自动机的一般特征如下:

(1)同质性:元胞空间内的每个元胞的变化都服从相同的演化规则。

(2)齐性:元胞的分布方式相同,大小、形状相同,元胞空间划分整齐。

(3)并行性:各个元胞状态变化相对独立,相互影响局部化,因此特别适合于并行仿真。

(4)时空局部性:每一时刻每个元胞仅与其周围少数邻居相互影响,因此元胞自动机中信息传递速度有限。很多情况下,信息传递范围也有限。

(5)维数高:在动力系统中一般将变量的个数视为维数。如果将每个元胞的状态视为整个系统中的变量,则元胞自动机是一类高维甚至无穷维动力系统。

(6)复杂性:简单的元胞自动机演化规则往往可以产生极为复杂的构形,这为实际复杂系统的仿真分析提供了基础。

元胞自动机的价值及其丰富的内容源于其演化规则的内涵。一般情况下,直接在元胞水平上有清晰的动力学物理解释或直观解释;而像微分方程离散解这样的数值方法,是从更高层次的数学抽象到较简单的、易处理形式的映射结果。元胞自动机模拟的基本原理是按照反方向进行的。

在 1986 年,Cremer 和 Ludwig 初次将元胞自动机运用到车辆交通的研究中。由于交通元素从本质上来说是离散的,用元胞自动机理论来研究交通,就避免了离散—连续—离散的近似过程,因此有其独特的优越性。另外,20 世纪 80 年代以来,计算机水平日新月异的发展为元胞自动机的应用提供了强有力的支持。因此,在进入 20 世纪 90 年代后,元胞自动机在交通流理论研究领域中得到了广泛的应用。现有的元胞自动机交通流模型主要可以分为单车道元胞自动机模型、多车道元胞自动机模型、双向交通元胞自动机模型、城市路网元胞自动机模型等,下面分别对各个类别中的一些经典元胞自动机模型加以介绍。

第三节 单车道元胞自动机模型

一、184 号规则

最为基本的一维元胞自动机模型就是由 Wolfram 命名的 184 号规则。其演化规则为:如果在 t 时刻,一个元胞及其右侧邻居是黑色的,或者该元胞是白色的并且其左侧邻居是黑色的,那么该元胞就会在 $t+1$ 时刻取黑色;否则,该元胞取白色。我们将 184 号规则赋予车辆交通的含义:如图 8-3-1 所示,黑色代表元胞被一辆车所占据,白色表明该元胞上没有车辆。当 t 时刻一个元胞是空的而其左侧元胞有车时,$t+1$ 时刻,其左侧邻居上的车辆向右行驶,并占据该元胞;如果一个元胞上有车,而其右侧邻居也有车时,该元胞上的车辆因前方没有行驶空间而停留在原地不动。不难看出,对于 184 号规则,某一元胞 n 在下一时刻($t+1$)的状态(是否被车辆所占据),是由它本身 n 加上其前后两个元胞 $n+1$ 和 $n-1$ 共三个元胞在 t 时刻的状态所确定的。如果用 1 和 0 来表示某一元胞是否被车辆所占据,那么将图 8-3-1 中的 8 种情况的演化结果看成一个二进制数"10111000",转化为十进制数后即为 184。这正是 Wolfram 将此模型命名为"184 号规则"的原因所在。

图 8-3-1 Wolfram 184 号规则

图 8-3-2 是道路上有多车辆时的演化情况,可以看到,随着时间的演化,车辆自左向右行驶。

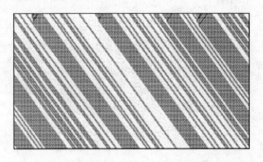

图 8-3-2 184 号规则的演化过程:初始状态为一些车辆随机分布在道路上

184 号规则虽然简单,却已经可以反映车流自由运动相和局部堵塞相之间的相变现象,并且该模型成为了后续一些重要交通模型(如 NaSch 模型和 BML 模型)发展的基础。

二、NaSch 模型

1992 年,Nagel 和 Schreckenberg 提出了著名的 NaSch 模型。与 184 号规则相比,NaSch 模型将车辆的最大速度扩展到了大于 1 的情况,并且引入了随机慢化。该模型具有 4 步并行更新规则。

(1) 加速：$v_n \rightarrow \min(v_n + 1, v_{\max})$。

(2) 减速：$v_n \rightarrow \min(v_n, d_n)$。

(3) 随机慢化：以随机概率 p 令 $v_n \rightarrow \max(v_n - 1, 0)$。

(4) 位置更新：$x_n \rightarrow x_n + v_n$。

其中，v_n、x_n 分别表示第 n 辆车的速度和位置；$l(l \geq 1)$ 为车辆长度；$d_n = x_{n+1} - x_n - l$，表示 n 车和前车 $n+1$ 之间空的元胞数；p 表示随机慢化概率；$v_{\max}$ 为最大速度。通常 NaSch 模型中参数 $l=1$，$v_{\max} =5$。规则(1)反映了司机倾向于以尽可能大的速度行驶的特点。规则(2)确保车辆不会与前车发生碰撞。规则(3)引入随机慢化来体现驾驶人的行为差异，这样既可以反映随机加速行为，又可以反映减速过程中的过度反应行为。这一规则也是堵塞自发产生的至关重要因素。NaSch 模型的演化过程可以参考图 8-3-3。

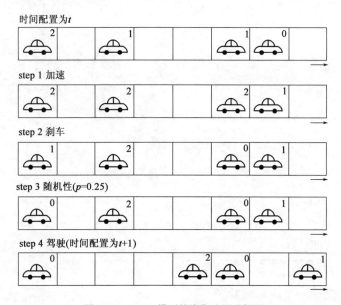

图 8-3-3　NaSch 模型的演化过程示意图

NaSch 模型虽然具有十分简单的形式，但却可以描述一些实际交通现象。比如 NaSch 模型可以模拟出自发产生的堵塞现象及拥挤交通情况下的时走时停波等。图 8-3-4 是周期性边界条件下，由 NaSch 模型模拟得到的不同时刻车辆在不同位置的时空图，其中的数字表示车的速度，0 对应于停止的车辆，点则表示在该位置上没有车。

图 8-3-5 是航测得到的车辆轨迹图，通过比较可以发现用 NaSch 模型得到的模拟结果和航测轨迹图非常相似，也就是说，NaSch 模型在一定的程度上可以模拟出实际的交通状况。

图 8-3-6 显示了 NaSch 模型的典型时空图，图 8-3-6a)为自由流，图 8-3-6b)是拥挤流，并产生了时走时停交通。图 8-3-7a)显示了 $v_{\max}$ 取不同值时的基本图，图 8-3-7b)显示了 p 取不同值时的基本图。流量取得最大值 $J_{\max}$ 时的密度对应临界密度 k_c，基本图被临界密度 k_c 划分为两个分支。当车辆密度小于临界密度 k_c 时，车流为自有流；当车辆密度大于临界密度 k_c 时，车流为拥挤流。由图 8-3-7a)可以看出，随着 $k_{\max}$ 的增大，最大流量 $J_{\max}$ 变大，临界密度 k_c 变小。由图 8-3-7b)可以看出，随着 p 的增大，最大流量 $J_{\max}$ 减小，临界密度 k_c 变小。

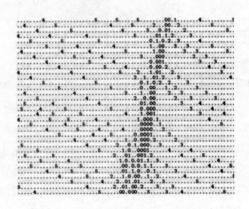
图 8-3-4　利用 NaSch 模型模拟得到车辆运动的时空图

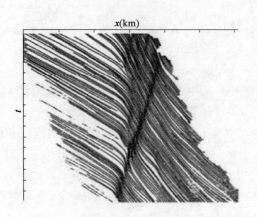
图 8-3-5　多车道高速公路的一条车道上的车辆的航测轨迹图

a) $k=0.08$

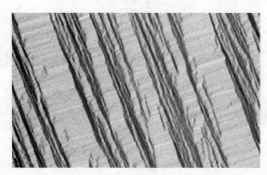
b) $k=0.25$

图 8-3-6　NaSch 模型典型时空图，模拟条件 $p=0.3$

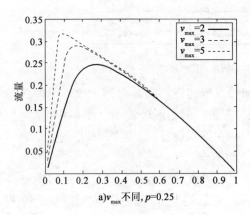
a) v_{max} 不同，$p=0.25$

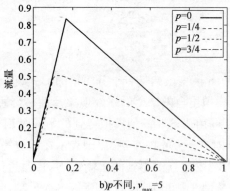
b) p 不同，$v_{max}=5$

图 8-3-7　NaSch 模型的基本图

NaSch 模型是可以重现道路交通流基本特性的一个最小化模型，四个规则缺一不可。如果要捕捉更为复杂的交通现象或考察更为复杂的交通条件，就需要添加新的规则。在交通实测中人们发现，交通流具有亚稳态、回滞以及同步流等复杂的交通现象和特征，为了能够模拟出这些现象，人们提出了各种各样的改进模型。在接下来的章节中我们将对一些比较典型的改进模型做详细介绍。

三、巡航控制极限模型

在巡航控制极限模型中,以最大速度 $v_{\max}$ 行驶的车辆将不受随机慢化作用的影响,这一点和巡航控制中车辆自动保持在最大速度的实际情况相一致。在该模型的更新过程中,其加速步、减速步及位置更新步和 NaSch 模型是完全相同的。不同之处是随机慢化步,在巡航控制极限模型中,随机慢化只对车速 $v < v_{\max}$ 的车辆起作用。为了将该种情况考虑进去,可以将 NaSch 模型的随机慢化步改写为通用形式。

以随机概率 p_c 进行慢化,令 $v_n \to \max(v_n - 1, 0)$,

$$p_c = \begin{cases} p_{\max} & (v_n = v_{\max}) \\ p & (v_n < v_{\max}) \end{cases} \tag{8-3-1}$$

当 $p_{\max} = p$,就是标准的 NaSch 模型;而在巡航驾驶极限模型中,$p_{\max} \to 0, p \neq 0$。

巡航驾驶极限模型中,当车流密度增加至一个临界值 k^* 时,车流突然从自由流状态转变为拥挤状态。临界密度 k^* 与慢化概率 p 和最大速度 $v_{\max}$ 密切相关。当 $p \neq 0$ 时,k^* 小于确定性条件下的临界密度 $k^{\det} = 1/(v_{\max} + 1)$;在给定 $v_{\max}$ 的情况下,k^* 会随着慢化概率 p 的减小而增大;而当 $p \to 0$ 时,$k^* \to k^{\det}$。基本图显示,在一定密度区域内存在亚稳态。

在该模型中,如果一组车辆中的每一辆车的瞬时速度均小于最大速度 $v_{\max}$,那么就认为该组车辆处于拥堵状态。对所有 $k < k^*$ 的情况,初始状态中的拥堵会随着时间的演化而逐渐消失,并且车辆趋向于以最大速度 $v_{\max}$ 行驶。因此在 $k < k^*$ 的密度范围内,车流量 $q = \rho v_{\max}$ 随着密度的增加而线性增加,这一点同 NaSch 模型的确定性情况是一样的。但是,不同于确定性 NaSch 模型的是,巡航驾驶极限模型在 $k^* < k < k^{\det}$ 密度范围内存在亚稳态。这里的亚稳态是指:在 $k^* < k < k^{\det}$ 范围内,如果初始条件合适,系统可以达到一种稳定的自由流状态(对应于图 8-3-8 上侧分支);在受到干扰后,系统会产生长期存在的拥堵,并使得车流量降低(对应于图 8-3-8 下侧分支)。对应所有 $k > k^{\det}$ 的情况,初始状态中的拥堵不会随着时间的演化而完全消失,车流量将随着密度的增加而线性减小。

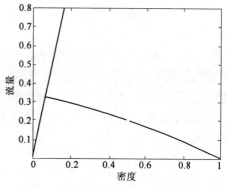

图 8-3-8 巡航控制极限模型基本图

假设在密度稍稍大于 k^* 时,系统中仅存在一个长度为 L_{jam} 含有 N_{jam} 辆车的堵塞。这样,由于在周期性边界条件下车辆数目 N 是守恒的,所以有:

$$N = k_{\mathrm{jam}} L_{\mathrm{jam}} + k_{\mathrm{out}}(L_{\mathrm{road}} - L_{\mathrm{jam}}) \tag{8-3-2}$$

式中:$k_{\mathrm{jam}} = N_{\mathrm{jam}}/L_{\mathrm{jam}}$,$k_{\mathrm{out}} = (N - N_{\mathrm{jam}})/(L_{\mathrm{road}} - L_{\mathrm{jam}})$——拥堵区和出流区的车流密度。

式(8-3-2)两边同时除以 L_{road} 可以得到:

$$k = k_{\mathrm{jam}} \frac{L_{\mathrm{jam}}}{L_{\mathrm{road}}} + k_{\mathrm{out}} \left(1 - \frac{L_{\mathrm{jam}}}{L_{\mathrm{road}}}\right) \tag{8-3-3}$$

由于在巡航驾驶极限模型中,当 $k \to k^*$ 时,堵塞一定会逐渐消失,因此可以断定 $k_{\mathrm{out}} = k^*$,也就是说堵塞出流区的平均密度等于系统的临界密度 k^*。

四、慢启动规则模型

比较典型的慢启动规则模型包括 TT 模型、BJH 模型和 VDR 模型。TT 模型和 BJH 模型通过改进 NaSch 模型的加速步实现慢启动,而 VDR 模型通过改进随机慢化步实现慢启动。慢启动规则的引入不仅可以模拟出亚稳态和回滞现象,而且在高密度区还可以模拟出相分离的现象。下面对比较常用的 TT 模型和 VDR 模型进行介绍。

1. TT 模型

M. Takayasu 和 H. Takayasu(TT)在 1993 年率先建议在 CA 模型中使用慢启动规则。本节主要介绍 Schadschneider 等人在 TT 模型基础上提出的一个扩展模型。这一扩展模型对 NaSch 模型的加速规则进行了修改,如果静止车辆前面恰好只有一个空元胞,那么该车概率 $q_t = 1 - p_t$ 加速,而对于其他所有情况,车辆均按确定性规则进行加速。其他更新过程均和 NaSch 模型完全一致。这一修改体现了车辆的慢启动特性。

考察确定性条件下的 TT 模型会对我们有所启发。当 $p_t = 0$ 时,TT 模型还原为 NaSch 模型;然而当 $p_t = 1$ 时,TT 模型又会体现出哪些特性呢?对后面这种确定性极限情况,一辆静止车辆的前面至少有两个空元胞时,它才有可能加速并向前行驶。显然,当 $k > 0.5$ 时,由于每辆车前面的平均空元胞数小于 2,所有系统中必然存在由静止车辆组成的堵塞带。

通过对比 TT 模型和 NaSch 模型的基本图,我们可以发现 TT 模型与 NaSch 模型有以下显著差异:

(1) 在同一密度下,TT 模型的车流量低于 NaSch 模型。
(2) 对应任意 v_{max} 取值,TT 模型均没有粒子空洞(Particle-Hole)对称性。
(3) TT 模型可以得到 NaSch 模型所没有的亚稳态和回滞现象(图 8-3-9)。

由于引入慢启动规则,堵塞出流的车辆间距要比 NaSch 模型中的大。由于远离堵塞的下游车流密度低于最大车流量所对应的密度,车辆可以在低密度区自由行驶,并且当慢化概率足够小时,在自由流区产生瞬时堵塞几乎是不可能的。因此,在全局密度(global density)比较大时,道路上同时存在着一个大的堵塞带和一个大的自由流区(图 8-3-10),也就是出现了相分离现象。

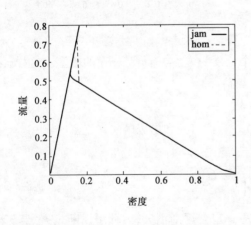

图 8-3-9 TT 模型的基本图($p = 0.01, p_t = 0.75$)

图 8-3-10 TT 模型时空图

2. VDR 模型

VDR 即 Velocity Dependent Randomization 的简写,同 NaSch 模型相比,VDR 模型中的随机慢化概率不再是固定不变的,而是车辆速度的函数,$p=p(v)$。在 NaSch 模型的基础上,需要添加一条规则来确定随机慢化概率:

$$p(v) = \begin{cases} p_0 & (v=0) \\ p & (v>0) \end{cases} \tag{8-3-4}$$

并且取 $p_0 > p$。这就意味着,在上一时刻静止的车辆在新时刻的随机慢化概率要大于上一时刻运动的车辆。

这一步需要放在加速的前面来执行,也就是说,随机慢化概率是由上一时刻更新结束后车辆的速度决定的。

图 8-3-11 给出了 VDR 模型的一个典型的基本图,可以看出:在一定的密度范围内,初始状态不同时一个密度点所对应的车流量也是不同的,也就是说存在着亚稳态。图 8-3-12 是 VDR 模型的一个典型的时空分布图,该图清晰地展示出:均匀亚稳态具有一定的生存寿命,在经过一定的时间演化后,该均匀态会逐渐衰退并导致相分离现象的发生。这种高密度下相分离状态的微观结构同 TT 模型和 BJH 模型中的情况定性相同,然而却同 NaSch 模型有着显著的差异。出现亚稳态和相分离的模型参数条件是:$p_0 \gg p, v_{\max} > 1$。$p \ll 1$,会导致堵塞区致密,而在自由流区很难有新的堵塞的产生。在 $v_{\max} = 1$ 的情况下,车辆随时都可能减速变成静止的状态,在自由流区也是如此,而这种静止车辆可能会引发堵塞。这就是为什么很多模型在 $v_{\max} = 1$ 的情况下不会产生回滞现象的原因。

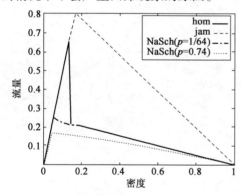

图 8-3-11 致密堵塞和均匀分布两种初始状态下得到的 VDR 模型的基本图($v_{\max} = 5, p = 1/64, p_0 = 0.75$)

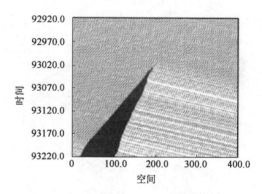

图 8-3-12 VDR 模型的典型时空分布图($v_{\max} = 5, p = 0.0, p_0 = 0.75, k = 0.2$)

上面对各种模型的慢启动规则的讨论结果都是通过计算机模拟周期性边界条件下的具有有限尺寸的系统得到的。讨论结果表明,这些模型的基本图都具备亚稳态和回滞的特征。那么,当系统的尺寸趋于热力学极限(即 $L \to \infty$)时结果又是如何呢?模拟结果表明:随着系统尺寸的增加,亚稳态密度区域逐渐减小。由此我们可以推测当 $L \to \infty$ 时,亚稳态密度区域消失,也就是说,在热力学极限下,基本图的下侧分支(由致密堵塞的初始状态得到的分支)是稳定的,而上侧分支(由均匀分布的初始状态得到的分支)不复存在。因而,只有在系统尺寸有限或在自由流区的车辆均确定性地(无随机干扰因素)运动的情况下,才会出现基本图中密度和流量不一一对应的现象。不过上述的讨论与交通实际是密切相关的,因为在实际系统尺度(比如 $L=10000$ 对应的实际道路长度是 75km)下观察到了回滞效应。

五、速度效应模型

以上模型中,有一个共同特征,在从 $t \to t+1$ 的时间步中,车辆速度更新规则只考虑了 t 时刻两车的距离,而没有记入前车运动的影响,即都把前车作为静止的粒子处理。由此造成模拟速度小于实际车辆速度,对伴有随机慢化的交通流,所得基本图的流量远小于实测数据。

为解决这一问题,李晓白等人提出了一个能近似考虑前车速度效应(velocity effect, VE)的模型。相对于 NaSch 模型,对减速步做了改进,加入了前车速度可能的影响。将减速步改为:

$$v_n \to \min(v_n, d_n + v'_{n+1})$$

其中,v'_{n+1} 是 $n+1$ 车在 $t \to t+1$ 时间步里的虚拟速度,其具体形式为:

$$v'_{n+1} = \min\{v_{\max}-1, v_{n+1}, \max(0, d_{n+1}-1)\} \tag{8-3-5}$$

该变量代表了前车在记入随机慢化效应后,按 NaSch 模型演化规则所能得到的最小可能速度。该式一方面考虑了前车的速度效应,另一方面又可确保在模型的更新过程中不会发生撞车。如果 $v'_{n+1}=0$,那么 VE 模型就退化为了 NaSch 模型。

按 VE 模型模拟,在存在交通噪声时($p>0$),得到的基本图较之 NaSch 模型更接近于观测数据(图 8-3-13);在无噪声时($p=0$),能得到亚稳态和滞后现象(图 8-3-14)。

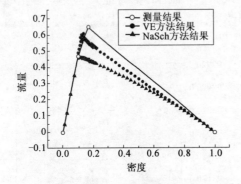

图 8-3-13 $p=0.3$ 时,VE 模型基本图和 NaSch 模型基本图与实测数据的比较

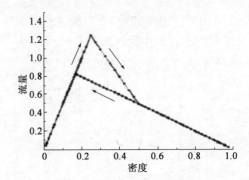

图 8-3-14 确定性 VE 模型下的滞后现象

六、KKW 模型

Kerner 通过对大量实测数据进行分析,发现了不同于自由流和运动堵塞的同步流状态,进而提出了三相交通流理论。2002 年,Kerner 等人提出了能够重现三相交通流典型特征的微观元胞自动机交通流模型,即 KKW 模型。该模型引入了车辆跟驰理论中车辆之间存在作用范围的概念。更新规则包括确定性和随机性两部分。

(1)确定性部分的规则是:

$$v_n(t_1) = \max\{0, \min[v_{\max}, v_{s,n}(t), v_{des}(t)]\} \quad (t<t_1<t+1) \tag{8-3-6}$$

首先采用式(8-3-6)计算求得一个确定性的速度。等式(8-3-6)右边的三个速度分别为车辆的最大速度 $v_{\max}$、当前时刻安全行驶速度 $v_{s,n}(t)$ 和期望速度 $v_{des}(t)$。$v_{s,n}(t)=d_n/\tau$,从而保证车辆不会发生碰撞(这里 τ 为时间步长)。与其他 CA 模型不同之处就在于其引入了 $v_{des}(t)$。

$$v_{\text{des}}(t) = \begin{cases} v_n(t) + a\tau & (d_n > D_n(v_n(t)) - l) \\ v_n(t) + a\tau \text{sgn}(v_{n+1}(t) - v_n(t)) & (d_n \leq D_n(v_n(t)) - l) \end{cases} \quad (8\text{-}3\text{-}7)$$

$v_{\text{des}}(t)$ 的引入使得车辆的加速行为更为复杂,如果车辆与前车之间的间距够大,即 $d_n > D_n(v_n(t)) - l$,就会以加速度 a 加速。如果前车在同步的作用范围之内,即 $d_n \leq D_n(v_n(t)) - l$,车辆就会根据前车的速度来调整自己当前的速度。也就是说,当大于前车速度时,车辆就会减速;小于前车速度时,就会加速。这里 $D(v)$ 表示同步的作用范围,其具有两种定义形式:

$$D(v) = D_0 + \alpha v_n \tau \quad (8\text{-}3\text{-}8)$$

为线性形式。

$$D(v) = D_0 + v_n \tau + \frac{\beta v_n^2}{2\alpha} \quad (8\text{-}3\text{-}9)$$

为非线性形式。式(8-3-7)中的函数 $\text{sgn}(x)$ 定义如下:

$$\text{sgn}(x) = \begin{cases} 1 & (x > 0) \\ 0 & (x = 0) \\ -1 & (x < 0) \end{cases} \quad (8\text{-}3\text{-}10)$$

(2) 随机更新规则如下:

$$v_n(t+1) = \max\{0, \min[v_n(t_1) + \alpha\tau\eta_n, v_n(t_1) + \alpha\tau, v_{\max}, v_{s,n}]\} \quad (8\text{-}3\text{-}11)$$

随机因素包含在 $v_n(t_1) + \alpha\tau\eta_n$ 中,其他参数保证车辆速度满足速度限制并且确保没有碰撞发生。随机扰动项 η_n 定义为:

$$\eta_n = \begin{cases} -1 & (r < p_b) \\ 1 & (p_b \leq r < p_b + p_a) \\ 0 & (\text{其他}) \end{cases} \quad (8\text{-}3\text{-}12)$$

r 表示均匀分布在 0 和 1 之间的随机数。车辆不仅会以概率 p_b 减速,而且还会以概率 p_a 加速,同时满足条件 $p_b + p_a \leq 1$。p_b 和 p_a 都是由车辆当前的速度决定的。

$$p_b(v_n) = \begin{cases} p_0 & (v_n = 0) \\ p & (v_n > 0) \end{cases} \quad (8\text{-}3\text{-}13)$$

其中,p 和 p_0 为常数,并且满足 $p_0 > p$。这类似于 VDR 模型中的慢启动规则。随机加速的概率 p_a 由下式确定:

$$p_a(v_n) = \begin{cases} p_{a1} & (v_n < v_p) \\ p_{a2} & (v_n \geq v_p) \end{cases} \quad (8\text{-}3\text{-}14)$$

v_p、p_{a1} 和 p_{a2} 为常数,满足 $p_{a1} < p_{a2}$。这样就能够模拟在高密度下低速行驶的车辆倾向于紧跟在前车的后面的现象。根据式(8-3-6)~式(8-3-10),式(8-3-12)和式(8-3-13),如果随机加速的概率 p_a 比较大,那么车辆根据其前车调整速度的效果将被减弱。因为车辆将以概率 p_a 一直保持不减速,直到达到最小的安全车距。这种减小车头距的倾向就会导致同步流中的收缩效应。在车流速度比较低的同步流中这种自收缩造成了自发的运动堵塞。

在 KKW 模型中,元胞长度为 0.5m,每个车辆占据 15 个元胞,即 $l = 15$。车辆最大速度 $v_{\max} = 108\text{km/h} = 60$ 元胞/s,每个演化时间步对应 1s,即 $\tau = 1$。根据参数定义形式的不同,Kerner 等给出了 4 种不同形式的 KKW 模型(表 8-3-1),各模型参数的选取如表 8-3-2 所示。

不同模型的定义 KKW-1 ~ KKW-4 表 8-3-1

KKW 模型动态演化部分
$\tilde{v}_{n+1} = \max\{0, \min(v_{\text{free}}, v_{s,n}, v_{c,n})\}, g_n = x_{n+1} - x_n - d$ $v_{s,n} = g_n/\tau, v_{c,n} = \begin{cases} v_n + \alpha\tau & \text{for} \quad g_n > D_n - d \\ v_n + \alpha\tau\text{sign}(v_{n+1} - v_n) & \text{for} \quad g_n \leq D_n - d \end{cases}$ v_{free}, d, τ 和 α 是常数
KKW 模型随机演化部分
$v_{n+1} = \max\{0, \min(\tilde{v}_{n+1} + \alpha\tau\eta_n, v_n + \alpha\tau, v_{\text{free}}, v_{s,n})\}, x_{n+1} = x_n + v_{n+1}\tau$ $\eta_n = \begin{cases} -1, & r < p_b \\ 1, & p_b \leq r \leq p_b + p_a \\ 0, & \text{其他} \end{cases}$
各模型中的同步距离 D_n 和随机噪声 η_n
KKW-1 模型 $D_n = d + \alpha v_n \tau, p_b(v_n) = \begin{cases} p_0, & v_n = 0 \\ p, & v_n > 0 \end{cases}, p_a(v_n) = \begin{cases} p_{a1}, & v_n < v_p \\ p_{a2}, & v_n \geq v_p \end{cases}$ $\alpha, p_0, p, p_{a1}, p_{a2}, v_p$ 是常数
KKW-2 模型 $D_n = d + v_n \tau + \beta v_n^2/2\alpha, p_b(v_n) = \begin{cases} p_0, & v_n = 0 \\ p, & v_n > 0 \end{cases}$ β, p_0, p, p_a 是常数
KKW-3 模型 $D_n = d + v_n \tau + \beta v_n^2/2\alpha, p_b(v_n) = \begin{cases} p_0, & v_n = 0 \\ p, & 0 < v_n < v_{\text{free}} \\ 0, & v_n = v_{\text{free}} \end{cases}$ $p_a = 0, \beta, p_0, p$ 是常数
KKW-4 模型 $D_n = d_1 + \alpha v_n \tau, p_b(v_n) = \begin{cases} p_0, & v_n = 0 \\ p, & v_n > 0 \end{cases}$ $d_1 < d, \alpha = 0, p_0, p, p_a$ 是常数

模 型 参 数 表 8-3-2

KKW 模型通用参数及其取值情况	
离散参量	$\tau = 1\text{s}, \delta x = 0.5\text{m}, \delta v = \delta x/\tau = 1.8\text{km/h}, \alpha = \delta v/\tau = 0.5\text{m/s}^2$
模型参数	$v_{\text{free}} = 108\text{km/h} = 60\delta v, d = 7.5\text{m} = 15\delta x, p_0 = 0.425$
KKW-1 模型	
通用参数	$\alpha = 2.25, v_p = 50.4\text{km/h} = 28\delta v, p_{a1} = 0.2$
第一组参数模型结果	$p = 0.04, p_{a2} = 0.052$ $q_{\max} \approx 2400\text{veh/h}, q_{\lim}^{(\text{pinch})} \approx 1150\text{veh/h}$
第二组参数模型结果	$p = 0.055, p_{a2} = 0.085$ $q_{\max} \approx 2630\text{veh/h}, q_{\lim}^{(\text{pinch})} \approx 1000\text{veh/h}$

续上表

KKW 模型通用参数及其取值情况	
KKW-2 模型	
模型参数模型结果	$p=0.04$, $p_{a2}=0.052$, $\beta=0.05$ $q_{\max}\approx 2400\text{veh/h}$, $q_{\lim}^{(\text{pinch})}\approx 1150\text{veh/h}$
KKW-3 模型	
模型参数模型结果	$p=0.04$, $\beta=0.05$ $q_{\max}\approx 1460\text{veh/h}$, $q_{\lim}^{(\text{pinch})}\approx 1150\text{veh/h}$
KKW-4 模型	
模型参数	$d_1=2.5\text{m}=5\delta x$, $\alpha=2.55$, $p=0.04$, $p_a=0.052$

如果只考虑确定性更新规则部分，KKW 模型的基本图中稳定状态分布在二维区域之内。在稳定状态下，所有车辆的加速度为 0，并且具有相同的速度和车头距。因此可以省略各参量的下标。根据式(8-3-6)和式(8-3-7)，有两种可能：车头距 d 大于同步作用范围 $D(v)-l$，车辆速度 $v=v_{\max}$；或者：

$$\begin{cases} d \leqslant D(v)-l \\ v \leqslant \min(v_{\max}, v_{s,n}) \end{cases} \tag{8-3-15}$$

密度 k 和流量 q 可以用车头距 d 和速度 v 来表示：

$$\begin{cases} k = \dfrac{1}{(d+l)} \\ q = kv = \dfrac{v}{(d+l)} \end{cases} \tag{8-3-16}$$

不等式(8-3-15)在基本图中确定了一块二维稳定区域。其边界由三条线确定：上边界线 U、下边界线 B 和左边界线 F。左边界线 F 由 $q=kv_{\max}$ 确定。此时处于自由流，流量与密度呈线性关系，不受安全条件的限制。在上边界线 U，流量受到安全速度 $v_{s,n}$ 的约束时

$$q = kv_{s,n} = \frac{1-kl}{\tau} \tag{8-3-17}$$

下边界线 B 由同步作用范围 $D(v)$ 确定：$D(v)=1/k$, $v<v_{\max}$，如果采用式(8-3-8)得

$$q = \frac{1-pl}{\alpha\tau} \tag{8-3-18}$$

如果采用非线性形式[式(8-3-9)]得

$$\begin{cases} q = \bar{k}\left(\sqrt{1+\dfrac{2}{\bar{k}}(1-kl)}-1\right) \\ \bar{k} = \dfrac{k\tau^2\alpha}{\beta} \end{cases} \tag{8-3-19}$$

相应得到的流量密度关系图中的二维稳定区域分别如图 8-3-15a)和 b)所示。

七、其他单车道 CA 模型

除了前面介绍的比较典型的道路交通流的 CA 模型，还有许多重要模型值得我们去探讨，比如 Fukui-Ishibashi 提出的基于一步加速的 FI 模型；Knospe 提出的基于刹车灯规则的 BL 模

型;姜锐等人提出的改进的舒服驾驶(MCD)模型;Emmerich 和 Rank 将跟驰理论中优化速度(optimal velocity,OV)模型的思想引入元胞自动机模型中,构建了 OV 模型的 CA 版本;Lee 等人提出的考虑减速限制的 CA 模型;庄倩等人提出的改进加权概率的 CA 模型;田钧方等人提出的考虑分步加、减速度的 CA 模型;董立耘等人及李克平分别提出的基于车辆跟驰模型的 CA 模型;薛郁等人提出的敏感驾驶的 NaSch 模型、元胞自动机两层交通流模型;姜锐等人提出的考虑到反应延迟效应的 CA 模型等。对这些模型的具体规则这里不再详细介绍,有兴趣的读者可以参阅相关文献。

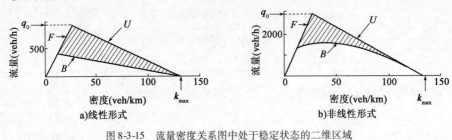

图 8-3-15　流量密度关系图中处于稳定状态的二维区域

第四节　单向多车道元胞自动机模型

Nagatani 首先利用一个完全确定性的规则考察了 $v_{max}=1$ 的双车道系统。在他给出的规则中,车辆在一个时间步内要么换道要么向前行驶。Rickert 等人和 Chowdhury 等人分别在 1996 年和 1997 年,通过引入一套换道规则,将单车道的 NaSch 模型扩展到双车道系统中。针对于车道而言,换道规则可以是对称型的,也可以是非对称型的;而针对于不同车型(系统由具有不同最大速度的多种类型的车辆组成),换道规则也可以是对称型或非对称型的。如果采用对称型换道规则,那么车辆的换道策略就与车辆换道的方向无关,即从左至右与从右至左都是一样的(美国的高速公路基本上就属于此类)。同样,非对称换道也受到了人们的关注。换道规则的非对称性通常有两种表现形式:

(1)在车流密度比较小时,车辆倾向于在左道上行驶,即左道为默认道。

(2)右道上的车辆被禁止超车(比如,德国的高速公路就是如此)。

这一切都可以通过调整元胞自动机模型的部分规则细节得以实现,充分体现了 CA 模型的灵活性。数值模拟表明,换道规则细节的不同可能会引起模型结果有显著的差异。

双车道元胞自动机模型实施过程中,一般是把每个时间步划分为两个子时间步:在第一个子步内,车辆按照换道规则进行换道;在第二个子步中,车辆在两条车道上按照单车道的更新规则进行更新。通常驾驶人在换道时是由某些动机来驱使的,而换道动机通常是由两部分组成的:①旁道上的行驶条件比本道要好;②车辆在本道上无法按照期望速度行驶。

实现换道必须满足两个前提条件:①换道动机,即本车是不是想换道;②安全条件,即如果本车要换道,对自身及其他车辆是不是安全的,也就是要保证不发生撞车。

基于上述的情况,Rickert 等人率先提出了一套换道规则。他们认为,当车辆满足下面的条件时就可以进行换道:

(C1) $d_n < d$

(C2) $d_{n,\text{other}} > d_0$

(C3) $d_{n,\text{back}} > d_b$

(C4) $\text{rand}() < p_{\text{change}}$

这里 d_n、$d_{n,\text{other}}$ 分别表示第 n 辆车与本道和旁道上前车之间空的元胞数目；$d_{n,\text{back}}$ 表示与旁道上后车之间空的元胞数目；d、d_0、d_b 和 p_{change} 分别为换道规则的特定参数；$\text{rand}()$ 则表示在 $[0,1]$ 之间取随机数。

条件(C1)是一个动机标准：车辆 n 与前车之间的距离不足够大，这样车辆 n 就会有换道的打算，通常参数 d 用式 $d = \min(v, v_{\max})$ 来确定。在条件(C2)中则会检查旁道上的行驶条件是不是更好，通常取 $d_0 = d_n$。条件(C3)则是为了确保车辆 n 和旁道上的后车之间保持一个安全距离，Rickert 等人建议取 $d_b = v_{\max}$。即使是换道动机和安全条件均已满足，车辆 n 也只能以一定的概率 p_{change} 进行换道。之所以这样做，一方面是更加切合实际，另一方面可以部分消除乒乓换道的发生。

自此以后，人们提出了各种各样的换道规则：有对称型的，也有非对称型的；有的规则对换道的要求比较苛刻，有的则比较宽松。Nagel 等人对一些主要文献中的换道规则进行了归纳和总结。本节将通过比较分析 Chowdhury 等人提出的双车道模型和贾斌等人提出的考虑鸣笛效应的双车道模型，来介绍单向双车道元胞自动机交通流模型。

1997 年 Chowdhury 等人以单车道的 NaSch 模型为基础，通过引入一套车辆换道规则构造了一个对称的双车道元胞自动机模型（在本书中将其称为双车道 NaSch 模型，简称 STNS 模型），并首先对由快、慢车组成的混合交通系统进行了研究，其换道规则如下式所示。

换道动机：
$$d_n < \min(v_n + 1, v_{\max}), d_{n,\text{other}} > d_n \tag{8-4-1}$$

安全条件：
$$d_{n,\text{back}} > d_{\text{safe}} \tag{8-4-2}$$

式中： d_{safe}——确保不会发生撞车的安全距离；

$d_n < \min(v_n + 1, v_{\max})$——车辆在本道上不能按期望的速度行驶；

$d_{n,\text{other}} > d_n$——旁道上的行驶条件要比本道好。

该模型在模拟均匀交通系统时取得了比较好的效果，但是在模拟非均匀的混合交通的过程中，人们发现该对称模型存在着一个问题：系统中慢车的作用被夸大了，即使系统中只有很少量的慢车，比如两辆并排行驶的慢车，在其后面就会形成非常严重的排队现象，并且会维持较长的时间，如图 8-4-1 所示。

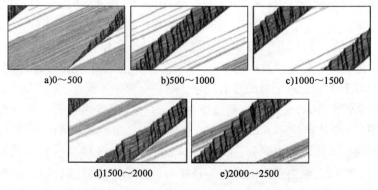

图 8-4-1 系统中有两辆并排行驶的慢车时，STNS 模型的车辆时空演化过程

因为左右两条车道上车辆的时空演化是非常相似的,所以这里只给出了右道的情况。自下向上为时间的演化方向,自左至右是车辆行驶的方向。系统的密度 $k=0.025$,初始状态为:在道路中间位置两辆慢车在两条车道上并排行驶,其余车辆随机分布,模拟中采用了周期性边界条件。可以看到:系统中很快就形成了排队现象,并且系统在运行了2500个时间步后,该现象仍然没有消除。

然而,根据我们的日常经验,当一辆快车被慢车所阻挡时,快车的驾驶人有可能鸣笛(按喇叭)来催促慢车给其让道。基于这种日常生活中的现实情况,贾斌等人对 Chowdhury 提出的换道规则进行了改进,提出了 H-STNS 模型。下面对 STNS 模型和 H-STNS 模型加以对比,进行详细的探讨。先介绍一下考虑鸣笛效应的换道规则:

$$\begin{cases} h_{n-1}=1 \\ d_n \geqslant \min(v_n+1,v_{\max}) \\ d_{n,\text{other}} \geqslant \min(v_n+1,v_{\max}) \\ d_{n,\text{back}} > d_{\text{safe}} \end{cases} \quad (8\text{-}4\text{-}3)$$

如果车辆 n 满足式(8-4-3)或式(8-4-1)和式(8-4-2)的所有条件,那么该车就以概率 b_{change} 换至另一条车道上。这里,h_{n-1} 是第 $n-1$ 辆车的鸣笛状态:$h_{n-1}=1$ 表示该车鸣笛;$h_{n-1}=0$ 则表示该车没有鸣笛。该状态函数是由下式决定的:

$$h_{n-1}=\begin{cases} 1: \begin{array}{l} \text{if } d_{n-1}<\min(v_{n-1}+1,v_{\max}) \\ \text{and}(d_{n-1,\text{other}} \leqslant d_{n-1} \text{ or } d_{n-1,\text{back}} \leqslant d_{\text{safe}}) \\ \text{and}(\text{rand}()<p) \end{array} \\ 0: \text{其他情况} \end{cases} \quad (8\text{-}4\text{-}4)$$

也就是说第 $n-1$ 辆车受到了前车的阻挡但又无法换道时,它将以概率 p_1 鸣笛($p_1<1$ 表示并不是所有的司机在这种情况下都会鸣笛。为简单起见,在本章的模拟中均取 $p_1=1$)。根据新的换道规则可将换道划分为两种类型:主动换道和被动换道。主动换道规则和 STNS 模型的换道规则是完全一样的。在被动换道规则[式(8-4-3)]中引入了鸣笛效应,式中 $h_{n-1}=1$ 是一个换道动机,即我阻挡了后方车辆,$d_n \geqslant \min(v_n+1,v_{\max})$ 和 $d_{n,\text{other}} \geqslant \min(v_n+1,v_{\max})$ 表示我在两条车道上都可以按照期望速度向前行驶,也就是说,如果换道后影响到了我的车速,我是不会给后面的鸣笛车让道的;$d_{n,\text{back}}>d_{\text{safe}}$ 仍然是保证不会发生撞车的安全条件。

接下来,我们将用 STNS 模型和 H-STNS 模型考察非均匀系统的交通行为。这里的非均匀系统是由不同车速的车辆,比如载重货车(慢车)和小汽车(快车)所组成的。假定车辆除车速之外的其他性质都是一致的。因此在模拟过程中使用了两个特征上限速度:$v_{\max}^{\text{f}}=5$ 和 $v_{\max}^{\text{s}}=3$(对应的实际车速分别为 135km/h 和 81km/h),来标识快车和慢车的差别。将慢车在所有车辆中所占的比例记为 R。模型参数取为 $p=0.3$,$d_{\text{safe}}=v_{\max}^{\text{f}}$,模拟过程中采用周期性边界条件。每个元胞仍然对应于 7.5m,每个时间步对应于 1s。

作为一个预备性工作,首先考察鸣笛效应在均匀系统(系统内只有一种类型的车辆存在)中的作用。在图 8-4-2 中给出了 $R=0$(所有的车辆都为快车)和 $R=1$(所有的车辆都为慢车)两种情况下系统的基本图。可以看到,由 STNS 模型和 H-STNS 模型得到的结果非常相似,几乎完全重合在一起。这表明当道路上只有一种类型的车辆存在时,鸣笛效应对提高道路流量是不起作用的。另外基本图中还体现了一个已被大家所共识的结果:STN 和 H-STNS 模型得到的每条车道上的最大流量要高于相应的单车道模型中的值。

在慢车比例 $R = 0.05$ 条件下,由 STNS 模型和 H-STNS 模型得到的基本图被展示在图 8-4-3 中。同时,为了便于对比,将 $R = 1$ 和 $R = 0$ 时的基本图也画在图 8-4-3 中。

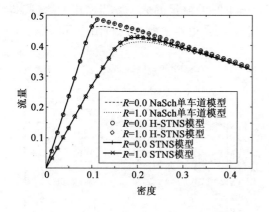 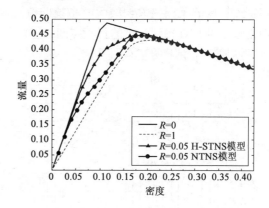

图 8-4-2 均匀系统下双车道和单车道模型得到的基本图　　图 8-4-3 慢车比例 $R = 0.05$ 时两种模型下的基本图

我们首先看一下 STNS 模型的情况。当车辆密度非常小时,快车可以比较容易地超越慢车,因此混合交通的流量因为慢车的比例非常小而基本上等于纯快车($R = 0$)的流量。但是,随着密度的不断增加,STNS 模型的基本图开始偏离 $R = 0$ 时的基本图而向 $R = 1$ 时的基本图弯曲。这是因为慢车在道路上形成了"塞子"(plug),从而阻碍了后方车辆的顺畅行驶(图 8-4-4)。

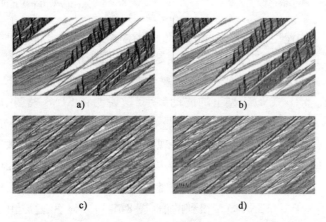

图 8-4-4 $R = 0.05, k = 0.075$ 时不同模型得到的时空演化图

正如 Knospe 等人指出的,在系统中构成一个塞子并不一定需要两辆慢车并排行驶。即使是分别行驶在左右车道上的两辆慢车之间有一定的距离,也可以将跟随的车辆完全阻挡在身后而在道路上形成塞子,如图 8-4-5 所示。图 8-4-5a)为由两辆并排行驶的慢车形成的塞子,这在 STNS 和 H-STNS 模型中都是可以比较稳定地存在的;图 8-4-5b)为两辆慢车相距 6 个元胞时形成的塞子。它在 STNS 模型中是稳定的;但是在 H-STNS 模型中,这个塞子会在下一个时间步中变成图 8-4-5c)所示的状况,进而消失;图 8-4-5c)中慢车 A2 从右道换道至左道上,塞子消除。图中的车辆从左向右行驶,A 代表慢车,B 代表快车。在密度比较小时,一方面道路上的自由空间比较多,另一方面慢车的数量也很少,因此形成塞子的概率很小,起不到明

显的作用。然而,随着密度的逐渐增加,道路上自由空间减少而慢车的数目却在增加,这就使得塞子形成的概率不断增加,因此系统的基本图逐渐偏离 $R=0$,而向 $R=1$ 靠近。不过,尽管塞子可以存在较长的时间,但是它最终还是可以在有限的时间内消散的(图 8-4-6)。这也是在密度较低的范围内 $R=0.05$ 时系统的流量高于 $R=1$ 时的流量的原因。当密度很大时,即使是慢车也很难找到充裕的行驶空间,这样系统的流量仅受道路上剩余的自由空间限制。因此不同慢车比例下的基本图重合在一起。

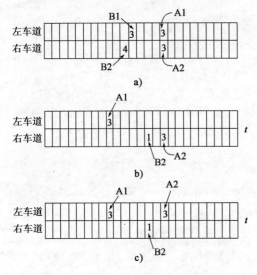
图 8-4-5 塞子的形成

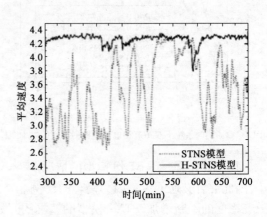
图 8-4-6 系统的车辆平均速度随时间的演化过程

当塞子形成时,平均速度会随着时间的演化而不断减小;当塞子消除时,平均速度又会随着时间的演化而增加。可以发现,平均速度在 STNS 模型中的波动幅度要远远大于它在 H-STNS模型中的情况,这暗示了在 STNS 模型中塞子的寿命要长得多。另外,STNS 模型下速度的波动频率明显要高于 H-STNS 模型下的波动频率,这说明在 STNS 模型中,塞子形成的概率要高得多。

接下来我们考察车辆在 H-STNS 模型下表现出的行为。在小密度和大密度范围下,用 H-STNS 模型得到的流量和用 STNS 模型得到的结果是一致的。在中间密度范围内,系统流量仍然偏离 $R=0$ 的基本图,这也是由于塞子的形成造成的。但是,在同一密度下,由 H-STNS 模型得到的交通流量要明显高于 STNS 模型得到的值(图 8-4-3)。显然,这是由于鸣笛效应的引入而造成的。

由于鸣笛效应的引入,许多在 STNS 模型下寿命很长的塞子在 H-STNS 模型中会非常迅速地消除。比如图 8-4-5 所示的情况。很显然,图 8-4-5b)所示的塞子在 STNS 模型中是相当稳定的。但是在 H-STNS 模型中,车辆 B2 受到车辆 A2 的阻挡而无法换道,这时该车的驾驶人就会采取鸣笛的措施来催促 A2 给他让道。而听到后车的喇叭声后,车辆 A2 的司机就会换到左道上给 B2 让开通路,塞子也随之解除。这样在下一个时间步就变成了如图 8-4-5c)所示的状态。因此,从严格意义上来讲,图 8-4-5b)所示的情况在 H-STNS 模型中并不是一个真正的塞子。

在 H-STNS 模型中仍然存在着一些寿命较长的塞子,如图 8-4-5a)所示的情况。但是,对照图 8-4-7 和图 8-4-4,我们可以发现,由两辆并肩行驶的慢车所形成的塞子,在 H-STNS 模型下存在的时间要比其在 STNS 模型下存在的时间短得多;在 STNS 模型下,经过 2500 个时间步的演化后塞子仍然存在;而在 H-STNS 模型下,仅过了 1000 多个时间步塞子就基本消失了。

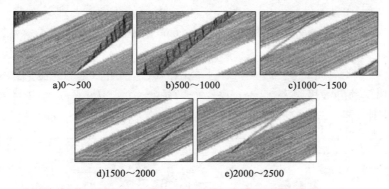

图 8-4-7　系统中有两辆并排行驶的慢车时 H-STNS 模型下右道上的车辆的时空演化过程

总之,在中间密度范围内,无论是生成塞子的概率还是塞子存在的时间,H-STNS 模型中的都远远低于 STNS 模型中的(图 8-4-4、图 8-4-6)。因此在此密度范围内,H-STNS 模型得到的车流量要高一些。

由于下列的原因,在非对称的双车道模型中是不提倡采用鸣笛效应的。在非对称双车道模型中,通常情况下将左道定义为快车道,而右道则为慢车道。一方面,慢车换到快车道上为后面的快车让道是不太现实的;另一方面,在快车道上行驶的一辆慢车,一旦条件 $d_{n,\text{other}} \geqslant \min(v_n+1,v_{\max})$ 和 $d_{n,\text{back}} > d_{\text{safe}}$ 得到满足,它就会立即换回慢车道,而不管后车的鸣笛与否。

为了解决混合交通系统中慢车的作用被高估的问题,Knospe 等人提出了另一种方案:建议考虑期望效应,即驾驶人会预估车辆在下一时刻的速度(类似于前面介绍的速度效应模型),从而削弱了慢车的作用。

第五节　双向双车道元胞自动机模型

在较低等级的公路上,由于车流量较小,通常设置为双向双车道。此时车辆超车时就需要占用相反方向的车道,为了避免和相反方向的车辆发生碰撞就需要更大的车头距。Simon 和 Gutowitz 对双向交通问题采用元胞自动机模型进行建模,他们对车辆的超车情况是这样描述的:一辆企图超车的司机首先要测算前面一段路上车辆的局部密度,如果局部密度足够低,车辆有很好的机会可以完成超车,那么就可以考虑让其试着超车。在本道的全局密度比较高的情况下,即使另一条车道的车流密度非常低,超车也是很难发生的。这时两条车道就互不相干了。

Simon 和 Gutowitz 所研究的双向双车道如图 8-5-1 所示。在其模型中,每个元胞的状态可以在 $v \in \{-(v_{\max}+1),(v_{\max}+1)\}$ 范围内取值。$v=0$ 表示该元胞上没有车辆,是空元胞; $v=\pm1$ 表示静止车辆; $v=\pm2$ 表示元胞上有一辆速度为 1 的车辆沿正向(反向)行驶,其他取值情况可依次类推。同前面的双车道模型类似,车辆的更新过程也是分两步完成的。首先是换道,然后在各自的车道上向前行驶。在正式给出模型的规则前,这里先定义如下的一些变量。d_{same}、d_{opp} 为某一车辆与本车道(反向车道)上的前车之间的空的元胞数;d_{behind} 表示车辆与反向车道的后车之间的空间距离；l_{same}、l_{opp} 和 l_{back} 分别表示超车时，在本道的前方、反向车道的前方和后方所需的最小空间；p_{change} 表示换道的概率；$v_{same}(v_{opp})$ 表示本道(反向车道)上前车的速度；H 是车辆是否在母道(home lane)的一个标示变量，若在母道上则 H 为真。oncoming：如果 $sgn(v_{same}) \neq san(v)$，则 oncoming 为真，否则 oncoming 为假。l_{pass}：当 $d_{same} < l_{pass}$ 并且 H 为真时，司机才会考虑超车。$l_{security}$：如果 $d_{same} < l_{security}$ 并且 H 为假时，车辆必须立即返回母道。D_L：局部车辆密度，即车辆前面 $l_{density} = 2 \times v_{max} + 1$ 范围内被车辆所占据的元胞的比例。D_{limit} 表示能够进行安全超车的最大极限密度。Space1：如果 $d_{same} < l_{pass}$，$d_{opp} < l_{security}$ 并且 $d_{behind} > l_{back}$ 时 Space1 为真，否则为假。Space2：如果 $d_{opp} > l_{security}$ 并且 $d_{behind} > l_{back}$ 时 Space2 为真，否则为假。

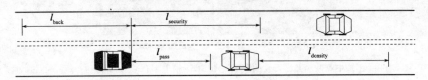

图 8-5-1　双向交通示意图

换道由下面的两个条件确定：
(1) 如果 $[(H\ and\ Space1)\ and\ (D_L < D_{limit})\ and\ (rand() < p_{change})]$ 那么就进行换道。
(2) 如果 $[(not(H))\ and\ (d_{same} < l_{security})]\ or\ (Space2)$ 则进行换道。

条件(1)是针对于母道上的车辆。如果一辆车的前方有一辆车和它同向行驶但二者之间的距离小于 l_{pass} 时，该车就会考虑超越前车。但是只有在反向车道上有足够的空间，并且该车前方的车辆数目比较少时，才有可能进行换道超车。即使所有的条件均满足，超车也是按一定的概率随机发生的。条件(2)则表示当超车的车辆在反向车道上遇到迎面驶近的车辆或其母道有一个较好的行驶条件后，该车就迅速返回到母道上。换道结束后，车辆按照下面的步骤进行更新：

(1) if $[(|v| < v_{max})]$ then $v = v + sgn(v)$
(2) if $[(oncoming)\ and\ (d_{same} < (2 \times v_{max} - 1))]$ then $v = [d_{same}/2]$
(3) if $[(not(oncoming))\ and\ (|v| > d_{same})]$ then $v = sgn(v) \times d_{same}$
(4) if $[(H)\ and\ (|v| > 1)\ and\ (rand() < p)\ and\ (not(oncoming))]$ then $v = v - sgn(v)$
(5) if $[(H)\ and\ (oncoming)\ and\ (|v| > 1)]$ then $v = v - sgn(v)$

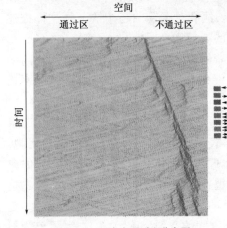

图 8-5-2　双向交通时空分布图

规则(1)使车辆逐渐加速至最大速度；规则(2)使车辆在迎面有车驶近时迅速减速；规则(3)则表示车辆在驶近前车时进行减速；规则(4)使母道上的车辆随机减速，但是如果车辆正在超车，那么该车就不会随机慢化；规则(5)则是为了打破车道的对称性，从而避免超级堵塞的发生。

利用上述的模型，Simon 等人对双向交通系统进行了数值模拟。相关的模型参数取值为：$l_{pass} = v$，$l_{back} = v_{max}$，$l_{security} = 2 \times v_{max} + 1$，$D_L = 2/l_{density}$，$p_{change} = 0.7$，$p = 0.5$。图 8-5-2 是一个典型的时空分布图，水平为空间方向，纵向为时间方向。该图表明，允许超车可以显

著改善车辆的运行状况。图中右侧出现的起止波在左侧逐渐消失了(这里选定了一个可以使正、反车道相互作用达到最强的车辆密度)。向右(左)行驶的车辆标为红色(绿色),其他颜色则代表其他可能的情况,比如紫罗兰色的代表右向行驶的超越车。左向行驶车道的车流密度为0.1,而右向行驶车道的车流密度为0.01。模拟中车辆的最大速度均为5,路长为500个元胞,采用周期性边界条件。道路被分成了超车区(左侧)和非超车区(右侧)两部分。在非超车区,堵塞不时发生,而在超车区基本没有堵塞的出现。

图8-5-3则给出了整个密度范围下双向交通中母道的流量与单车道模型流量的差异(Δq)。当某一条车道或两条车道的密度都比较高时,Δq很小。当超车道的密度比较小时(<0.1),母道的车流量可以比单车道模型的流量大得多,最大流量差值出现在超车道的密度为0的情况下。在母道密度较小(<0.25)的情况下,母道的车流量可能会低于相应的单车道模型的车流量。这是因为当迎面车(oncoming car)在试图超越其他迎面车时,可能会对母道上车辆产生阻碍作用。如果采用非对称的规则(只允许母道上的车辆进行超车),这种流量变小的情况就会消失。利用该模型,Simon还对由快慢车组成的混合系统进行了模拟。如图8-5-4所示,在非超车区,快车只能跟在慢车的后面,形成了排队现象。但是,当车辆驶入超车区后,这种排队现象就被显著削弱了。Simon等人还将计算模拟结果[图8-5-5a)]和Yagar的实测结果[图8-5-5b)]进行了对比。模拟结果分别是在三种不同参数取值条件下得到的:①$p=0.5$,$p_{\text{change}}=0.5$;②$p=0.25$,$p_{\text{change}}=0$;③$p=0.25$,$p_{\text{change}}=0.3$。发现,在合适的模型参数下可以模拟出和实测结果类似的结果。

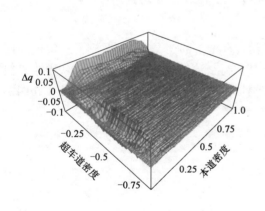

图8-5-3 母道的车流量的三维图(曲面的高度为双向交通模型中母道的车流量与相对应的单车道模型的车流量的差值)

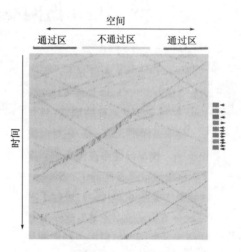

图8-5-4 由快、慢车组成的混合交通系统的时空图(车辆的最大速度在2~5之间均匀分布,道路的中间部分不允许超车,而在两侧则是可以的)

Lee等人以非对称排它过程(asymmetric simple exclusion process, ASEP)的扩展模型为基础提出了一个玩具模型来研究双向交通问题。模型中超车行为是被禁止的,但是反向车道上迎面驶近的车辆会降低本道上车辆的跳跃速率(hopping rate)。每条车道上车辆按照ASEP的规则顺序更新,且$v_{\max}=1$,但是车道1(lane1)的车辆从元胞j向空元胞$j+1$跳跃速率受到车道2(lane2)上$j+1$元胞状态的影响。当该元胞为空时,lane1的车辆以速率1向前跳跃;否则,跳

跃速率变为 $1/\beta$。lane2 上的车辆反向行驶,车辆从元胞 $j+1$ 向空元胞 j 的跳跃速率受 lane1 上 j 元胞状态的影响。若该元胞为空,车辆的跳跃速率为 γ;否则,跳跃速率变为 γ/β。当 $\gamma<1$ 时,lane2 上跳跃速率不受影响的数量要小于 lane1 的,这时就可以把 lane2 上的车辆看成货车。车道之间的相互作用参数 β 可以看成道路宽窄程度的一个量度。$\beta=0$ 表示车辆在行驶过程中不受反向车道上车辆的任何影响,比如车道间有隔离设施的高速公路就属于这种情况。$\beta\to\infty$ 则表示道路过窄,反向车道上的车辆把道路完全堵死,车辆无法前行。

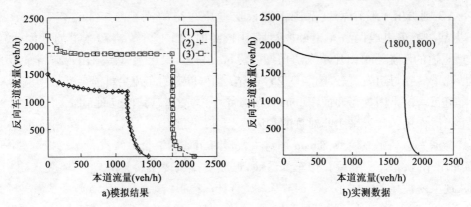

图 8-5-5 模拟结果与实测数据的对比

第六节 城市路网交通流中的元胞自动机模型

城市内的道路(环道除外)一般都是纵横交错的,有很多的交叉路口,形成了一定的路网结构。相对高速公路而言,其结构要复杂得多,对其进行交通流模拟也要困难得多,很难直接用上一节中介绍的一维元胞自动机交通流模型来模拟城市路网交通流。二维及适用于路网的 CA 交通流模型也就随之产生了。

一、BML 模型

1992 年,Biham、Middleton 和 Levine 提出了第一个二维交通流元胞自动机模型(BML 模型)。模型定义于一个 $N\times N$ 的方形格点的网络上,每一个格点具有三种状态:没有车辆、被一辆北向行驶的车辆占据或被一辆东向行驶的车辆占据。该模型反映了交叉路口处交通信号灯的作用:在奇数时间步,只有东向车辆可以行驶;在偶数时间步,只有北向车辆可以行驶。在奇数时间步,只要东向行驶的车辆的右侧有一个或多个空的元胞,那么该车向东移动一个元胞位置;如果其右侧元胞被其他车辆所占据,即使阻挡车辆在该时刻向前运动让出了空间,该车也保持静止不动。在偶数时间步,北向行驶的车辆使用相同的运行规则。模型的整个更新过程都是确定性的,而随机性只是体现在初始时刻的车辆分布上。BML 模型是城市路网交通的一个最简化模型,它仅仅保留了城市交通的一些基本特征,比如互相垂直的两个方向上的车流同时运行,并且彼此之间不能重叠。

由于模型使用了周期性边界条件,所以每种类型的车辆总数始终是守恒的。我们用 $k_{\to}=n_{\to}/N^2(k_{\uparrow}=n_{\uparrow}/N^2)$ 表示东向(北向)行驶车辆的车辆密度,这里 $n_{\to}(n_{\uparrow})$ 表示东向(北向)行驶车辆的总数目。在 Biham 等人的研究中仅考察了 $k_{\rightarrow}=k_{\uparrow}=k/2$ 的情况。车辆的速度只能在 $(0,1)$ 之中取值,而车辆在 t 时刻的平均速度则定义为在 t 时刻运动的车辆数与总车辆数的比值。

在对大量不同初始分布状态的系统进行广泛深入的模拟后,Biham 等人发现在经过一定的过渡阶段后(过渡阶段的长短依赖于系统的尺寸、密度和初始分布),系统会达到一种渐近状态(asymptotic state)。他们在研究中发现了两种性质完全不同的渐近状态,二者之间有一个临界点 k_c。低于临界点时 $(k<k_c)$,所有的车辆自由行驶,平均车速 $\bar{v}=1$;高于临界点时 $(k>k_c)$,车辆基本上无法行驶,平均速度 $\bar{v}=0$ 的概率非常大。图 8-6-1 是低于临界点的一种典型状态,系统自组织地形成了自左上角至右下角的彼此分开的数行。这种车辆排列可以使它们达到最大速度。当一辆东向行驶的车辆移动后,恰好为下一时刻北向行驶的车辆让出了空间,这样它们之间永远不会发生冲突。如图 8-6-2 所示,在临界点之上车辆全部停在一个全局集簇中。这个全局集簇自左下角至右上角沿对角线方向展开,这样的排列使所有的车辆均无法向前行驶。

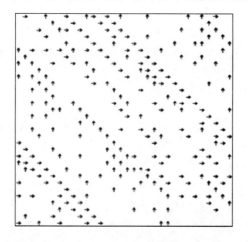

图 8-6-1 BML 模型在低密度下的自由流相(系统尺寸为 32×32, $k=0.25$)

图 8-6-2 BML 模型在低密度下的堵塞相(系统尺寸为 32×32, $k\approx0.4082$)

随着车流密度的变化,在这两种状态之间有一个急速的转变。在这个转变过程中,车辆的平均速度很快从 $\bar{v}=1$ 变为 $\bar{v}=0$。从 16×16 到 512×512 的五个系统尺寸的模拟结果展示在图 8-6-3 中。可以看到,系统尺寸比较小时,两种状态之间的转换并不突然,中间有一个过渡区域。在过渡区域内系统的最终状态有可能是堵塞状态,也有可能是自由运动状态,初始状态分布是系统最终演化状态的决定因素。我们将过渡区域的中间位置所对应的密度值记为 $k_c(N)$,可以发现,随着系统尺寸的增大,$k_c(N)$ 逐渐减小,同时过渡区域也变得越来越窄。当系统尺寸比较大时,过渡区域变得非常窄,我们可以把两种状态之间的转变看成一阶相变。但是,根据目前的

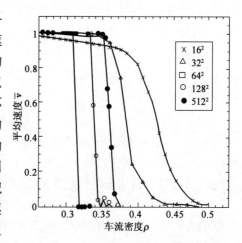

图 8-6-3 在五种不同系统尺寸下系统平均速度与车流密度的关系

模拟结果还无法确定在无穷大尺寸的系统中,$k_c(N)$是收敛于一个临界值k_c,还是趋于0。

为了更好地理解模型中出现的一阶相变,Biham 等人还考察了一种可进行理论分析的简单一维问题:仅考虑沿某一个方向(如向东)行驶的车辆沿着环路运行。此时,平均速度与初始状态分布无关。当$k<1/2$时,$\bar{v}=1$;当$k>1/2$时,$\bar{v}=(1-k)/k$,随着密度的增加平均车速逐渐减小为0,减小的过程是连续的,中间不存在任何突变。因此,可以认为一阶相变的产生是由于水平方向与垂直方向的车流相互干扰造成的。为了更清楚地说明这一点,Biham 等人还对另一种四状态模型进行了研究:模型允许东向行驶车辆和北向行驶车辆同时占据同一个元胞。车辆的系统更新不再分奇、偶时间步,每一时刻所有的车辆均同时更新。当东向行驶车辆和北向行驶车辆同时想进入同一个元胞时,那么它们可以同时进入。但是,任何车辆均不能驶入一个已被其他车辆占据的元胞。这样的规则设计就是为了弱化两个方向车流之间的相互作用。模拟发现,在该种模型下,从自由运行状态到堵塞状态的转变过程是连续的,这和上述的一维情况是类似的。这一切进一步说明了一阶相变是由两个方向车辆相互干扰造成的。

二、BML 的扩展与衍生模型

为了研究更为切合实际的城市交通状况,人们对 BML 模型进行了各种各样的扩展,下面仅就比较典型的几种加以介绍。

1. 车辆的非均匀分布

通常情况下,东向行驶车辆的数目与北向行驶车辆的数目并不是完全相等的,Nagatani(长谷)研究了车辆的非对称分布的情况,即$k_{\rightarrow} \neq k_{\uparrow}$。为了表述方便,我们记$k_{\rightarrow}=k(1-f_a)$,这里$f_a$为北向行驶的车辆所占的比例。显然,$f_a=1/2$对应于车辆对称分布的情况,即$k_{\rightarrow}=k_{\uparrow}$;而$f_a=0(f_a=1)$则对应于车辆非对称分布的极限情况——所有车辆均是向东(北)行驶的。很明显,在$f_a=0(f_a=1)$的极限情况下,系统变为完全堵塞的相变密度为$k_c=1$。k_c随着车辆非对称分布的削弱而逐渐减小,当$f_a=1/2$(即对称分布)时k_c达到最小值。

2. 不同的车辆最大速度

在 BML 模型中,无论是北向行驶的车辆还是东向行驶的车辆,在一个时间步内最多向前移动一个元胞位置,也就是说,平均车速永远不会超过1。在前面介绍的单车道 FI 模型中,车辆在一个时间步内最多可向前移动M个元胞,因而平均车速有可能大于1。通过引入类似的高速车辆,Fukui(福井)等人对 BML 模型进行了扩展,在其扩展模型中,东向行驶的车辆在一个时间步内最多可以向前移动M个元胞,而北向行驶的车辆仍然保持和 BML 模型相同的更新规则。

3. 立交桥

Nagatani 等人利用扩展的 BML 模型考察了道路立体交叉(也就是立交桥)的情况。以 BML 模型为基础,随机选取一定比例(f_0)的元胞将其定义为立交桥——该类元胞最多可容纳两辆行驶方向不同的车辆。立交桥的引入减少了 BML 模型中格子锁(gridlock)出现的概率,因而,可以推断出相变密度k_c将随着f_0的增加而不断增大,当$f_0=1$时,k_c也增大至1。立交桥的引入明显改善了路网中车流的运行状态。

4. 失效的交通信号灯

Chung 等人通过对 BML 模型进行改造,研究了失效交通信号灯对交通系统的影响。在他们的模型中,随机选取一定比例(f_{tl})的元胞作为失效的交通信号灯。不论是交通信号灯南侧元胞上的北向行驶车辆,还是信号灯西侧的东向行驶车辆,它们均可以驶入信号灯所在的空元胞(路的交叉点),而不管目前是奇数时间步还是偶数时间步。如果一辆东向行驶车辆和一辆北向行驶车辆同时想进入信号灯所在的交叉点,那么随机选取其中的一辆车使其进入,而另一辆车则静止不动。在$f_{tl}>0$时,原本是东向(北向)行驶车辆向前移动的时刻,在失效交通信号灯附近的一些北向(东向)行驶的车辆也可以向前移动。因而我们可以设想,车辆的平均速度会随着f_{tl}的增加而增加。但是,f_{tl}的增加也增加了东向(北向)行驶的车辆在失效交通信号灯处阻挡北向(东向)行驶车辆的概率,进而增加了格子锁出现的可能性,从而导致相变密度k_c随之减小。

5. 绿波同步

通常情况下,城市主干道上的交通灯是同步控制的,以便使车辆更加顺畅地通过,这就是所谓的绿波同步。人们在 BML 模型的基础上提出了一个绿波(GW)模型来研究这种情况。不同于 BML 模型的并行更新,在 GW 模型中采用了部分后向顺序更新。在奇数时间步,如果一辆东向行驶的车辆的前面一个元胞在上一时刻是空的,或上一时刻被其他车辆所占据而在本时刻变成空的(主要是由后向顺序更新造成的),那么该车就向前移动一个元胞。在偶数时间步,北向行驶的车辆按照类似的规则进行更新。由于更新策略不同(图 8-6-4),使得 GW 模型和 BML 模型有着显著差异。在 GW 模型中,车辆像"护卫舰"(一队向前行驶的车辆彼此之间没有空的元胞)一样向前行驶,因而可以模拟真实交通中绿波同步的效果。

BML 模型	GW 模型	时间
→ → → □ □ □ ↑	→ → → □ □ □ ↑	0
→ → → □ → □ ↑	→ → □ → □ □ ↑	2
→ → □ → □ □ ↑	□ □ → → □ □ ↑	4
→ □ → □ □ □ ↑	□ □ □ → → □ ↑	5
□ ↑ □ → □ □	→ ↑ □ □ → →	6

图 8-6-4 BML 模型和 GW 模型的更新策略对比

6. NaSch 和 BML 的耦合模型

尽管 BML 模型可以描述出城市路网交通的一些基本特征,但是该模型过于简化,无法模拟一些较为细微的交通特征。为了解决这一问题,就需要将两个相邻交叉口之间的路段进一步细化为 $D-1(D>1)$ 个元胞。这样,交叉路口之间的路段上的交通就可以用前面介绍的 NaSch 模型中的位置更新、加速、减速等规则加以描述,进而将在同一条道路上行驶的车辆之间的相互作用也考虑进来。另外,人们还需要按照一定的时间间隔 $T(T\gg 1)$,有规律、周期性地变换交通信号灯的颜色。在绿灯段的每一个离散时间步,车辆都有可能向前行驶。20 世纪末,Chowdhury 和 Schadschneider 等人将 NaSch 模型和 BML 模型结合起来提出了具有上述特征的模型(简称 ChSch 模型)。他们在模型规则的设计过程中遵循了如下两条原则:

(1) 当信号灯为红灯时,车辆仍然可以向前移动,除非该车前面的元胞被其他车辆占据或它已经行驶到交叉路口。

(2) 在没有随机慢化作用下,没有格子锁现象的发生。

Chowdhury 等人研究了一个由 $N\times N$ 条道路组成的路网。为了简单起见,假定道路分别平行于笛卡儿坐标系中的 X 轴和 Y 轴。和 BML 模型一样,一条道路上只允许东向(或北向)行驶的车辆运行。接下来在 $N \times N$ 个节点(东西方向的车道与南北方向的车道的交叉点)上设置交通信号灯。然后,我们将两个相邻交叉路口间的路段(包含其中的一个交叉口)划分为 D 个元胞,这样每条道路就有 $L_{road} = N \times D$ 个元胞。在某一时刻,每一个元胞或者是空的,或者被一辆车所占据。当 $D = 1$ 时,路网结构就退化为 BML 模型的形式;当 $D = 2$ 时,路网结构和 Horiguchi 等人提出的模型是一致的。在 Chowdhury 等人的模型中,$D < L_{road}$ 被看成一个模型参数。

建立耦合模型的初衷就是一方面要能捕捉到 NaSch 模型和 BML 模型展现出的一些基本特征,另一方面又要尽量保持模型的简单易行。Chowdhury 等人提出的模型基本体现了这一宗旨,但是在他们的模型基础上还可以就如下的几个问题展开探讨:

(1) 每条道路有多个车道,并允许双向车流同时存在。
(2) 研究可体现车辆在交叉口向前行驶及转向等行为的更加切合实际的规则。
(3) 探讨交通信号灯的不同控制策略对交通系统的影响。

另外,以 BML 模型为基础人们还提出了许多其他模型,来模拟更为切合实际的交通行为。例如,Cuesta、Nagatani 等人将车辆的转向规则引入 BML 模型中,Freund 等人考察了双向交通的问题,顾国庆等人将 BML 模型进行改进后可以处理非均匀网格的问题。

【练习题】

1. 试述元胞自动机的物理意义。
2. 元胞自动机由哪几部分组成?
3. 简述元胞自动机的特征。
4. 简单描述元胞自动机模型中的 184 号规则。
5. 请给出 NaSch 模型的更新规则。
6. 对双车道系统而言,换道规则的非对称性通常表现为哪几种形式?
7. 请描述 BIM 元胞自动机模型及其作用。
8. 简单描述 BML 模型的衍生模型——立交桥模型。

第九章 系统评价方法

系统评价(systematic reviews)是对新开发的或改建的系统,根据预定的系统目标,用系统分析的方法,从技术、经济、社会、生态等方面对系统设计的各种方案进行评审和选择,以确定最优或次优或满意的系统方案。由于各个国家社会制度、资源条件、经济发展状况、教育水平和民族传统等各不相同,所以没有统一的系统评价模式,评价项目、评价标准和评价方法也不尽相同。

在交通系统的规划、建设和运营过程中,系统评价也是各项工作中非常重要的一个环节,进行合理的系统评价,有利于交通系统的健康和持续发展,对于交通系统的评价,也是交通工程方法论中重要组成部分。

第一节 概　　述

一、系统评价的概念及意义

系统计价是系统分析中复杂而又重要的一个环节。在系统开发过程中,不仅要提出许多开发系统的备选方案,而且还要通过系统评价从众多的备选方案中找出所需的最优方案。所谓系统评价,就是评价系统备选方案的价值,也就是利用模型及各种资料,根据技术、经济、环境等方面的各种要求,从系统整体出发,分析对比各备选方案,权衡各方案的利弊得失,并考虑成本与效益的关系,选出最佳方案的过程。

价值是一个综合的概念。从哲学意义上讲,就是评价主体(评价个人或评价集体)对某个评价对象(如待开发系统)在理论上或实践上所具有的作用和意义的认识或估计;从经济意义上说,价值通常被理解为根据评价主体的效用观点对评价对象能满足某种需求的认识或估计。评价对象的价值不是对象本身所固有的,而是评价对象和它所处的环境条件的相互关系相对的规定的属性。

对于复杂系统,其评价往往是多方面的。例如城市交通系统,其评价不但要考虑交通工具的动力、推进等技术方面的问题,还要考虑交通线路的建设费用和日常经营费用等经济方面的问题,除此之外还要有交通工具的方便性、舒适性、安全性、美观性,以及环境保护、地方团体的利益,有关节能、能源政策等方面的考虑。一般情况下,指标、方案越多,评价问题就越复杂。当各项指标的量纲不统一时,评价工作就更为复杂。另外,对系统的评价以及指标的选择都是由人来完成的,因此人的价值在系统评价中具有重要的影响。由于评价主体有不同的观点、立场和标准,因此对同一个问题,不同的评价者可得出不同的结论,这就更增加了系统评价的难度和复杂性。

从备选方案中经过系统评价选出的"较优"方案,通过决策和实施环节,将成为现实的系统。系统的功能和性能如何,能否达到预期的效果、实现系统的目标,均取决于系统评价是否客观和准确。由此可见,系统评价既十分复杂又十分重要。

二、系统评价的条件及步骤

1. 系统评价的前提条件

系统评价要有两个前提条件:一是熟悉评价对象,即确切掌握评价对象的优缺点,对各项基本目标、功能要求的实现程度、方案实现的条件和可能性进行充分估计。这类估计一般是通过技术评价、经济评价、社会评价等单项评价来完成的。二是确定评价因素(指标),即评价项目和要求。它通常包括技术指标、经济指标、社会指标、进度指标、体制方面的指标、市场方面的指标等。

除此之外,评价范围和评价时期也是系统评价需要考虑的重要因素。系统评价范围主要是指评价对象所涉及的地区、领域和部门等,如一项大型水利工程往往涉及水利、交通、电力、旅游、移民等部门,这些在评价前要确定下来,以便组织有关方面参与评价。评价时期是指系统评价处于系统开发过程的哪个时期。若评价处于系统开发初期,称为初期评价;若评价处于系统开发过程中,称为期中评价;系统开发完毕所进行的评价,则称为终期评价;为了考察系统的实际效果,在系统实现后的若干年,每隔一定时间所进行的评价,称为跟踪评价。不同时期评价的目的不同,评价的内容和采用方法也不尽相同。

2. 系统评价的原则

(1)评价的客观性原则。在评价时必须客观地反映事实。评价的目的是为了决策更加科学合理,评价的好坏直接影响到决策的正确与否。因此在评价时必须注意以下几点:

①保证评价资料真实、全面、可靠。

②评价人员的组成要有代表性和全面性。

③评价人员能自由地发表意见且无倾向性。

(2) 方案的可比性原则。新选方案在保证实现系统目标和功能上要具有可比性和一致性。对于某个标准,我们能够对方案做出比较,不能比较的方案则谈不上评价。

(3) 指标的系统性原则。评价指标本身应为一个系统,具有系统的一切特征。这是因为评价指标必须反映系统的目标。而系统的目标是多元、多层次和多时序的,因此评价指标也具有多元、多层次、多时序的特点。但这些指标并不是杂乱无章的,而是一个有机的整体。

此外,评价指标必须与所在地区和国家的方针、政策、法律、法规的要求相一致,不允许有相悖和疏漏之处。

3. 系统评价的步骤

系统评价是一项复杂的工作,为了保证评价工作的高效和有序,一般应遵循以下步骤:

(1) 对各评价方案做出简要说明,使方案的优缺点清晰明了,便于评价人员掌握。

(2) 根据系统的目标、功能、费用、时间等要求确定评价指标体系,并对指标体系作出判断和评价。它包括对系统评价指标合理性的分析与判断,各大类指标的设置以及大类指标和单项指标的权重的确定等,这将直接影响系统评价的正确性。

(3) 进行单项评价,得出各评价方案在各评价指标下的实现程度(或称实现值),并对不同指标下不同量纲的实现值进行规范化处理。

(4) 进行综合评价。根据设立的指标体系,首先计算某大类指标下各单项指标的综合评价值;其次综合各大类指标,计算出评价方案的总评价值。

(5) 根据各评价方案的评价值,选取最优方案,并进行合理性论证。

三、系统评价的理论

指导系统评价工作的理论即为系统评价理论。归纳起来可以分为三类:第一类是以数理理论为基础的评价理论。它采用数学理论和解析方法对系统进行严密的定量描述、计算和评价。第二类是以统计理论和方法为主的评价理论。即通过统计数据,对只能凭感觉而不能测量的评价指标,建立评价模型对系统进行的评价。第三类是重视决策支持的评价方法,它只是要研究如何才能比较容易地决定与目标一致的人类行为,而不是特别追求对系统进行客观而正确的评价。现就常用的评价理论作简要介绍。

(1) 效用理论。最早提出这一评价理论的是冯·纽曼(V. Newmann)。所谓效用,是指决策者在进行决策时,根据个人的性格特点以及当时的环境,对某一收益值或损失值的独特偏好和兴趣。效用实质上反映了决策者对风险的态度。效用往往是抽象的,采用定量方法衡量人们对某一个收益值或损失值的主观价值即为效用值。效用值一般在[0,1]之间取值,1 表示最大的效用值,0 表示最小的效用值。

在实际应用中,首先根据决策人的兴趣、爱好等,以益损值为横坐标,效用值为纵坐标,绘制出决策人的效用曲线。对应的函数为效用函数;然后根据问题的要求,将有关的益损值转化为效用值,最后根据各方案效用值的大小选取最优方案。

(2) 数量化理论。主要是收集适用的数据,采用统计的方法,并建立起数量化的评价模型,进行属性评价或综合评价,即从许多认为是非独立的有关评价属性的数据中,找出任意两个属性之间的关系,然后用相应的分析评价方法进行评价。

(3) 不确定性理论。在含有不确定因素的评价问题中,若已经掌握事物发展的概率,则可以用期望值作为评价函数,而转化为确定性问题来处理。即使在缺乏数据的情况下,也可凭借专家的经验和直观判断及以往发生的概率,对事物发生的可能性作出定量估计,这种估计称为主观概率。随着信息量的增加,主观概率可以逐步趋近于客观概率。

除了事件发生的不确定性以外,还有人们的认识所具有的模糊性。例如用语言描述的"大、小、好、坏"等概念,以及审判、诊断、人物评价等综合判定,其本质都是定性的,对此进行的评价,要用到模糊集的理论。

(4)最优化理论。描述评价对象数学模型也可作为评价函数,例如数学规划模型,它本身就具有普遍性和严密性,由此得到的评价也比较客观。

第二节　系统评价指标体系

系统评价指标体系是由若干个单项评价指标(因素)组成的有机整体,它应反映所要解决问题的目标和要求,而且要全面、合理、科学和适用,能够为有关人员和部门接受。

一、建立系统评价指标体系的原则

(1)完整性原则。所建立的指标体系应能够全面地反映研究对象各方面的特征,只有这样,才能全面评价研究对象,这里需要特别注意的是评价指标应有定量和定性两类,要防止重定量而轻定性的主观倾向。

(2)非相容性原则。各指标之间不能相容,即不能相互代替或包含。这里应强调的是相容性和相关性的区别。相关性不等于相容性,指标体系中允许相关指标的存在。这是因为虽然某些指标存在很强的相关性,但它们从不同侧面反映了研究对象的特征,因而是允许的,如经济效益与经济效果指标。

(3)客观性原则。在选择指标时,一定要站在客观的立场上,使所选指标真正反映出对象的客观面貌,不应掺入任何主观的意愿。只有这样,才能为公正地评价方案打下基础。

(4)简洁性原则。在选择指标时,应尽量做到简单明了。这样,一方面可以避免混乱,易于使人们从复杂的信息中,理清头绪,抓住关键;另一方面可以大大减少工作量,便于计算分析,并使方案间的权衡和选择工作易于进行。

(5)规范性原则。在选择指标时,应尽量选取研究范围内的规范指标。这样,一方面具有通用性,另一方面为收集数据资料带来方便,同时也便于理解。

二、建立系统评价指标体系的方法

1. 一般分析法

一般分析法是根据系统的观点,从宏观角度出发,有目的、有步骤地建立系统评价指标体系的一种常见方法。为了保证指标体系的完整性,一般应从技术、经济、社会、资源、政策、风险、时间等诸方面考虑。通常所考虑的指标有以下几个方面:

(1)技术性指标。包括产品的性能、寿命、可靠性、安全性等,工程项目的地质条件、设施、设备、建筑物、交通运输状况等技术指标和要求。

(2)经济性指标。包括方案成本、利润、税金、投资额、流动资金占用额、投资回收期、建设周期以及地方性的间接收益和费用等。

(3) 社会性指标。包括社会福利、社会节约、综合发展、就业机会、污染、生态环境等。

(4) 资源性指标。包括项目所涉及的人力、物资、能源、资源、土地资源等。

(5) 政策性指标。包括政府的方针、政策、法律以及发展规划等方面的要求。

(6) 风险性指标。包括方案的获利能力、获利的可能性以及决策者对风险的承受能力等。

(7) 时间性指标。包括工程进度、建设周期、服务年限等。

(8) 其他指标。主要是针对具体项目所特有的一些指标。

2. 目标分析法

任何系统都有明确的目标。目标分析法是从系统的目标(或系统的功能)分析入手,按照目标分解的原则和方法,建立系统综合评价的指标体系。其步骤如下:

(1) 将目标分解,直到认为各子目标能够定量或定性衡量为止。

(2) 根据分解得到的目标体系,建立评价指标体系。

例如,在我国沿海地区兴建一座大型现代化海港,港址选择是一个多目标决策的问题。这些目标包括技术、经济、环境、与国家政策一致性等几个方面。由于它们很难直接由一个或几个指标来衡量,所以,应进一步分解成更加具体的子目标,直到可用便于处理的一个或几个评价指标来衡量这些子目标为止。如图9-2-1所示。

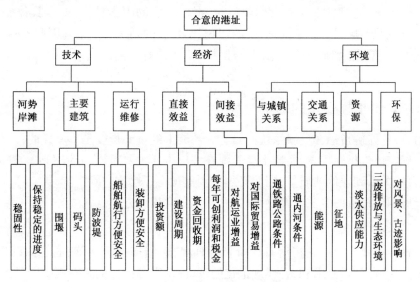

图 9-2-1　某港口选址评价体系图

通过目标分解,可直接将某些低层目标作为评价指标(如投资额、投资回收期等)。有些不能直接作为指标的,可以用一些定性或定量指标加以描述和衡量。

3. 输出分析法

在对一些研究对象的内部结构不了解或不需要更多了解的场合下,评价一个系统则主要是从系统的外部特征来考虑,这时可以采用输出分析法来建立系统的评价指标。

输出分析法是将研究对象看成一个系统,根据系统的输出特性,从技术、经济、社会、生态环境、风险等多个方面来建立系统综合评价指标体系的方法。例如,用输出分析法建立一个国家或地区的评价指标体系,可以将该国家或该地区看成一个整体,经济方面可以用外汇储备、贷款数额、外资输入、输出额及增长速度、产品出口地区、覆盖面、在国际市场上的竞争能力等指标衡量;技术方面可以用科学发明创造能力、应用消化能力、产品技术含量等指标来衡量,社会方面可以用政府在国际事务中的作用及影响、一个国家的国际形象等指标来反映;生态环境方面可以用环境污染指标、森林覆盖率等指标来反映;人文方面可以用平均受教育年限、文化素质、劳动积极性、爱国热情等指标来衡量。这些指标的综合,就能反映出一个国家或地区的总体概况。

4. 德尔菲法

德尔菲法是通过反复征求专家意见建立系统评价指标体系的一种方法,这种方法具有集思广益的特点,而且简单、易行。在建立评价指标体系时,必须注意以下几个问题:

(1)指标大类和指标数量。一般来讲,指标大类范围越广,指标数量越多,各方案间的差异就越明显,因而有利于判断和评价,但确定指标大类和各指标的相对重要程度也越困难,因而歪曲方案本质特征的可能性也越大。经验表明,指标大类最好不超过 5 个,评价指标的数目以不超过 20 个为佳。

(2)各评价指标之间的相互关系。在制定单项指标时,一定要避免指标之间的重复交叉情况,如企业费用和投资费用,折旧费与成本,在使用时交叉的地方必须明确地加以划分和规定。

(3)评价指标的整理。在建立指标体系时,由于考虑的因素较多,但对具体的决策问题,指标对决策目标的影响程度是不同的,有的影响甚微,有的则重复多余。因此,在系统评价前,应对指标进行整理,删除那些影响微小的指标,使所建评价指标体系更客观、系统、简洁和规范。

三、系统评价指标权重的确定

一般而言,各评价指标在反映系统的目标和功能上的重要程度是不一样的,这个重要程度称为权重。确定评价指标权重,实质上就是要在评价中抓主要矛盾,分清主次。权重确定得是否合理,将直接关系到评价的质量,因此必须特别重视指标权重的确定。

确定指标相对权重的方法有多种,这里介绍几种常用的方法。

1. 相对比较法

这是一种经验评分法。它将所有评价指标列出来,组成一个方阵,通过两两比较进行评分;然后对每一指标的得分求和,并作规范化处理,即求得各指标的相对权重。具体做法如下:设有 n 个评价指标把它们排成 $n \times n$ 方阵,其元素为:

$$a_{ij} = \begin{cases} 1 & (指标\ i\ 比指标\ j\ 重要) \\ 0.5 & (指标\ i\ 和指标\ j\ 同样重要) \\ 0 & (指标\ i\ 比指标\ j\ 次要) \end{cases}$$

通常矩阵主对角线上的元素可以不填,也不参加计算。为了防止出现某一指标权重为 0 的情况,可在指标集中设置一虚拟指标,所有指标都应比该指标重要。

例 9-2-1 某交通安全系统的综合评价指标有减少死亡人数、减少负伤人数、减少经济损失、外观、实施费用等,试用相对比较法确定指标的权重。

解: 首先虚拟一个指标 f_6,为了防止某一指标权重出现 0 的情况,所有的指标均应比该指标重要。根据上述方法,计算的各指标权重见表9-2-1。

交通安全系统综合评价指标权重分析表　　　　表9-2-1

指标＼评分值＼指标	f_1	f_2	f_3	f_4	f_5	f_6	得分合计	相对权重
减少死亡人数 f_1		1①	1	1	1	1	5	0.333③
减少负伤人数 f_2	0		1	1	1	1	4	0.267
减少经济损失 f_3	0	0		1	0②	1	2	0.133
外观 f_4	0	0	0		0	1	1	0.067
实施费用 f_5	0	0	1	1		1	3	0.2
f_6	0	0	0	0	0		0	0.0
小计							15	1.0

表9-2-1中①,由于指标 f_1 比 f_2 重要,放①处为1。由于 f_3 没有 f_5 重要,故②处为0。规范化处理是指将每项指标得分合计数除以所有指标得分合计数之和,如③处,0.333 = 5/15。其他数据由此类推。

相对比较法简单易行,但使用时要注意两点:

(1)各指标之间可成对比较。同一层次中的任意两个指标均可通过主观判断来确定彼此间重要性的差异,但有些指标并不容易进行比较判断。

(2)指标比较的可传递性。如果指标 A 比 B 重要,B 比 C 重要,则 A 一定比 C 重要。由于人的心理活动的复杂性,并不一定总能满足这种传递性要求。为了提高评分的客观性,通常可以请多个评分者各自独立地评分,然后求平均值。

2. 连环比率法

当评价指标间的相对重要程度可以在数量上作出判断时,宜采用这种方法,它比相对比较法更具优越性。其具体步骤为:

(1)将评价指标以任意顺序排队起来。

(2)填写暂定分数列(R_i 栏)。从评价指标的上方依次以邻近的下一指标为基准,在数量上进行重要性判定,如在表9-2-2中,f_1 的重要性是 f_2 的3倍,而 f_2 的重要性又是 f_3 的3倍,等等。

(3)填写修正分数列(K_i 栏)。把最下面一行 f_5 设为 1.0,再由下向上分别乘以 R_i 的值,从而求出 K_i。

(4)对所有修正分数求和 $\sum K_i$,并计算得分系数 W_i,即为各指标的权重。

例9-2-2　用连环比率法确定例9-2-1中交通安全系统评价指标的权重。其计算结果见表9-2-2。

交通安全系统评价指标权重计算结果　　　　表9-2-2

评 价 指 标	暂定分数 R_i	修正分数 K_i	权重 W_i
减少死亡人数 f_1	3	9.0	0.62
减少负伤人数 f_2	3	3.0	0.21
减少经济损失 f_3	2	1.0	0.07
外观 f_4	0.5	0.5	0.03
实施费用 f_5	—	1.0	0.07
小计	—	14.5	1.00

3. 判断矩阵法

这种方法是将各评价指标组成一个方阵。用 1-9 比例标度法构造判断矩阵;然后计算该判断矩阵的特征向量,并作规范化处理,即为所求各评价指标的相对权重。从本质上讲,判断矩阵法也是一种相对比较法,但由于它采用了一种更精确的计分方法,并可检验人们的判断是否具有一致性,因而被广泛采用。

例 9-2-3 用判断矩阵法求例 9-2-1 中交通安全系统评价指标的相对权重。采用 1-9 比例标度法给出的判断矩阵如表 9-2-3 所示。由判断矩阵的特征向量,可计算出各指标的相对权重。其计算方法请参考第三节层次分析法。

权重计算判断矩阵　　　　　　　　　　表 9-2-3

指标＼评分值＼指标	f_1	f_2	f_3	f_4	f_5	相对权重
减少死亡人数 f_1	1	5	7	9	7	0.567
减少负伤人数 f_2	1/5	1	4	7	4	0.226
减少经济损失 f_3	1/7	1/4	1	6	3	0.11
外观 f_4	1/9	1/7	1/6	1	1/5	0.027
实施费用 f_5	1/7	1/4	1/3	5	1	0.069

4. 专家调查法

这是把调查的内容由调查者事先制定出表格,然后根据调查内容选择有权威的人作为调查对象,请他们发表意见填入调查表,最后由调查者汇总,求得 W_i,这种方法的基本步骤是:

(1) 将要确定权重的各指标按表 9-2-4 的形式排列。
(2) 选择有代表性的权威人士作为专家,并将表格发给各位专家。
(3) 由各位专家凭自己的经验和判断打分。
(4) 按表 9-2-5 的形式进行汇总,并计算各指标的相对权重 W_k。

$$W_k = \frac{\sum_{i=1}^{n} W_{ik}}{\sum_{j=1}^{4}\sum_{i=1}^{n} W_{ij}} \quad (k=1,2,3,4) \tag{9-2-1}$$

若发现调查的结果出入较大,可以反复进行,即把经过整理的调查结果再发给专家们进一步征求意见,直到满意为止。

专　家　填　表　示　例　　　　　　　　表 9-2-4

指标＼评分值＼指标	f_1	f_2	f_3	f_4	合计	W_i
f_1		1	1	1	3	0.5
f_2	0		1	0	1	0.166
f_3	0	0		1	1	0.166
f_4	0	1	0		1	0.166
合计					6	1.00

专家填表统计汇总　　　　　　　　　　　　　　表 9-2-5

评分值 指标	W_1	W_2	W_3	W_4	合计
专家 1	0.5	0.166	0.166	0.166	1.00
专家 2	0.4	0.2	0.2	0.2	1.00
⋮	⋮	⋮	⋮	⋮	⋮
专家 k	0.45	0.15	0.2	0.2	1.00
⋮	⋮	⋮	⋮	⋮	⋮
专家 n	0.39	0.21	0.25	0.15	1.00
合计	$\sum_{i=1}^{n} W_{i1}$	$\sum_{i=1}^{n} W_{i2}$	$\sum_{i=1}^{n} W_{i3}$	$\sum_{i=1}^{n} W_{i4}$	$\sum_{j=1}^{4}\sum_{i=1}^{n} W_{ij}$

第三节　系统综合评价方法

一、系统综合评价的一般模型

系统综合评价实质上就是将评价对象在各单项指标上的价值评定值进行综合处理的方法，综合评价必须从系统整体出发，全面地对评价对象的优缺点加以权衡，其过程可用图 9-3-1 来表示。

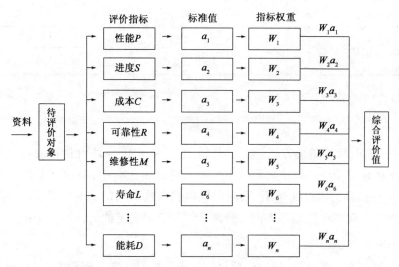

图 9-3-1　系统综合评价过程

由图 9-3-1 可得到系统综合评价的一般模型：

$$V_i = \sum_{j=1}^{n} W_j \cdot \alpha_{ij} \tag{9-3-1}$$

式中：α_{ij}——第 i 个评价对象在第 j 个指标下的评价值；

W_j——评价指标 j 的相对权重；

V_i——第 i 个评价对象的综合评价值。

将式(9-3-1)写成矩阵形式为：

$$V = A \cdot W \tag{9-3-2}$$

式中：A——评价对象在各评价指标下的评价值矩阵，$A = (\alpha_{ij})_{ij}$；

W——评价指标的相对权重列向量；

V——评价对象的综合评价值向量。

由 V 即可选择出最佳方案或满意方案。

系统综合评价的具体方法很多，下面介绍几种常用的评价方法。

二、关联矩阵法

关联矩阵法是一种常见的综合评价方法。它适用于各备选方案之间不存在相互影响的情况，相应的关联矩阵如表 9-3-1 所示。其中：

$A_1, A_2, \cdots, A_m$ 为某评价对象的 m 个备选方案。

$X_1, X_2, \cdots, X_n$ 为评价备选方案的 n 个评价指标。

$W_1, W_2, \cdots, W_n$ 为 n 个评价指标的权重。

$V_1, V_2, \cdots, V_m$ 为第 i 个备选方案 A_i 关于指标 $X_j(j=1,\cdots,n)$ 的价值评定值。

关联矩阵表　　　　　表 9-3-1

V_{ij} \ A_i	X_j / W_j	$X_1\ X_2\cdots X_j\cdots X_n$ / $W_1\ W_2\cdots W_j\cdots W_n$	V_i
A_1		$V_{11}\ V_{12}\cdots V_{1j}\cdots V_{1n}$	$V_1 = \sum_{j=1}^{n} W_j V_{1j}$
A_2		$V_{21}\ V_{22}\cdots V_{2j}\cdots V_{2n}$	$V_2 = \sum_{j=1}^{n} W_j V_{2j}$
$\vdots$		$\vdots$	$\vdots$
A_m		$V_{m1}\ V_{m2}\cdots V_{mj}\cdots V_{mn}$	$V_m = \sum_{j=1}^{n} W_j V_{mj}$

第 i 个备选方案的综合评价值为：

$$V_i = \sum_{j=1}^{n} W_j V_{ij} \tag{9-3-3}$$

由式(9-3-3)知，计算备选方案的综合评价值，必须知道各评价指标的权重系数 W_j，以及备选方案关于各评价指标的价值评定值 V_{ij}。在实际评价过程中，备选方案在各评价指标下的价值评定值 V_{ij} 往往具有不同的量纲，因而要想得到备选方案的综合评价值，必须先对价值评定值作无量纲化或规范化处理。下面结合例子说明价值评定值的计算方法。

1. 目标打分法

这种方法的具体步骤是，先把评价项目评价指标按报告期实现程度分为若干等级，分别制定出各等级的评分标准；然后，根据各评价对象对各项目的实现程度，按评分标准打分；最后，进行汇总和规范化处理，求得各评价对象的综合评价值。

例 9-3-1 以交通安全系统为例。其评价项目有：减少死亡人数、减少负伤人数、减少经济损失、外观和实施费用 5 个指标。根据例 9-2-1 相对比较法的计算结果，各指标的相对权重分别为 0.333, 0.267, 0.133, 0.067, 0.200。为保证交通安全，在主要交叉口拟采用的备选方案有：采用护栏、人行地道和交通信号三种方案，各方案的预计效果见表 9-3-2。试确定最优方案。

交通安全方案评价打分

表 9-3-2

备选方案 \ 评价项目	减少死亡人数（人）	减少负伤人数（人）	减少经济损失（万元）	外观	实施费用（万元）
护栏	5	10	10	较差	7
人行地道	20	15	20	较好	42
交通信号	3	8	5	普通	3

解：评价指标的评分标准见表 9-3-3。通过计算，各方案在每个评价指标下的价值评定值和综合评价结果见表 9-3-4。由综合评价结果可知，建设人行地道方案为最优。

评价指标的评分标准

表 9-3-3

备选方案 \ 评价项目	5	4	3	2	1
减少死亡人数（人）	8 以上	6-7	4-5	2-3	1 以下
减少负伤人数（人）	30 以上	20-29	15-19	10-14	9 以下
减少经济损失（万元）	30	20-29	15-19	10-14	9 以下
外观	极好	好	较好	普通	较差
实施费用（万元）	20 以下	21~40	41~60	64~80	80 以上

综合评价结果

表 9-3-4

评分结果 \ 指标和权重 备选方案	减少死亡人数 0.333	减少负伤人数 0.267	减少经济损失 0.133	外观 0.067	实施费用 0.200	综合评定值 $\sum W_j \cdot V_{ij}$
护栏	3	2	2	1	5	2.866
人行地道	5	3	4	3	3	3.799
交通信号	2	1	1	2	5	2.200

2. 线性插值法

这种方法是将某个指标下的最优值定为 10 分，最差值定为 1 分，形成如图 9-3-2 中所示的两个点（最优值 10，最差值 1）。连结两点得到一直线，其他数值可通过代入直线方程计算求得。

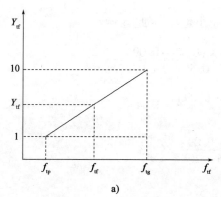
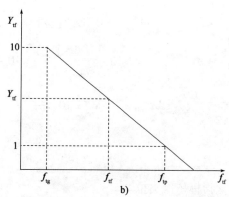

图 9-3-2 线性插值法示意图

例 9-3-2 某装卸设备配套方案的选择问题。有关资料见表9-3-5。

装卸设备配套方案　　　　　　　　　　　　表 9-3-5

方案＼指标	作业效率 f_1（t/h）	成本 f_2（元/t）	人员 f_3（人）	劳动强度 f_4	投资 f_5（万元）
A	32~51(41.5)	0.19~0.12(0.16)	5~6(6)	较低	123
B	15~25(20)	0.59~0.32(0.46)	4	很低	240
C	35~58(46.5)	0.10~0.09(0.1)	12	很高	9
要求	越大越好	越小越好	越小越好	越小越好	越小越好

解：(1) 设该问题评价指标的相对权重分别为 0.25,0.15,0.2,0.3,0.1。

(2) 进行无量纲化处理，方法为：

当对目标的要求越大越好时，可采用式(9-3-4)的线性插值公式，其图像如图9-3-2a)所示。

$$y_{ij} = 10 - \frac{9(f_{\max} - f_{ij})}{f_{\max} - f_{\min}} \tag{9-3-4}$$

当对目标的要求越小越好时，可采用式(9-3-5)的线性插值公式，其图像如图9-3-2b)所示。

$$y_{ij} = 10 - \frac{9(f_{ij} - f_{\min})}{f_{\max} - f_{\min}} \tag{9-3-5}$$

当某一指标下的值为一区间时，应以平均值带入，如表9-3-5中括号内的数值。

例如，指标f_1，由表9-3-5知，$f_{\max}=58, f_{\min}=15$，且该指标要求越大越好，因此有

$$y_{11} = 10 - \frac{9(f_{\max} - f_{ij})}{f_{\max} - f_{\min}} = 10 - \frac{9 \times (58 - 41.5)}{58 - 15} = 6.55$$

$$y_{21} = 10 - \frac{9 \times (58 - 20)}{43} = 2.05$$

$$y_{31} = 10 - \frac{9 \times (58 - 46.5)}{43} = 7.59$$

指标f_2，$f_{\max}=0.59, f_{\min}=0.09$，且该指标要求越小越好，因此有

$$y_{12} = 10 - \frac{9(f_{ij} - f_{\min})}{f_{\max} - f_{\min}} = 10 - \frac{9 \times (0.16 - 0.09)}{0.59 - 0.09} = 8.74$$

$$y_{22} = 10 - \frac{9 \times (0.46 - 0.09)}{0.5} = 3.34$$

$$y_{32} = 10 - \frac{9 \times (0.1 - 0.09)}{0.5} = 9.83$$

其他指标依次类推。

通过无量纲化处理，可以得到表9-3-6。由表知，最优方案为 A。

无量纲化处理结果 表 9-3-6

评价值 方案	评价因素和权重	y_1 0.25	y_2 0.15	y_3 0.20	y_4 0.30	y_5 0.10	综合评定值
	A	6.55	8.74	7.8	7	5.6	7.1685
	B	2.05	3.34	10	10	1	6.1135
	C	7.59	9.82	1	1	10	4.8705

3. 判断矩阵法

这种方法是将备选方案在各指标下的评定值通过转换,形成判断矩阵;然后计算判断矩阵的特征向量,并经规范化处理,求得指标评定值的标准化结果。需要说明的是,对已量化的指标评定值可直接构造判断矩阵,如果指标评定值要求越小越好,可采用评定值的倒数来构造判断矩阵。

例 9-3-3 用判断矩阵法确定例 9-3-1 中的最优方案。

解:(1)对已量化的 4 个指标,分别构造判断矩阵如下:

①对指标 1(减少死亡人数)、指标 2(减少负伤人数)和指标 3(减少经济损失),构造判断矩阵分别如表 9-3-7 ~ 表 9-3-9 所示。

指标 1 判断矩阵 表 9-3-7

指标 1	护栏	人行地道	交通信号	特征向量
护栏	1	5/20	5/3	0.179
人行地道	20/5	1	20/3	0.714
交通信号	3/5	3/20	1	0.107

指标 2 判断矩阵 表 9-3-8

指标 2	护栏	人行地道	交通信号	特征向量
护栏	1	10/20	10/8	0.303
人行地道	15/10	1	15/8	0.455
交通信号	8/10	8/15	1	0.242

指标 3 判断矩阵 表 9-3-9

指标 3	护栏	人行地道	交通信号	特征向量
护栏	1	10/20	10/5	0.324
人行地道	20/10	1	20/5	0.514
交通信号	5/10	5/20	1	0.162

②对指标实施费用 5,由于要求越小越好,故采用其评定值的倒数来构造判断矩阵,如表 9-3-10 所示。

指标 5 判断矩阵 表 9-3-10

指标 5	护栏	人行地道	交通信号	特征向量
护栏	1	42/7	3/7	0.286
人行地道	7/42	1	3/42	0.047
交通信号	7/3	42/3	1	0.667

(2)对定性指标,如指标4(外观),按照1-9比例标度法构造判断矩阵,见表9-3-11。

指标4 判断矩阵　　　　　　　　　　　表9-3-11

指标5	护栏	人行地道	交通信号	特征向量
护栏	1	1/5	3/1	0.188
人行地道	5	1	7/1	0.731
交通信号	1/3	1/7	1	0.081

(3)设各指标的权重与例9-3-1相同,则综合评价结果见表9-3-12。

综合评价结果　　　　　　　　　　　表9-3-12

价值量 方案 \ 指标 权重	减少死亡人数 0.333	减少负伤人数 0.267	减少经济损失 0.133	外观 0.067	实施费用 0.200	综合评定值
护栏	0.179	0.303	0.324	0.188	0.286	0.253
人行地道	0.714	0.455	0.514	0.731	0.048	0.486
交通信号	0.107	0.242	0.162	0.081	0.667	0.261

由表9-3-12知,方案2(人行地道)最优。

三、相关树法

相关树法作为一种对复杂问题的决策和评价的方法,其应用十分广泛。它是从希望的目标和为实现目标应采取的方案两个方面出发来分析问题的,并把各种因素的关系在树状结构上加以表示,这种树形结构就称为相关树。根据相关树可以定量地对系统进行评价,即评价相关树的各水平层次中各因素的重要性以及各项目在整体系统中所处的地位。当备选方案很多,因素复杂且相互交叉时,采用这种方法非常有效。这种方法的步骤如下:

(1)在相关树的各层次上,设定各评价因素(方案)的评价基准(评价指标),分别记为 $\alpha, \beta, \cdots, \nu$(评价基准之间应尽可能独立,避免相互交叉或包含)。

(2)确定各评价基准的权重 $q_\alpha, q_\beta, \cdots, q_\nu$,且使 $q_\alpha + q_\beta + \cdots + q_\nu = 1$。

(3)在各评价基准上,分别确定各因素相对重要度:

$$\alpha \to S_1^\alpha, S_2^\alpha, \cdots, S_j^\alpha, \cdots, S_n^\alpha, 且 \sum_{j=1}^n S_j^\alpha = 1;$$

$$\beta \to S_1^\beta, S_2^\beta, \cdots, S_j^\beta, \cdots, S_n^\beta, 且 \sum_{j=1}^n S_j^\beta = 1;$$

$$\nu \to S_1^\nu, S_2^\nu, \cdots, S_j^\nu, \cdots, S_n^\nu, 且 \sum_{j=1}^n S_j^\nu = 1。$$

(4)将评价基准 k 的权重 q_k 乘以各因素在该评价基准上的权重 S_j^k,然后对所有基准求和,可得

$$r_i^j = \sum_{k=\alpha}^\nu q_k \cdot S_j^k, 且 \sum_{j=1}^n r_i^j = 1 。$$

其中 r_i^j = 表示第 i 层中因素 j 的评价结果。

(5)在完成各层次因素的评价后,将与某因素有关联的上一层次的权重与本因素的权重连乘,即可得到某项目在整个系统中的重要度(相关树),如表9-3-13所示。

重要度(相关树)计算过程　　　　　　　　　表 9-3-13

评价基准	评价基准的评价系数	目的树水平层因素(i)						Σ
		1	2	$\cdots$	j	$\cdots$	n	
α	q_α	S_1^α	S_2^α	$\cdots$	S_j^α	$\cdots$	S_n^α	1
β	q_β	S_1^β	S_2^β	$\cdots$	S_j^β	$\cdots$	S_n^β	1
$\vdots$	$\vdots$	$\vdots$	$\vdots$		$\vdots$		$\vdots$	1
k	q_k	S_1^k	S_2^k	$\cdots$	S_j^k	$\cdots$	S_n^k	1
$\vdots$	$\vdots$	$\vdots$	$\vdots$		$\vdots$		$\vdots$	1
ν	q_ν	S_1^ν	S_2^ν	$\cdots$	S_j^ν	$\cdots$	S_n^ν	1
	$\sum_{k=\alpha}^{n} q_k \cdot S_j^k$	r_i^1	r_i^2	$\cdots$	r_i^j	$\cdots$	r_i^n	

例 9-3-4 以井下发生火灾时的安全避难问题为例,说明相关树法的应用。该问题的相关树如图 9-3-3 所示。

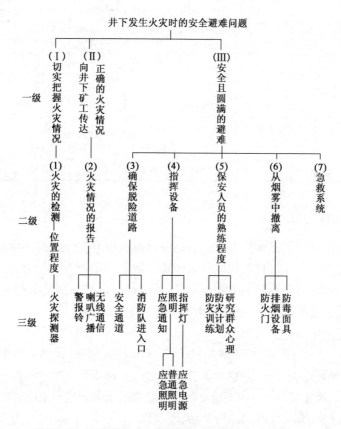

图 9-3-3　井下发生火灾时的安全避难问题的相关树分析

解:图 9-3-3 可分为左侧的情报系统和右侧的避难系统,下面重点讨论避难系统。研究该问题的目的是确定有关对策,所以仅对相关树的一、二级进行评价。

设相关树第一级的评价基准是:①生命安全;②财产安全;③生产秩序稳定。其评价结果见表 9-3-14。

相关树第一级评价结果　　　　　　　　　表9-3-14

评价基准＼权重＼因素	I	II	III
生命安全	0.7	0.3	0.3	0.4
财产安全	0.1	0.4	0.4	0.2
生产秩序稳定	0.2	0.3	0.2	0.5
小计	1.0	0.31	0.29	0.40

设第二级的评价基准是：①生命安全；②财产安全；③生产秩序稳定；④设备费用；⑤井下构造的复杂程序。对评价结果加以归纳，列于表9-3-15。结论是：指挥设备和确保脱险道路最重要，他们的关系数分别为 0.08、0.078。

相关树第二级评价结果　　　　　　　　　表9-3-15

评价基准＼权重＼因素		I 0.31	II 0.29	III 0.40				
		1	2	3	4	5	6	7
生命案例	0.5	0.1	0.1	0.2	0.2	0.2	0.1	0.1
财产安全	0.05	0.25	0.2	0.2	0.2	0.05	0.05	0.05
生产秩序稳定	0.05	0.2	0.2	0.1	0.2	0.05	0.2	0.05
设备费用	0.2	0.1	0.1	0.1	0.2	0.15	0.2	0.05
井下构造的复杂性	0.2	0.15	0.15	0.2	0.2	0.1	0.1	0.1
小计	1.0	0.1225	0.12	0.195	0.2	0.155	0.1225	0.085
关系数		0.038	0.035	0.078	0.08	0.062	0.049	0.034

四、模糊综合评价法

模糊综合评价法是运用模糊集合理论对某一对象进行综合评价的一种方法。在现实生活中，要想精确地描述某一评价目标，往往极为困难。例如，"把企业办得更好""改善服务态度，提高服务质量"等，这时评价标准往往是由决策者主观确定的。因此有必要建立一定的评价函数来衡量这种模糊目标，而评价函数可由模糊集合理论得到。

模糊综合评价法包括以下内容：

(1) 因素集 U。类似于评价指标集，一般记为 $U=\{u_1,u_2,\cdots,u_n\}$。例如对学生思想品德进行考核，其因素集可定为 $U=\{$思想修养，集体观念，劳动观念，遵守纪律，$\cdots\}$。

(2) 评语集 V。即在某一评价指标下，对评价对象给出的评定值，记为 $V=\{v_1,v_2,\cdots,v_m\}$，如四级评语制，评语集 $V=\{$优秀，良好，及格，不及格$\}$。

(3) 模糊评价矩阵 $\tilde{R}$。这是由因素集 U 到评语集 V 的一个模糊映射（也可看做是模糊变换），其中元素 r_{ij} 表示从第 i 个因素着眼对某一对象作出第 j 种评定的可能程度，亦即从第 i 个因素来看，某一对象从属于第 j 种评语规定的模糊集的隶属度。假定 $i,(r_{i1},r_{i2},\cdots)$ 则为 V 上的一个模糊集，表示从第 i 个因素来看，对于某对象所作出的单因素评价。将每个单因素评价结果进行组合，则构成模糊评价矩阵 $\tilde{R}$：

$$\widetilde{R} = \begin{bmatrix} r_{11} & r_{12} & \cdots & r_{1m} \\ r_{21} & r_{22} & \cdots & r_{2m} \\ \vdots & \vdots & & \vdots \\ r_{n1} & r_{n2} & \cdots & r_{nm} \end{bmatrix}$$

(4)权重分配$\{\widetilde{W}(u_i)\}(i=1,2,\cdots,n)$。亦即确定$U$中各元素的权重。用模糊集理论解释,$U$中诸因素之间有不同的权衡,人们对这个问题的认识可以表示为U上一个模糊子集$\widetilde{W}$,U中元素u_i对$\widetilde{W}$的隶属度为$\widetilde{W}(u_i)$,叫做因素u_i被分配的权重,一般有$\sum_{j=1}^{n}\widetilde{W}(u_i)=1$。

(5)综合评价模型。

$$\widetilde{S} = \widetilde{W} \cdot \widetilde{R}$$

(6)确定评价等级。根据综合评价模型,一般选$s_k = \max(s_i)$,其中s_i为S的元素,对应的评语为评价等级。但出现下面两种情况时应做相应调整:

① 设$s_k = \max(s_i)$,计算出$\sum_{i=1}^{k-1}s_i$及$\sum_{i=k+1}^{m}s_i$。

若
$$\sum_{i=1}^{k-1}s_i \geq \frac{1}{2}\sum_{i=1}^{m}s_i, 或 \sum_{i=k+1}^{m}s_i \geq \frac{1}{2}\sum_{i=1}^{m}s_i$$

则按s_{k-1}(或s_{k+1})所属等级评定。

② 如果$S=\{s_1,s_2,\cdots,s_m\}$中有q个($q\leq m$)相等的最大数,则仍按①中规定,先分别做移位计算,移位后的评定等级若仍然离散,则取移位后的中心等级评定。若中心等级有两个,则根据评价因素的权重,按权重系数大的位置评定等级。例如

$$S=(s_1,s_2,s_3,s_4)=(0.25,0.25,0.25,0.25)$$

移位计算后可按s_2或s_3所属等级评定。先假设左边权重系数大,则应以s_2所属等级评定。

例 9-3-5 试用模糊综合评价方法对学生思想品德进行评价。

学生思想品德评价是学校思想政治工作里经常遇到的问题。一般要靠班主任、辅导员、任课教师及分管学生工作的党政干部通过对学生平时表现的考察来作出评价。由于考察时间的局限、接触的分散和认识的片面性,往往导致评价上的偏差。为避免这种偏差,可采用模糊评价的方法,使评价工作定量化、科学化。

设因素集$U = \{u_1, u_2, \cdots, u_n\}$ = {思想修养,集体观念,劳动观念,遵守纪律}

评语集$V = \{v_1, v_2, \cdots, v_m\}$ = {很好,较好,一般,不好}

权重分配集$\widetilde{W} = \{W(u_1), W(u_2), W(u_3), W(u_4)\}$ = {0.5,0.2,0.2,0.1}

在班级及有关人员调查的基础上,确定某学生的评价矩阵如表9-3-16所示。

某学生的评价矩阵 表9-3-16

好	较好	一般	不好	评价因素
0.4	0.5	0.1	0	思想修养
0.6	0.3	0.1	0	集体观念
0.1	0.2	0.6	0.1	劳动观念
0.1	0.2	0.5	0.2	遵守纪律

其中:对评价因素 u_i 的评价向量为(0.4,0.5,0.1,0),表示在调查的人中,有40%的人认为该生思想修养好,50%的人认为该生思想修养较好,10%的人认为该生思想修养一般,其余类推。

该学生思想品德的综合评价模型为:

$$\tilde{S} = \tilde{W} \cdot \tilde{R} = (0.5, 0.2, 0.2, 0.1) \cdot \begin{bmatrix} 0.4 & 0.5 & 0.1 & 0 \\ 0.6 & 0.3 & 0.1 & 0 \\ 0.1 & 0.2 & 0.6 & 0.1 \\ 0.1 & 0.2 & 0.5 & 0.2 \end{bmatrix}$$

$= \{(0.5 \wedge 0.4) \vee (0.2 \wedge 0.6) \vee (0.2 \wedge 0.1) \vee (0.1 \wedge 0.1),$
$\quad (0.5 \wedge 0.5) \vee (0.2 \wedge 0.3) \vee (0.2 \wedge 0.2) \vee (0.1 \wedge 0.2),$
$\quad (0.5 \wedge 0.1) \vee (0.2 \wedge 0.1) \vee (0.2 \wedge 0.6) \vee (0.1 \wedge 0.5),$
$\quad (0.5 \wedge 0) \vee (0.2 \wedge 0) \vee (0.2 \wedge 0.1) \vee (0.1 \wedge 0.2)\}$

$= (0.4, 0.5, 0.2, 0.1)$

进行规范化处理:$(0.4 + 0.5 + 0.2 + 0.1) = 1.2$

$$S = \left(\frac{0.4}{1.2}, \frac{0.5}{1.2}, \frac{0.2}{1.2}, \frac{0.1}{1.2}\right) = (0.33, 0.42, 0.17, 0.08)$$

取最大数值0.42所对应的评语为该生的综合评价结果,即认为该学生的思想品德为较好。

例 9-3-6 设考核因素集为 $F = \{f_1, f_2, f_3, f_4\}$,评语集为 $E = \{e_1, e_2, e_3, e_4\}$,因素的权重为 $W_F = \{0.35, 0.35, 0.15, 0.15\}$。又设考核集为 $T = \{t_1, t_2\}$,t_1 表示经常性考核,t_2 表示晋级考核,考核因素的权重为 $W_T = \{0.6, 0.4\}$,则根据被考核人的日常考核记录以及晋级考核的成绩,进行综合评价如下:

现假设甲、乙两人日常考核的统计记录分别有 a、b 两种可能的结果,见表9-3-17。

甲 (a) 统计记录　　　　　　　　　　　　　表9-3-17a)

T	F \ E	e_1	e_2	e_3	e_4
t_1/t_2	f_1	0.5/1	0.3	0	0.2
	f_2	0.5	0.1/1	0.2	
	f_3	—/1	0.7	0.3	
	f_4	0.6	0.1/1		0.3

甲 (b) 统计记录　　　　　　　　　　　　　表9-3-17b)

T	F \ E	e_1	e_2	e_3	e_4
t_1/t_2	f_1	0.5	0.3	—/1	0.2
	f_2	0.5	0.1	0.2	0.2/1
	f_3		0.7	0.3	—/1
	f_4	0.6	0.1		0.3/1

乙（a）统计记录 表9-3-17c)

T \ F \ E		e_1	e_2	e_3	e_4
t_1/t_2	f_1	—/1	0.1	0.8	0.1
	f_2		0.1/1	0.7	0.2
	f_3	0.1/1	0.6	0.3	
	f_4		0.1/1	0.6	0.3

乙（b）统计记录 表9-3-17d)

T \ F \ E		e_1	e_2	e_3	e_4
t_1/t_2	f_1	—/1	0.1	0.8	0.1
	f_2	—/1	0.1	0.7	0.2
	f_3	0.1/1	0.6	0.3	
	f_4		0.1/1	0.6	0.3

确定考核因素集内诸因素对各评语的隶属度，它具有矩阵形式 $\boldsymbol{R} = (r_{ij})_{4\times4}$，其中，$r_{ij} = W_{t1} r_{ij}^{(1)} + W_{t2} r_{ij}^{(2)}$。对于甲（a）情况：

$$r_{11} = 0.6 \times 0.5 + 0.4 \times 1 = 0.70$$
$$r_{21} = 0.6 \times 0.5 + 0 = 0.30$$
$$r_{31} = 0 + 0.4 \times 1 = 0.40$$
$$r_{41} = 0.6 \times 0.6 + 0 = 0.36$$

同理

$$r_{12} = 0.18 \quad r_{13} = 0 \quad r_{14} = 0.12$$
$$r_{22} = 0.46 \quad r_{23} = 0.12 \quad r_{24} = 0.12$$
$$r_{32} = 0.42 \quad r_{33} = 0.18 \quad r_{34} = 0$$
$$r_{42} = 0.46 \quad r_{43} = 0 \quad r_{44} = 0.18$$

故得：

$$\boldsymbol{R}_{甲(a)} = \begin{bmatrix} 0.70 & 0.18 & 0 & 0.12 \\ 0.30 & 0.46 & 0.12 & 0.12 \\ 0.40 & 0.41 & 0.18 & 0 \\ 0.36 & 0.46 & 0 & 0.18 \end{bmatrix}$$

所以

$$\boldsymbol{R}_{甲(a)} = \boldsymbol{W}_F \cdot \boldsymbol{R}_{甲(a)}$$

$$= (0.35, 0.35, 0.15, 0.15) \cdot \begin{bmatrix} 0.70 & 0.18 & 0 & 0.12 \\ 0.30 & 0.46 & 0.12 & 0.12 \\ 0.40 & 0.41 & 0.18 & 0 \\ 0.36 & 0.46 & 0 & 0.18 \end{bmatrix}$$

$$= (0.464, 0.356, 0.069, 0.111)$$

由表 9-3-17a) 中甲(a)，若按考核一次评定，其评价矩阵：

$$R_{甲(a)} = \begin{bmatrix} 1 & 0 & 0 & 0 \\ 0 & 1 & 0 & 0 \\ 1 & 0 & 0 & 0 \\ 0 & 1 & 0 & 0 \end{bmatrix}$$

所以

$$R'_{甲(a)} = W_F \cdot R_{甲(a)} = (0.35, 0.35, 0.15, 0.15) \cdot \begin{bmatrix} 1 & 0 & 0 & 0 \\ 0 & 1 & 0 & 0 \\ 1 & 0 & 0 & 0 \\ 0 & 1 & 0 & 0 \end{bmatrix} = (0.5, 0.5, 0, 0)$$

这样按定级考核应为 e_2 级；而按综合判定，其 $\max\{s_i\}$ 值虽位于 e_1 级，但由于 $\sum_{i=2}^{4} s_i = 0.536 > \frac{1}{2}\sum_{i=1}^{4} s_i = 0.5$，故仍应定为 e_2 级。

同理对甲(b)的情况：

$$R_{甲(b)} = W_F \cdot R_{甲(b)} = (0.35, 0.35, 0.15, 0.15) \cdot \begin{bmatrix} 0.30 & 0.18 & 0.4 & 0.12 \\ 0.30 & 0.06 & 0.12 & 0.52 \\ 0 & 0.42 & 0.18 & 0.42 \\ 0.36 & 0.06 & 0 & 0.58 \end{bmatrix}$$

$$= (0.264, 0.156, 0.209, 0.371)$$

由表 9-3-17b) 中甲(b)，若按考核一次评定，应定为 e_4 级；而按综合判定，其 $\max\{s_i\}$ 值虽位于 e_4 级，但由于 $\sum_{i=1}^{3} s_i = 0.629 > \frac{1}{2}\sum_{i=1}^{4} s_i = 0.5$，故仍应定为 e_3 级。

同理对乙(a)的情况

$$R_{乙(a)} = W_F \cdot R_{乙(a)} = (0.35, 0.35, 0.15, 0.15) \cdot \begin{bmatrix} 0.40 & 0.06 & 0.48 & 0.06 \\ 0 & 0.46 & 0.42 & 0.12 \\ 0.46 & 0.36 & 0.18 & 0 \\ 0 & 0.46 & 0.36 & 0.18 \end{bmatrix}$$

$$= (0.209, 0.305, 0.396, 0.09)$$

按晋级考核应定为 e_2 级；而按综合判定需左移一位，仍应为 e_2 级。类似地有：

$$R_{乙(b)} = W_F \cdot R_{乙(b)} = (0.35, 0.35, 0.15, 0.15) \cdot \begin{bmatrix} 0.40 & 0.06 & 0.48 & 0.06 \\ 0 & 0.46 & 0.42 & 0.12 \\ 0.46 & 0.36 & 0.18 & 0 \\ 0 & 0.46 & 0.36 & 0.18 \end{bmatrix}$$

$$= (0.349, 0.165, 0.396, 0.09)$$

按晋级考核应定为 e_1 级；而按综合判定则为 e_2 级。

上例说明日常工作一贯表现较好的人员，即使晋级考核偶尔失误，如甲(b)也可上第一级。对于平常工作一般的人员，即使晋级考核偶尔获优，如乙(b)还是应下靠一级，这是比较合乎情理的。

五、灰色综合评价法

灰色综合评价法是运用灰色系统理论对研究对象进行综合评价的一种方法。灰色系统理论是我国华中理工大学邓聚龙教授于1982年提出的。这一理论的研究对象是灰色系统。灰色系统是相对于白色系统和黑色系统而言的,黑色系统是指人们对系统的内部结构、参数和特征等一无所知,只能从系统的外部表象来研究这类系统。这里的黑,表示信息缺乏。反之,一个系统的内部特征全部确知,便称这类系统为白色系统。白表示信息充足。介于白和黑之间,或者说部分信息已知,部分信息未知的系统即为灰色系统,如社会系统、经济系统、农业系统、生态系统等多数都是灰色系统。

灰色系统理论建立以来,不仅成功地应用于工程控制、经济管理、未来学研究、社会系统、生态系统等领域,而且在复杂多变的农业系统,包括水利、气象、生物防治、农业决策、农业区划、农业经济等方面取得了可喜的成就。目前,灰色系统理论已广泛应用于系统分析、系统预测、决策分析、系统控制等各个领域,成为认识和研究系统的有效的理论工具。

灰色系统理论分析系统的主要工具是关联分析。社会、经济、农业、生态等复杂系统往往包含多种因素,这些因素都是相互关联、相互制约的。关联分析就是通过计算比较数列与参考数列的关联系数和关联度,来确定各种影响因素或备选方案的重要度,进而决定重要因素或最优方案。也就是说,首先要选取参考数列,将各种备选方案在各评价因素下的价值评定值视为比较数列,通过计算各方案与参考数列的关联度来决定最优方案。

灰色综合评价法的特点是:分析思路清楚,分析时所需数据不多,计算方法简单,可以充分利用已白化的信息,综合评价的误差小。

灰色综合评价的评价模型及评价步骤如下:

1. 灰色综合评价模型

设 $A_1, A_2, \cdots, A_m$ 为 m 个评价方案;$X_1, X_2, \cdots, X_n$ 为 n 个评价指标;$W_1, W_2, \cdots, W_n$ 为 n 个评价指标的权重;$V_{i1}, V_{i2}, \cdots, V_{in}$ 为 i 个替代方案 A_i 关于 X_j 指标($j=1,2,\cdots,n$)的价值评定值,则灰色综合评价的数学模型为:

$$R = W \times V$$

式中:R——m 个方案综合评价结果矩阵,$R = [r_1, r_2, \cdots, r_m]$;

r_i——i 个方案综合评判结果($i=1,2,\cdots,m$);

W——权重,$W = [W_1, W_2, \cdots, W_n]$,且 $\sum_{j=1}^{n} W_j = 1$;

V——各指标的评价矩阵,即

$$V = \begin{bmatrix} V_{11} & V_{12} & \cdots & V_{1n} \\ V_{21} & V_{22} & \cdots & V_{2n} \\ \vdots & \vdots & & \vdots \\ V_{n1} & V_{n2} & \cdots & V_{mn} \end{bmatrix}$$

2. 灰色综合评价法的步骤

(1) 确定最优指标集 F^*(即参考数列)

设 $F^* = [f_1^*, f_2^*, \cdots f_n^*]$。式中:$f_k^*$($k=1,2,\cdots,n$)为第 k 个指标在诸方案中的最优值(指标若以大值为好,则应取该指标在各方案中的最大值;若以小值为好,则应取各方案中的最小值)。制定最优指标时,既要考虑到标准的先进性,又要考虑到标准的可行性。最优指标集是进行各方案比较的基础。若最优指标选得过高,则是不现实的,也是难以实现的。

(2) 指标值的规范化处理

由于评价指标相互之间通常具有不同的量纲和数量级,因而不能直接进行比较,因此需要对原始指标值进行规范化处理。

设第 k 个指标的变化区间为 $[V_{km}, V_{kl}]$,V_{km} 为第 k 个指标在所有方案中最大值,V_{kl} 为第 k 个指标在所有方案中的最小值,可采用式(9-3-6)将原始指标值变换为无量纲值 $C_k^i \in [0,1]$:

$$C_k^i = \frac{V_{ik} - V_{kl}}{V_{km} - V_{kl}} \tag{9-3-6}$$

在利用式(9-3-6)将原始指标值转化为无量纲值时,也要把最优指标值转化为无量纲值。

(3) 计算关联系数

将经过规范化处理后的最优指标值 $C_0^* = [C_1^*, C_2^*, \cdots, C_n^*]$ 作为参考数据列,将经规范处理后各方案的指标值 $(C_k^i) = [C_1^i, C_2^i, \cdots, C_n^i]$ 作为被比较数据列,则可根据式(9-3-7)分别求得第 i 个方案第 k 个指标与第 k 个最优指标的关联系数 $\zeta_{ik}(i=1,2,\cdots,m; k=1,2,\cdots,n)$。

$$\zeta_{ik} = \frac{\min_i \min_k |C_k^* - C_k^i| + \rho \max_i \max_k |C_k^* - C_k^i|}{|C_k^* - C_k^i| + \rho \max_i \max_k |C_k^* - C_k^i|} \tag{9-3-7}$$

式中:$\rho \in [0,1]$,一般取 $\rho = 0.5$。

(4) 计算综合评判结果

根据综合评判模型,可计算综合评价结果:

$$R = W \times V \text{ 或 } r_i = \sum_{k=1}^{n} W_k \cdot \zeta_{ik} \tag{9-3-8}$$

r_i 即为关联度。若 r_i 最大,则说明 C^i 与 C^* 最接近,亦即第 i 个方案最优。

例 9-3-7 以某建筑工程评价指标为例说明灰色综合评价法的应用。

设参加某体育馆工程项目投标的有 A、P、C 三个建筑公司,各公司投标方案的技术经济指标如表 9-3-18 所示。

投标方案的技术经济指标　　　　　　　　　　表 9-3-18

指标	标度及上下浮动限值	投标单位 e_1	e_2	e_4
报价(万元)	1120.9896 1064.940~1177.039	1061	1015.626	1125.165
工期(月)	24 21.6~25.2	22	22	23
钢材用量(t)	1341.09 1300.857~1381.323	1349	1402	1234.218
木材用量(m³)	1032.43 1001.457~1063.403	1074	968.9	1010.64
水泥用量(t)	4000 3880~4120	4361	4022	4352
施工技术措施	15	12.833	11.17	11
社会信誉	3	5	4.833	4.667

解:(1)假设 7 个指标的相对权重系数为:
$$W = [0.4, 0.2, 0.0667, 0.0667, 0.0667, 0.15, 0.05]$$
(2)确定最优参数数列 F^*:
$$F^* = [报价,工期,钢材用量,木材用量,水泥用量,施工技术措施,社会信誉]$$
$$= [1064.940, 21.6, 1300.8573, 1001.4571, 3880, 12.833, 5]$$
(3)指标值的规范化处理。根据式(9-3-6),指标值规范化处理结果见表 9-3-19。

指标值规范化处理结果　　　　　　　　　　　表 9-3-19

指标数列 投标方案	报价	工期	钢材用量	木材用量	水泥用量	施工技术措施	社会信誉
参考数据列	0.4502	0	0.3972	0.3098	0	1	1
A 公司	0.4142	0.2857	0.6841	1	1	0.4583	1
B 公司	0	0.2857	1	0	0.2952	0.0425	0.4985
C 公司	1	1	0	0.3971	0.9813	0	0

(4)计算关联系数:
根据式(9-3-7),计算 $\Delta_{ik} = |C_k^* - C_k^i|$,结果见表 9-3-20。

各方案综合评价计算结果　　　　　　　　　　　表 9-3-20

Δ_{ik}　　k i	1	2	3	4	5	6	7	$\min\limits_{k}$	$\max\limits_{k}$
A 公司	0.0360	0.2857	0.2869	0.6902	1	0.5417	0	0	1
B 公司	0.4502	0.2857	0.6028	0.3098	0.2952	0.9575	0.5015	0.2857	0.9575
C 公司	0.5498	1	0.3972	0.0872	0.9813	1	1	0.0872	1
								$\min\limits_{i}\min\limits_{k}=0$	$\max\limits_{i}\max\limits_{k}=1$

由表 9-3-20 和式(9-3-8),经计算可得到表 9-3-21。

各方案综合评价计算结果　　　　　　　　　　　表 9-3-21

ζ_{ik}　　k i　　W_j	1 0.4	2 0.2	3 0.0667	4 0.0667	5 0.0667	6 0.15	7 0.05	r_i
1	0.9314	0.6364	0.6354	0.4201	0.333	0.4800	1	0.7145
2	0.5158	0.6364	0.4534	0.6174	0.6288	0.3431	0.4993	0.5274
3	0.4166	0.333	0.5573	0.8514	0.3375	0.333	0.333	0.4403

由表 9-3-21 知,方案 1 最接近最优参数数列,所以 A 公司应作为最佳中标单位。

六、层次分析法

层次分析法(analytical hierarchy process,简称 AHP)是美国运筹学家匹兹堡大学教授萨迪(Thomas L. Saaty)于 20 世纪 70 年代中期提出的。它是把一个复杂问题表示为有序的递阶层次结构,通过人们的判断,对备选方案的优劣进行排序。这种方法具有实用性、系统性、简洁性等很多优点,特别适用于有关社会经济系统的决策分析,近些年来的研究和应用发展得很快。

运用 AHP 处理问题的基本步骤是：①构造系统问题的层次结构模型；②建立判断矩阵，计算相对权重，这又称为层次单排序；③判断一致性检验；④计算组合权重，并通过组合权重的对比，得到决策方案的优劣顺序，又称为层次总排序。

1. 递阶层次结构

AHP 在分析复杂问题时，首先从系统的层次特性出发，用一个层次结构模型，描述问题所涉及的因素及其相互间的关系。递阶层次结构的一般形式如图 9-3-4 所示。最高层通常只包含一个要素。一般为系统的总体目标或问题的焦点；最底层称为方案层，通常设置解决系统问题的各种备选方案、政策、措施等。中间层称为准则层，其中排列用来衡量是否达到目标的各项评价准则和标准等。最底层的各备选方案在某方面的特征，需用相应的评价准则来衡量，图 9-3-4 中层次间的连线即表征这些联系。

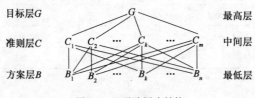

图 9-3-4　递阶层次结构

在构造实际问题的层次结构模型时，首先要分解出构成要素，按要素的特点进行归纳，排为若干层次。对于有关联的要素，用作用线连接起来，即可建立层次结构模型。也可以采用目标手段分析方法，来寻求达到目标应采取的手段以及评价方案的准则和指标，由此建立递阶层次结构模型。某些复杂的社会经济问题的层次结构中，还会存在从下层到上层的反向作用，形成具有反馈的层次结构。如果上层的每一个要素与下层的所有要素都存在联系，就称为完全相关结构；如果上层要素仅与下层的部分要素相关，则称为不完全相关结构。

例 9-3-8　购物问题的递阶层次结构模型。去商场选购商品的目的是要买一件满意的商品，通常可以用几个指标或准则来衡量，如商品的外观、质量、价格、性能等。而 A、B、C、D 等几种商品就是备选方案。由此我们得到购物问题各层次的要素：目标层，购买满意的商品；评价准则层，商品的外观、质量、价格、性能；各备选方案层，商品 A、B、C、D。由此购物问题的递阶层次结构模型可表征如图 9-3-5 所示。

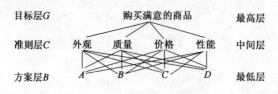

图 9-3-5　购买问题的递阶层次结构

例 9-3-9　选择管理人员的递阶层次结构如图 9-3-6 所示，其中第三层是一个分准则层，是第二层所列准则的细化。

2. 构造判断矩阵和计算相对权重

1）构造判断矩阵

判断矩阵是将层次结构模型中同一层次的要素相对于上层的某个因素，相互间作成对比较而形成的矩阵。以图 9-3-4 所示的层次结构为例，方案层的备选方案 $B_1, B_2, \cdots, B_n$。相对上

层的准则 C_k 作成对比较,可构成下面的判断矩阵 $\boldsymbol{P}_{C_k-B}$。如表 9-3-22 所示。

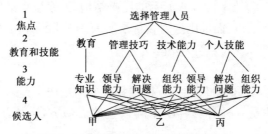

图 9-3-6 选择管理人员的的递阶层次结构

构 造 判 断 矩 阵 表 9-3-22

C_k	B_1	B_2	…	B_j	…	B_n
B_1	b_{11}	b_{12}	…	b_{1j}	…	b_{1n}
B_2	b_{21}	b_{22}	…	b_{2j}	…	b_{2n}
…	…	…	…	…	…	…
B_j	…	…	…	b_{ij}	…	…
…	…	…	…	…	…	…
B_n	b_{n1}	b_{n2}	…	b_{nj}	…	b_{mn}

其中,b_{ij} 是以 C_k 为准则 B_i 与 B_j 哪个更重要更强来确定的。

在确定元素 b_{ij} 的量值时,如果是比较要素 B_i 与 B_j 的某种物理特性,如重量、长度、温度等,可以用要素的物理测量值进行比较。但在比较两件衣服哪一件更好等诸如此类的问题时,则不存在精确的测量尺度,只能用一种模糊的标准,说哪一件更好,哪一件稍差,而类似的比较随处可见。AHP 为了将这类比较的结果作定量化描述,引入了判断标度。通常使用 1~9 标度法,如表 9-3-23 所示。

1~9 标 度 表 9-3-23

标 度	说 明
1	表示 B_i 与 B_j 相比,两个要素同等重要
3	表示 B_i 比 B_j 稍微重要一些
5	表示 B_i 比 B_j 明显重要
7	表示 B_i 比 B_j 重要得多
9	表示 B_i 比 B_j 绝对重要
2,4,6,8	表示两相邻标度的中间值

构造判断矩阵时应注意:①所比较的事物之间是否具有可比性,如一个桔子和一个乒乓球不能比较味道如何,但可以比较重量或圆度;②数量级差别应不大,若甲重 10t,乙重 10g,两者比较重量是没有意义的。

通过比较得到的判断矩阵 $\boldsymbol{P} = [b_{ij}]_{n \times n}$ 具有以下特点:

①$b_{ij} > 0$;②$b_{ii} = 1$;③$b_{ij} = 1/b_{ji}(i,j = 1,2,\cdots,n)$。

其中第③个特点是因为:若将 B_i 与 B_j 相比的结果记为 b_{ij},反之 B_j 与 B_i 相比的结果记为 $b_{ji} = 1/b_{ij}$,即转置对应的元素互成反比。

具有上述几个特点的矩阵称为正互反矩阵。可以证明一个 n 阶的判断矩阵只有 $n(n-1)/2$ 个元素需要确定。对于如图 9-3-4 所示的层次结构，方案层对准则层可以建立 m 个判断矩阵，即 $\boldsymbol{P}_{C_k-B}(k=1,2,\cdots,m)$，而准则层对目标层只有一个判断矩阵 $\boldsymbol{P}_{G-C}$，所以图 9-3-4 所示的层次结构总共需要构造 $m+1$ 个判断矩阵。

2) 计算权重

权重计算的方法有多种，这里仅介绍方根法和特征向量法。

(1) 方根法。方根法是一种计算判断矩阵权重的近似方法，用于精度要求不高的场合。其计算步骤如下：

首先，计算 $\boldsymbol{P}=[b_{ij}]_{n\times n}$ 中每行所有元素的几何平均值，得到向量 $\boldsymbol{M}=[m_1,m_2,\cdots,m_n]^T$，其中

$$m_i = \sqrt[n]{\prod_{j=1}^{n} b_{ij}} \quad (i=1,2,\cdots,n) \tag{9-3-9}$$

其次，对列向量 $\boldsymbol{M}$ 作归一化处理，得到相对权重向量 $\boldsymbol{W}=[w_1,w_2,\cdots,w_n]^T$，其中

$$w_i = \frac{m_i}{\sum_{j=1}^{n} m_j}$$

所谓归一化是指：

① $0\leq w_i \leq 1(i=1,2,\cdots,n)$；② $\sum_{i=1}^{n} w_i = 1$。

最后，计算 $\boldsymbol{P}$ 的最大特征值 $\lambda_{\min}$，其近似计算公式如下：

$$\lambda_{\max} = \frac{1}{n}\sum_{i=1}^{n} \frac{(\boldsymbol{PW})_i}{w_i} \tag{9-3-10}$$

其中，$(\boldsymbol{PW})_i$ 是权重向量 $\boldsymbol{W}$ 右乘判断矩阵 $\boldsymbol{P}$ 得到的列向量 $\boldsymbol{PW}$ 中的第 i 个分量。$\lambda_{\max}$ 将用于一致性检验。

(2) 特征向量法。对于计算精度要求较高的场合，近似算法会造成较大的积累误差，一般可采用特征向量法。

线性代数中，对于实数矩阵 $\boldsymbol{P}=[b_{ij}]_{n\times n}$，其特征方程为 $(\boldsymbol{P}-\lambda\boldsymbol{I})\boldsymbol{W}=0$。特征多项式为 $|\boldsymbol{P}-\lambda\boldsymbol{I}|=0$，其中，$\boldsymbol{I}$ 为单位阵，$\boldsymbol{W}$ 为对应于特征值 λ 的特征向量。对于特征多项式，经运算可求出 $\boldsymbol{P}$ 的 n 个特征值 $\lambda_1,\lambda_2,\cdots,\lambda_n$。而最大特征值是指 $\lambda_{\max}=\max\{\lambda_1,\lambda_2,\cdots,\lambda_n\}$。另外，称下式为矩阵 $\boldsymbol{P}$ 的迹：

$$\lambda_1 + \lambda_2 + \cdots + \lambda_n = b_{11} + b_{22} + \cdots + b_{nn} \tag{9-3-11}$$

特征向量法计算权重的原理如下：设有 n 个物体 $B_1,B_2,\cdots,B_n$，重量分别为 $W_1,W_2,\cdots,W_n$。若两两比较物体的重量，其比值构成 $n\times n$ 的矩阵 $\boldsymbol{P}$。若用重量向量 $\boldsymbol{W}=[W_1,W_2,\cdots,W_n]^T$ 右乘矩阵 $\boldsymbol{P}$，可得下式：

$$\boldsymbol{PW} = \begin{bmatrix} w_1/w_1 & w_1/w_2 & \cdots & w_1/w_n \\ w_2/w_1 & w_2/w_2 & \cdots & w_2/w_n \\ \vdots & \vdots & \cdots & \vdots \\ w_n/w_1 & w_n/w_2 & \cdots & w_n/w_n \end{bmatrix} \begin{bmatrix} w_1 \\ w_2 \\ \vdots \\ w_n \end{bmatrix} = n \begin{bmatrix} w_1 \\ w_2 \\ \vdots \\ w_n \end{bmatrix} = n\boldsymbol{W}$$

或

$$(\boldsymbol{P}-n\boldsymbol{I})\boldsymbol{W}=0$$

由矩阵理论可知，n 即为 P 的特征值，且是最大特征值 λ_{max}，W 则是对应于最大特征值 n 的特征向量。

不难看出，特征向量法应首先求出判断矩阵的最大特征值 λ_{max}；然后计算对应于 λ_{max} 的特征向量 W，再对 W 作归一化处理，即得到权重向量。当判断矩阵阶数较高时，可采用迭代算法编程计算特征值。

3. 判断一致性检验

1）完全一致性

根据矩阵理论，若正互反矩阵 $P = [b_{ij}]_{n \times n}$ 对于所有的 $i, j = 1, 2, \cdots, n$，均有 $b_{ij} = b_{ik}/b_{jk}$ 成立，则称 P 具有完全一致性，此时正互反矩阵 P 具有唯一非零的最大特征值 λ_{max}，且 $\lambda_{max} = n$。实际上，由于正互反矩阵的 $b_{ii} = 1 (i = 1, 2, \cdots, n)$ 且令 $\lambda_{max} = \lambda_1$，由式(9-3-11)可得 $\lambda_{max} + \sum_{i=2}^{n} \lambda_i = n$，则 $\sum_{i=2}^{n} \lambda_i = 0$。

2）一致性检验指标

人们在对复杂问题涉及的因素进行两两比较时，不可能作到判断的完全一致性，总会存在估计误差。这将导致判断矩阵的特征值和特征向量也带有偏差。设 P' 为带有偏差的判断矩阵，其最大特征值和特征向量设为 λ'_{max} 和 W'。因为 $b_{ii} = 1 (i = 1, 2, \cdots, n)$，又设 $\lambda'_{max} = \lambda_1$，由式(9-3-11)可得

$$\lambda'_{max} + \sum_{i=2}^{n} \lambda'_i = n$$

通常 P' 的 $\lambda'_{max} \geq n$，而 $\lambda'_{max} - n$ 就是除 λ'_{max} 以外的其余所有特征值的代数和。与完全一致性相比较，$\lambda'_{max} - n = -\sum_{i=2}^{n} \lambda_i$ 就表征了 P' 的偏差程度。由此一致性检验指标 $C.I$ 构造如下：

$$C.I = \frac{\lambda_{max} - n}{n - 1} \tag{9-3-12}$$

由式(9-3-12)可知，对于任意的判断矩阵，当 $\lambda_{max} = n$ 时 $C.I = 0$，则判断矩阵具有完全一致性；$C.I$ 的值越大，P' 的估计偏差也就越大，偏离一致性的程度就越大。

3）随机一致性指标

通常判断矩阵的阶数 n 越高，其估计偏差随之增大，一致性也越差，因此对高阶判断矩阵的检验应适当放宽要求。为此引入随机指标 $R.I$ 为修正值，以更合理的随机一致性指标 $C.R$ 来衡量判断矩阵的一致性。

$$C.R = \frac{C.I}{R.I} \tag{9-3-13}$$

通常只要 $C.R \leq 0.10$，则认为 P' 具有满意的一致性，否则必须重新调整 P' 中元素的值。式(9-3-13)中 $R.I$ 的值，要按判断矩阵的阶数从表 9-3-24 中选取。2 阶及以下的判断矩阵总是具有完全一致性。

随机一致性指标　　　　　　　　　　　　　　　表 9-3-24

n	1	2	3	4	5	6	7	8	9	10
$R.I$	0	0	0.58	0.96	1.12	1.24	1.32	1.41	1.45	1.49

例 9-3-10 在购买冰箱时，将价格、质量、外观作为三个评价准则，现确定各准则的相对重

要顺序。为说明一致性检验,现构造下面两个判断矩阵(表9-3-25、表9-3-26)。

判 断 矩 阵 一　　　　　　　　表9-3-25

P_a	购冰箱	价格	质量	外观	W
	价格	1	1/3	3	0.258
	质量	3	1	5	0.636
	外观	1/3	1/5	1	0.106

表9-3-25中,$\lambda_{\max}=3.043;C.R=0.0371<0.1$。

判 断 矩 阵 二　　　　　　　　表9-3-26

P_b	购冰箱	价格	质量	外观	W
	价格	1	1/3	3	0.320
	质量	3	1	1/5	0.278
	外观	1/3	5	1	0.392

表9-3-26中,$\lambda_{\max}=4.838;C.R=1.54>0.1$。

由计算结果可知,P_a满足要求,而P_b偏差太大,使评价准则排序为:外观、价格、质量。显然这与人们通常的选择性思维不一致。对多因素进行比较时,更易出现这类偏差,而一致性检验可以帮助发现估计误差,对过大的偏差必须加以纠正。

4. 层次总排序

层次总排序就是基于层次单排序得到的结果计算组合权重,然后,通过比较各要素组合权重的大小,得到要素的相对重要顺序,依此确定对备选方案的评价。

对于图9-3-4所示的递阶层次结构,设准则层C对目标层G的相对权重列向量为$\boldsymbol{\alpha}=[\alpha_1,\alpha_2,\cdots,\alpha_m]^T$,方案层$B$对$C$层各项准则$C_1,C_2,\cdots,C_m$的权重列向量分别记为$W_1$,$W_2,\cdots,W_k,\cdots,W_m$,其中$W_k=[w_{1k},w_{2k},\cdots,w_{mk}]^T$是$B$层方案$B_i(i=1,2,\cdots,n)$对准测$C_k$($k=1,2,\cdots,m$)的相对权重列向量。由此构成组合权重计算表(表9-3-27),其中,$\sum$为$\sum_{j=1}^{m}$的简写。

组合权重计算表　　　　　　　　表9-3-27

B \ C α	C_1 α_1	C_2 α_2	…	C_m α_m	组合权重
B_1	w_{11}	w_{12}	…	w_{1m}	$V_1=\sum\alpha_j\cdot w_{ij}$
B_2	w_{21}	w_{22}	…	w_{2m}	$V_2=\sum\alpha_j\cdot w_{2j}$
…	…	…	…	…	…
B_n	w_{n1}	w_{n2}	…	w_{nm}	$V_n=\sum\alpha_j\cdot w_{ij}$

实际上,由相对权重列向量$W_1,W_2,\cdots,W_m$可构造相对权重矩阵$\boldsymbol{W}=[w_1,w_2,\cdots,w_m]$,则组合权重$V$可按下式计算:

$$\boldsymbol{V}=\boldsymbol{W}\cdot\boldsymbol{\alpha} \tag{9-3-14}$$

5. 层次分析法应用

AHP是一种定性分析与定量分析相结合的系统分析、系统评价、决策评价的重要方法。

对于难以建立数学模型,而又缺乏必要数据的非结构性复杂问题,层次分析法十分有效和实用。处理的问题可以是:排序、计划、决策分折、效益成本分析、资源分配、群组决策等。AHP 有许多成功的应用,如中东冲突分析、美国未来高等教育的研究、世界银行 R&D 计划、有价证券选择、公司决策分析等。

例 9-3-11　某企业欲投资生产轻工产品,现拟定了三个投资方案:I_1-生产某种家用电器,I_2-生产某紧俏产品,I_3-生产本地的传统产品。评价准则有:C_1-风险程度,C_2-资金利润率,C_3-转产难易。经初步分析认为:I_1 资金利润率高,竞争风险大;I_2 利润稍低一些,但风险小,易转产;I_3 高利润、高风险,很难转产。现应用 AHP 选择方案。

解:(1)建立层次结构模型。该选择型问题的层次结构模型如图 9-3-7 所示,是完全相关结构。

G层　　　　　　　　　G投资

C层　　　C_1风险程度　　C_2资金利润　　C_3转产难易

I层　　　I_1家用电器　　I_2紧销产品　　I_3传统产品

图 9-3-7　投资问题的层次结构模型

(2)建立判断矩阵,计算相对权重,判断矩阵有 P_{G-C},P_{C_1-I},P_{C_2-I},P_{C_3-I} 共 4 个,分别是 G 对 C 层,以及 C_1,C_2,C_3 对 I 层判断矩阵,用 1~9 标度尺确定矩阵元素值,计算各矩阵的相对权重,结果见表 9-3-28~表 9-3-32。

例 9-3-11 表一　　　　　　　　　　　表 9-3-28

	G 结果	C_1	C_2	C_3	α
P_{G-C}	C_1	1	1/3	2	0.230
	C_2	3	1	5	0.648
	C_3	1/2	1/5	1	0.122

由表 9-3-28 可得,$\lambda_{max} = 3.0037$;$C.R = 0.033 < 0.1$。

例 9-3-11 表二　　　　　　　　　　　表 9-3-29

	C_1	I_1	I_2	I_3	W_1
P_{C_1-I}	I_1	1	1/3	1/5	0.105
	I_2	3	1	1/3	0.258
	I_3	5	3	1	0.637

由表 9-3-29 可得,$\lambda_{max} = 3.0085$;$C.R = 0.033 < 0.1$。

例 9-3-11 表三　　　　　　　　　　　表 9-3-30

		I_1	1	2	7	0.592
P_{C_2-I}	C_2	I_1	I_2	I_3	W_2	
		I_2	1/2	1	5	0.333
		I_3	1/7	1/5	1	0.075

由表 9-3-30 可得,$\lambda_{max} = 3.0013$;$C.R = 0.012 < 0.1$。

例 9-3-11 表四　　　　　　　　　　　　　　　表 9-3-31

P_{C_3-I}	C_3	I_1	I_2	I_3	W_3
	I_1	1	1/3	1/7	0.081
	I_2	3	1	1/5	0.188
	I_3	7	5	1	0.731

由表 9-3-31 可得,$\lambda_{max}=3.065$;$C.R=0.056<0.1$。

例 9-3-11 表五　　　　　　　　　　　　　　　表 9-3-32

I \ C α	C_1	C_2	C_3	V
	0.230	0.648	0.122	
I_1	0.105	0.592	0.081	0.418
I_2	0.258	0.333	0.188	0.298
I_3	0.637	0.075	0.731	0.284

由表 9-3-32 可得,其中,$V_1=0.230\times0.105+0.648\times0.592+0.122\times0.081=0.418$。

(3) 一致性检验。检验结果显示 4 个判断矩阵均满足一致性要求。

(4) 计算组合权重,选择投资方案。从组合权重的计算结果来看,三个方案的优劣顺序为 I_1、I_2、I_3,所以应以投资生产家电产品(I_1)为实施方案。

【练习题】

1. 什么是系统评价,其意义是什么?
2. 交通运输系统评价的内容是什么?
3. 说明用相关树法进行评价的基本过程。
4. 关联矩阵法评价值的计算方法有哪几种,各有什么特点?
5. 试分析不同评价方法的特点和适用对象。
6. 某方案评价问题的综合评价指标有 A、B、C、D 四项,各指标间的权重对比可表示为函数:

$$\alpha_{ij}=\begin{cases}1 & (指标 i 比指标 j 重要)\\0.5 & (指标 i 和指标 j 同样重要)\\0 & (指标 i 比指标 j 次要)\end{cases}$$

其评价打分见习题 9-6 表。试用相对比较法确定各指标的权重。

习题 9-6 表

评分组 \ 指标	A	B	C	D
A		1	1	0.5
B	0		1	1
C	0	0		1
D	0.5	0	0	

7. 某交通工程有两个实施方案可供选择,分别为方案1和方案2,其评价指标包括社会效益、经济效益、交通效益和环境评价四个方面,经过专家评分,得到两个方案的模糊评判矩阵如下:

$$R_1 = \begin{bmatrix} 0.7 & 0.2 & 0.1 & 0 \\ 0.2 & 0.7 & 0.1 & 0 \\ 0 & 0.2 & 0.7 & 0.1 \\ 0.1 & 0.3 & 0.5 & 0.1 \end{bmatrix} \quad R_2 = \begin{bmatrix} 0.1 & 0.3 & 0.5 & 0.1 \\ 0.2 & 0.7 & 0.1 & 0 \\ 0.2 & 0.2 & 0.7 & 0.1 \\ 0.1 & 0.2 & 0.7 & 0.1 \end{bmatrix}$$

试用模糊综合评判法评价上述两个方案,并做出选择。

8. 某客运企业经营3条长途客运线路,连续5年的营业收入如习题9-8表所示,用关联度分析法分析该企业的营业收入与3条线路的关联度。

习题9-8表
某客运企业营业收入(单位:万元)

年份	线路1	线路2	线路3
2010	235.5	325.0	628.7
2011	256.2	338.1	650.4
2012	261.4	350.2	712.6
2013	280.5	400.8	730.4

第十章 可靠性理论

第一节 可靠性理论基本概念

一、可靠性定义

把可靠性问题作为专门问题来研究,是在第二次世界大战期间开始的。当时,交战双方调集了大量的兵力和武器参战,出现了雷达、导弹等较为复杂的新武器,而这些武器的心脏——电子设备屡出故障,丧失了应有的战斗力。这些沉重的教训引起有关国家的政府、军界、企业界和学术界的高度重视,于是各国纷纷成立可靠性研究小组。这就是可靠性研究的开始。1957年美国国防部电子元器件可靠性顾问团 AGREE 提出了一个研究报告,基本上确定了可靠性工程的研究方向。他们的许多思想和结论至今仍有指导作用。20世纪60年代初开始进行维修性设计和评价的研究,到20世纪60年代末,已从狭义的可靠性发展到广义的可靠性(包括狭义可靠性、维修性和有效性)的研究。至今,可靠性工程已成为多学科的边缘学科,已从航空、宇航工业,普及到民用工业。近些年在交通运输领域也得到应用,如道路系统的交通运行可靠性、通行能力可靠性等。

衡量产品的质量指标有很多种,如一台电视机的质量指标就有很多:图像清晰程度、音质是否优美、选择性的好坏、灵敏度的高低等,这些质量指标都从各个侧面反映电视机的质量,我们称之为性能指标。除此以外,产品还有另一类质量指标——可靠性指标。以电视机为例,出厂时电视机的各项性能指标经检验都符合标准,5000h 后,电视机是否仍保持出厂时各项性能指标呢？这是用户十分关心的问题。厂方为了说明自己的产品保持其性能指标的能力,就要通过实验,提出自己产品的可靠性指标,如平均寿命、可靠度、失效率等。这两类质量指标的差别主要体现在时间上,性能指标是不涉及时间因素的,而可靠性指标是与时间紧密相连的。它是时间性的质量,是经得起时间考验的质量,通常说某产品"经久耐用"就含有可靠性的意思。可靠性工程师的职责就在于设法提高产品的可靠性指标。

产品的性能指标是应该被充分重视的,但随着科学技术的发展,产品的可靠性也越来越被人们所重视,因为许多产品的使用价值是与其使用寿命的长短紧密相连的。有些产品（如通信设备、电子产品等）通常要求能长时间工作,假如这种产品经常出故障就失去了使用价值,这种产品生产越多,浪费就越大。一个低可靠性产品对工作的影响有时是很难估计的,一个电子元件的失效,会导致一个人造地球卫星的失效,一部通信设备在战时发生故障,会造成千万人伤亡,以致失去战机。随着科学技术的发展,许多产品已把可靠性提到质量问题的首位。

作为一门学科,"可靠性"是有其确切的含义的,是指产品在规定的条件下和规定的时间内,完成规定功能的能力。

对可靠性定义中的三个规定和一个能力,做如下解释：

（1）"规定的时间",这是可靠性定义中的核心。因为不谈时间就无可靠性可言,而规定时间的长短又随着产品对象不同和使用目的的不同而不同。譬如,火箭系统（成败型系统）是要求在几秒或几分钟内可靠；地下电缆、海底电缆系统则要求几十年内可靠；一般的电视机、通信设备则要求几千小时到几万小时内可靠。一般说来,产品的可靠性是随着产品使用时间的延长而逐渐降低的,所以,一定的可靠性是对一定时间而言的。

（2）"规定的条件",通常指的是使用条件、维护条件、环境条件和操作技术。这些条件对产品可靠性都会有直接的影响,在不同的条件下,同一产品的可靠性也不一样。譬如,实验室条件与现场使用条件就不一样,它们的可靠性有时可能相近,有时可能会相差几倍到几十倍,所以不在规定条件下谈论可靠性就失去比较产品质量的前提。

（3）"规定的功能",通常用产品的各种性能指标来刻画。通过实验,产品的各项规定的性能指标都已达到,则称该产品完成规定功能。把产品丧失规定功能的状态叫做产品发生"故障"或"失效",相应的各项性能指标就叫做"故障判据"或"失效判据"。在具体进行可靠性分析中,合理地、明确地给出"失效判据"是很重要的,否则可靠性问题就会争论不休。

（4）"能力",仅是定性地理解是不够的,必须对它有定量的刻画,以便说明产品可靠性的程度。这对提高产品可靠性、比较同类产品的可靠性都是重要的依据。由于产品在工作中发生故障带有偶然性,所以不能仅看一个产品的工作情况,而是应该在观察大量的同类产品之后,方能确定其可靠性的高低。因此,在可靠性定义中的"能力"就具有统计学的意义,譬如产品在规定的时间内和规定的条件下,失效数与产品总量之比越小,其可靠性就越高；或者产品在规定的条件下,平均无故障工作时间越长,其可靠性也就越高。由于所研究的产品相当广泛,有各种各样的,因此用来度量产品可靠性的"能力"也是多种多样的。这里的"能力"通常指的就是各种可靠性指标,常用的可靠性指标有"可靠度""平均寿命""失效率"等。这些可靠性指标构成了可靠性中的基本概念。

二、可靠性的数学描述

对于产品来说,我们总是希望它的质量可靠,使用寿命长,这里的产品可以指元件、系统。什么是产品的寿命?一件产品从开始使用起到它失效(不能完成规定功能)为止,所经历的"时间"就是它的寿命。这里所指的"时间"是个广义概念,比如轮胎的寿命用里程衡量,那么"时间"的单位就是公里;开关的寿命通常用开闭次数来衡量,那么"时间"单位就是次数;灯泡的寿命通常用小时来衡量,那么"时间"单位就是小时。

产品连续工作的时间可用一个非负随机变量 X 来描述,称之为产品的寿命变量,而产品的可靠性指标就是其寿命变量的一些数字特征。

定义 10-1-1 设产品的寿命变量为 X,其分布函数为 $F(t)$,那么称 $R(t) = 1 - F(t)$ 为该产品的可靠度函数。它表示截止到 t 时刻,产品还没有失效的概率。

定义 10-1-2 设产品的寿命变量为 X,若 X 的数学期望 $E(X)$ 存在,则称之为该产品的平均寿命,记为 $MTTF$。

平均寿命 $MTTF$:

$$MTTF = \int_0^\infty t \, dF(t) \tag{10-1-1}$$

式中:$F(t)$——寿命 X 的分布函数。

平均寿命也是衡量产品质量的一个常见指标。除了可靠度函数、平均寿命之外,另一个重要的概念就是失效率函数。

定义 10-1-3 设产品的寿命变量为 X,令

$$\lambda(t) = \lim_{\Delta t \to 0^+} \frac{1}{\Delta t} P\{X \leq t + \Delta t \mid X > t\} \tag{10-1-2}$$

称 $\lambda(t)$ 是该产品的失效率函数。

当 X 的密度 $f(t)$ 存在时,对于任意的 $t \geq 0$,有:

$$\lambda(t) = \lim_{\Delta t \to 0^+} \frac{1}{\Delta t} \frac{P\{t < X \leq t + \Delta t\}}{P\{X > t\}} = \lim_{\Delta t \to 0^+} \frac{1}{1 - F(t)} \frac{P(t + \Delta t) - F(t)}{\Delta t}$$

$$= \frac{f(t)}{R(t)} = -\frac{R'(t)}{R(t)}$$

性质 10-1-1 若 X 为连续型随机变量,其可靠性函数、失效率函数分别为 $R(t)$、$\lambda(t)$,那么有:

$$R(t) = e^{-\int_0^t \lambda(s) ds} \tag{10-1-3}$$

证明:由于

$$\lambda(t) = -\frac{R'(t)}{R(t)} = -\frac{d(\ln R(t))}{dt}$$

那么

$$\int_0^t d(\ln R(s)) = -\int_0^t \lambda(s) ds$$

$$d(\ln R(s)) \big|_0^t = -\int_0^t \lambda(s) ds$$

整理后得到 $R(t) = e^{-\int_0^t \lambda(s) ds}$,性质得证。

性质 10-1-2 若 X 为非负连续性随机变量,其可靠度函数为 $R(t)$,并且满足 $\lim\limits_{t\to+\infty} tR(t) = 0$,且 $E(X)$ 存在,那么有

$$E(X) = \int_0^{+\infty} R(t)\,\mathrm{d}t \tag{10-1-4}$$

证明:设 X 的密度函数为 $f(t)$,由于 $\dfrac{\mathrm{d}}{\mathrm{d}t}[tR(t)] = R(t) - tf(t)$,所以

$$\int_0^{+\infty} tf(t)\,\mathrm{d}t = \int_0^{+\infty} R(t)\,\mathrm{d}t - \int_0^{+\infty} \mathrm{d}[tR(t)]$$

$$= \int_0^{+\infty} R(t)\,\mathrm{d}t - [tR(t)]\big|_0^{+\infty} = \int_0^{+\infty} R(t)\,\mathrm{d}t$$

即 $E(X) = \int_0^{+\infty} R(t)\,\mathrm{d}t$,性质得证。

注意 $E(X) = \int_0^{+\infty} R(t)\,\mathrm{d}t$ 成立,必须满足性质 10-1-2 中的条件 $\lim\limits_{t\to+\infty} tR(t) = 0$。

例 10-1-1 假设产品的寿命服从指数分布,即密度函数为 $f(t) = \lambda \mathrm{e}^{-\lambda t}, t>0$,求失效率函数与平均寿命。

解: 由于 $R(t) = 1 - F(t) = \mathrm{e}^{-\lambda t}, t>0$,所以

$$\lambda(t) = \frac{f(t)}{R(t)} = \frac{\lambda \mathrm{e}^{-\lambda t}}{\mathrm{e}^{-\lambda t}} = \lambda, t>0$$

$$E(X) = \int_0^{+\infty} tf(t)\,\mathrm{d}t = \int_0^{+\infty} t\lambda \mathrm{e}^{-\lambda t}\,\mathrm{d}t = \frac{1}{\lambda}$$

可见,服从指数分布的变量,其失效率函数为一常数。

例 10-1-2 假设产品的寿命为 X,其失效率函数为常值,即 $\lambda(t) = \lambda$。求 X 的分布。

解: 由性质 10-1-1

$$R(t) = \mathrm{e}^{-\int_0^t \lambda(s)\,\mathrm{d}s} = \mathrm{e}^{-\lambda t}, t>0$$
$$F(t) = 1 - R(t) = 1 - \mathrm{e}^{-\lambda t}, t>0$$

这正是指数分布的分布函数。

例 10-1-3 设某原件的寿命 X 服从指数分布,它的平均寿命为 5000h,试求其失效率和使用 125h 的可靠度。

解: 根据题意,有 $E(x) = \dfrac{1}{5000}$,所以失效率为:

$$\lambda = \frac{1}{5000}$$

当 $t=125\mathrm{h}$ 时,$\lambda t = 0.025$,在 λt 较小时,有近似公式:
$$R(t) = \mathrm{e}^{-\lambda t} \approx 1 - \lambda t$$

所以

$$R(125) \approx 1 - 0.025 = 0.975$$

如以人的寿命为例,$\lambda(t)$ 大致分为三段。从出生到青年为第一阶段,这一段随着身体发育,抵抗疾病的能力逐渐增加,$\lambda(t)$ 是下降的;第二阶段为青壮年期,这一时期 $\lambda(t)$ 基本上可以看成是常数;第三阶段为老年期,这一时期人体的技能衰退,$\lambda(t)$ 是增函数。

不同的产品,$\lambda(t)$ 的特点是不一样的:

(1) 老化的产品，$\lambda(t)$ 是增函数。
(2) 产品早期，$\lambda(t)$ 可以近似看做是减函数。
(3) 当产品处于随机失效期，$\lambda(t)$ 等于常数。

绝大多数器件在使用过程中，失效率并不是恒定不变的。失效率的典型曲线形如"浴盆"，俗称"浴盆曲线"，如图 10-1-1 所示。图中，1 区为早期失效期，2 区为偶然失效期，3 区为耗损失效期。

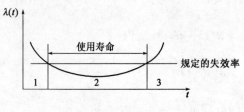

图 10-1-1　失效率曲线

(1) 早期失效期。

早期失效期的特点是失效发生在器件使用的初期，失效率较高，且随工作时间的增加而迅速下降。早期失效的原因大多是由于器件本身存在的缺陷所造成的。进行合理的筛选，尽可能在交付使用前，把早期失效的器件淘汰掉，可以使出厂器件的失效率达到或接近下述偶然失效期的水平，即达到或接近原设计水平。改进产品设计、加强材料和器件的质量控制，可以减少这一阶段的失效。

(2) 偶然失效期。

偶然失效期的特点是失效率低、稳定，近似为常数。这个阶段中，所发生的失效往往带有偶然性。偶然失效期是器件的良好使用阶段，产品的失效规律符合指数分布规律。

第二节　常用的分布形式

产品的寿命 X 是一个非负随机变量，不同的产品，其寿命分布也不一样，同一个产品不同的时期，它的寿命分布也不一样。寿命变量的分布多种多样，下面介绍一些常见的寿命分布。

一、指数分布

在可靠性理论中，指数分布是最基本、最常用的分布，定义如下。

定义 10-2-1　如果随机变量 X 的分布函数 $F(t)$ 为：

$$F(t) = \begin{cases} 0 & (t < 0) \\ 1 - e^{-\lambda t} & (t \geq 0) \end{cases} \tag{10-2-1}$$

那么称随机变量 X 服从参数为 λ 的指数分布。

性质 10-2-1　随机变量 X 服从参数为 λ 的指数分布，那么有

(1) 它的可靠度函数为：

$$R(t) = e^{-\lambda t}, t > 0$$

(2) 失效率函数为：

$$\lambda(t) = \lambda, t \geq 0$$

(3) 均值、方差分别为：

$$E(X) = \frac{1}{\lambda}, Var(X) = \frac{1}{\lambda^2}$$

(4) 指数分布具有"无记忆性"，即对任意两个正数 s 和 t，有：

$$P(X>s+t\mid X>t)=P(X>s)$$

二、韦布尔分布

定义 10-2-2 如果随机变量 X 的分布函数 $F(t)$ 为：

$$F(t)=1-e^{-\left(\frac{t-r}{\eta}\right)^m},t\geqslant r \tag{10-2-2}$$

则称随机变量 X 服从韦布尔分布，其中 $m>0,\eta>0$，分别叫形状参数和尺度参数。$r=0$ 时，称之为两参数韦布尔分布，记为 $W(m,\eta)$。

韦布尔分布是可靠性分布中最常见的一种分布，其分布函数是瑞典科学家韦布尔从材料强度的统计理论推导出来的一种分布函数。韦布尔分布中的三个参数有怎样的意义呢？我们仅对两个参数通过图像加以说明。

1）形状参数 m

形状参数乃是这三个参数中最重要的一个参数。为了说明其几何意义，将上述函数描绘出图形，分别得图 10-2-1a)、b)、c)。图中是在 $\eta=1,r=0$ 的情况下，m 不同时的韦布尔分布的可靠性函数曲线。从图可以看出，m 值的大小不同，曲线的形状不同，因此，m 值决定了韦布尔分布函数的曲线形状，故称为形状参数。

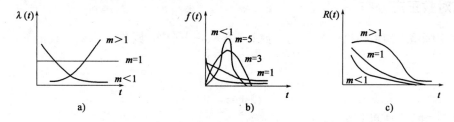

图 10-2-1 当 $\eta=1,r=0,m$ 不同时的韦布尔分布的可靠性函数曲线

2）尺度参数 η

图 10-2-2 表示了 $m=2,r=0$ 时，韦布尔分布的密度函数曲线。从图上可以看出，η 不同只影响曲线横轴尺度的放大或缩小，而并不影响曲线的基本形状。

性质 10-2-2 设随机变量 X 服从三参数韦布尔分布，那么有

（1）可靠度函数为：

$$R(t)=e^{-\left(\frac{t-r}{\eta}\right)^m},t\geqslant r$$

（2）失效率函数为：

$$\lambda(t)=\frac{m}{\eta}\left(\frac{t-r}{\eta}\right)^{m-1}$$

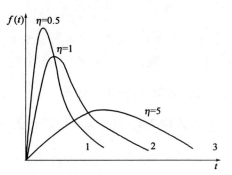

图 10-2-2 韦布尔分布的密度函数曲线

（3）对于两参数的韦布尔分布，其均值方差分别为：

$$E(X)=\eta\Gamma\left(\frac{1}{m}+1\right)$$

$$Var(X)=\eta^2\left[\Gamma\left(\frac{2}{m}+1\right)-\Gamma^2\left(\frac{1}{m}+1\right)\right]$$

(4) 设 $X \sim W(1,1)$, $T = \eta x^{1/m}$ ($\eta > 0, m > 0$), 则 $T \sim W(m,\eta)$。

(5) 设 $X_1, X_2, \cdots, X_n$ 独立同分布于 $W(m,\eta)$, 则 $X_{(1)} \sim W(m, \eta n^{-(1/m)})$。

证明:只证明(3),(4)。

证明(3):

$$E(X) = \int_0^{+\infty} t \frac{m}{\eta} \left(\frac{t}{\eta}\right)^{n-1} e^{-\left(\frac{t}{\eta}\right)^m} dt = \eta m \int_0^{+\infty} \left(\frac{t}{\eta}\right)^m e^{-\left(\frac{t}{\eta}\right)^m} d\frac{t}{\eta}$$

$$= \eta m \int_0^{+\infty} y^m e^{-y^m} dy = \eta \int_0^{+\infty} x^{(1/m)} e^{-x} dx = \eta \Gamma\left(\frac{1}{m} + 1\right)$$

类似可求得

$$Var(X) = \eta^2 \left[\Gamma\left(\frac{2}{m} + 1\right) - \Gamma^2\left(\frac{1}{m} + 1\right)\right]$$

证明(4):

对于任何 $t > 0$

$$P(T \leq t) = P(\eta X^{1/m} \leq t) = P\left(X \leq \left(\frac{t}{\eta}\right)^m\right) = 1 - e^{-\left(\frac{t}{\eta}\right)^m}$$

可见, $T \sim W(m, \eta)$。

三、对数正态分布

定义 10-2-3 如果随机变量 X 的对数 $\ln X$ 服从正态分布,则称 X 服从对数正态分布,它的密度为:

$$f(t) = \frac{1}{\sqrt{2\pi}\sigma t} e^{\frac{(\ln t - \mu)^2}{2\sigma^2}}, t > 0 \tag{10-2-3}$$

其中, μ 和 σ^2 是两个参数。

性质 10-2-3 设随机变量 X 的对数 $\ln X$ 服从正态分布 $N(\mu, \sigma^2)$, 那么有

(1) 均值和方差分别为:

$$E(X) = e^{\mu + \frac{1}{2}\sigma^2}, Var(X) = (e^{\sigma^2} - 1) e^{2\mu + \sigma^2}$$

(2) 对数正态分布的失效率函数 $\lambda(t)$ 非常复杂。可以证明存在一个 t_0, 使得 $\lambda(t)$ 在 $(0, t_0)$ 上是增函数, 在 $(t_0, +\infty)$ 上是减函数。

四、对数 Logistic 分布

定义 10-2-4 设 X 是一随机变量, 若 $\ln X$ 的分布函数为:

$$F(t) = \frac{1}{1 + e^{\frac{t-u}{\sigma}}} \tag{10-2-4}$$

则称 X 服从对数 Logistic 分布, 其中 $\mu \in R, \sigma > 0$ 为参数。

性质 10-2-4 X 服从参数为 μ, σ 的 Logistic 分布, 那么有

$$E(X) = \mu, Var(X) = \frac{1}{3}\sigma^2 \pi^2$$

五、广义 Γ 分布

定义 10-2-5 设随机变量 X 的密度函数 $f(t)$ 为:

$$f(t) = \frac{b}{\Gamma(k)} a^{-bk} t^{bk-1} e^{-\left(\frac{t}{a}\right)^b}, t \geq 0 (a>0, b>0, k>0) \tag{10-2-5}$$

则称 X 服从广义的 Γ 分布。

注意广义的 Γ 分布的范围很广。$b=1$ 时，就是通常的 Γ 分布；$k=1$，就是韦布尔分布；$k=b=1$ 时，就是指数分布。

性质 10-2-5 设 X 服从广义的 Γ 分布，那么有：

$$E(X^n) = a^n \Gamma\left(k + \frac{n}{b}\right) \frac{1}{\Gamma(k)}, \frac{n}{b} > -k \tag{10-2-6}$$

证明：

$$E(X^n) = \int_0^{+\infty} t^n f(t) \mathrm{d}t = \int_0^{+\infty} t^n \frac{b}{\Gamma(k)} a^{-bk} t^{bk-1} e^{-\left(\frac{t}{a}\right)^b} \mathrm{d}t = \int_0^{+\infty} t^n \frac{b}{\Gamma(k)} a^{-bk} t^{b\left(k+\frac{n}{b}\right)-1} e^{-\left(\frac{t}{a}\right)^b} \mathrm{d}t$$

$$= \frac{b}{\Gamma(k)} a^{-bk} \frac{\Gamma\left(k + \frac{n}{b}\right)}{b} \frac{1}{a^{-b\left(k+\frac{n}{b}\right)}} = a^n \Gamma\left(k + \frac{n}{b}\right) \frac{1}{\Gamma(k)}$$

性质得证。

六、卡方分布

定义 10-2-6 设随机变量 X 的密度函数 $f(t)$ 为：

$$f(t) = \frac{1}{2^{\frac{n}{2}} \Gamma\left(\frac{n}{2}\right)} t^{\frac{n}{2}-1} e^{-\frac{1}{2}t} \quad (t > 0) \tag{10-2-7}$$

则称 X 服从自由度为 n 的 χ^2 分布，记为 $X \sim \chi^2(n)$。

性质 10-2-6 设 X 服从自由度为 n 的 χ^2 分布，那么有：

$$E(X) = n, Var(X) = 2n \tag{10-2-8}$$

性质 10-2-7 设 $X \sim \chi^2(n), Y \sim \chi^2(m)$，且 X 与 Y 相互独立，那么有：

$$X + Y \sim \chi^2(n+m) \tag{10-2-9}$$

性质 10-2-8 若 $x_1, x_2, \cdots, x_n$ 独立同分布，且都服从参数为 λ 的指数分布，则有：

$$2\lambda \sum_{i=1}^{n} X_i \sim \chi^2(2n) \tag{10-2-10}$$

证明：易得到 $2\lambda X_i$ 服从参数为 2 的指数分布，即其密度函数为：

$$f(t) = \frac{1}{2} e^{-\frac{1}{2}t} = \frac{1}{2^{\frac{2}{2}} \Gamma\left(\frac{2}{2}\right)} t^{\frac{2}{2}-1} e^{-\frac{1}{2}t} \quad (t > 0)$$

这恰是 $\chi^2(2)$ 的密度。再由性质 10-2-7，便可得到性质 10-2-8。

第三节 常见系统可靠性分析

一、串联系统

串联系统是我们最熟悉的一种复杂系统，如图 10-3-1 所示。

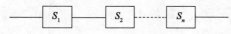

图 10-3-1 串联系统

该系统由 n 个部件串联而成,即任一部件失效就会引起系统失效。图 10-3-1 表示 n 个部件组成的串联系统,令第 i 个部件的寿命为 x_i,可靠度为 $R_i(t) = P\{X_i > t\}, i = 1, 2, \cdots, n$。假设 $x_1, x_2, \cdots, x_n$ 相独立。若初始时刻 $t = 0$,所有部件都是新的,且同时开始工作。

显然,上述串联系统的寿命为:

$$X = \min\{X_1, X_2, \cdots, X_n\} \tag{10-3-1}$$

系统的可靠度函数为:

$$R(t) = P\{\min\{X_1, X_2, \cdots, X_n\} > t\} = P\{X_1 > t, X_2 > t, \cdots, X_n > t\}$$

$$= \prod_{i=1}^{n} P\{X_i > t\} = \prod_{i=1}^{n} R_i(t)$$

当第 i 个部件的失效率为 $\lambda_i(t)$ 时,则系统的可靠度为:

$$R(t) = \prod_{i=1}^{n} \exp\left\{-\int_0^t \lambda_i(u) du\right\} = \exp\left\{-\int_0^t \sum_{i=1}^{n} \lambda_i(u) du\right\} \tag{10-3-2}$$

系统的失效率为:

$$\lambda(t) = -\frac{R'(t)}{R(t)} = \sum_{i=1}^{n} \lambda_i(t) \tag{10-3-3}$$

因此,一个由独立部件组成的串联系统的失效率是所有部件的失效率之和。对于串联系统,若有,则该系统的平均寿命可以表示为 $\lim_{t \to \infty} tR(t) = 0$,则该系统的平均寿命可以表示为:

$$MTTF = \int_0^{\infty} R(t) dt = \int_0^{\infty} \exp\left\{-\int_0^t \lambda(u) du\right\} dt \tag{10-3-4}$$

特殊情况,当第 i 个部件的寿命遵从参数 λ_i 的指数分布时,其可靠度为 $R_i(t) = e^{-\lambda_i t}, i = 1, 2, \cdots, n$,此时系统的可靠度和平均寿命为:

$$R(t) = \exp\left\{-\sum_{i=1}^{n} \lambda_i t\right\}, MTTF = \frac{1}{\sum_{i=1}^{n} \lambda_i} \tag{10-3-5}$$

进一步,当 $R_i(t) = e^{-\lambda t}, i = 1, 2, \cdots, n$,有:

$$R(t) = e^{-n\lambda t}, MTTF = \frac{1}{n\lambda} \tag{10-3-6}$$

二、并联系统

该系统由 n 个部件并联而成,即只当这 n 个部件都失效时系统才失效,如图 10-3-2 所示。对此并联系统,令第 i 个部件的寿命为 x_i,假定 $x_1, x_2, \cdots, x_n$ 相互独立,其可靠度记为 $R_i(t)$,$i = 1, 2, \cdots, n$。

若初始时刻 $t = 0$ 所有部件都是新的,且同时开始工作,则可知并联系统的寿命为:

$$X = \max\{X_1, X_2, \cdots, X_n\} \tag{10-3-7}$$

于是该系统的可靠度为:

$$R(t) = P\{\max\{X_1, X_2, \cdots, X_n\} > t\}$$

$$= 1 - P\{\max\{X_1, X_2, \cdots, X_n\} \leq t\}$$

$$= 1 - P\{X_1 \leq t, X_2 \leq t, \cdots, X_n \leq t\} = 1 - \prod_{i=1}^{n}[1 - R_i(t)]$$

$$\tag{10-3-8}$$

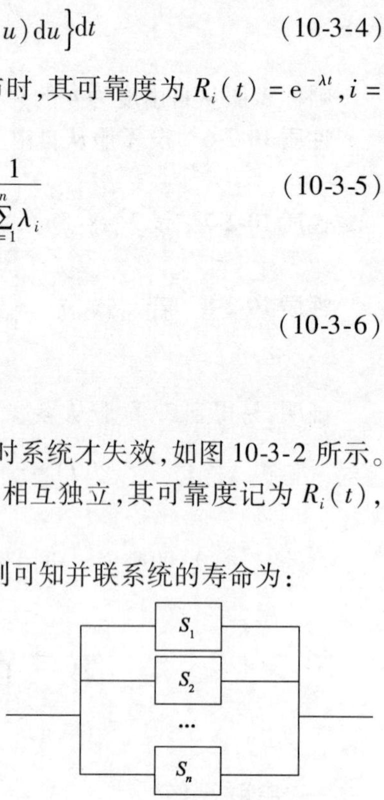

图 10-3-2 并联系统

特殊情况,当第 i 个部件的寿命遵从参数 λ_i 的指数分布时,其可靠度为 $R_i(t) = e^{-\lambda_i t}$,$i = 1,2,\cdots,n$,则:

$$R(t) = 1 - \prod_{i=1}^{n}\left[1 - e^{-\lambda_i t}\right] \tag{10-3-9}$$

上式可改写为:

$$R(t) = \sum_{i=1}^{n} e^{-\lambda_i t} - \sum_{1 \leq i < j \leq n} e^{-(\lambda_i + \lambda_j)t} + \cdots + (-1)^{i-1}\sum_{1 \leq j_1 < \cdots < j_i \leq n} e^{-(\lambda_{j_1} + \lambda_{j_2} + \cdots + \lambda_{j_i})t} + \cdots +$$
$$(-1)^{n-1} e^{-(\lambda_1 + \lambda_2 + \cdots + \lambda_n)t} \tag{10-3-10}$$

容易验证 $\lim_{t \to \infty} tR(t) = 0$,因而系统的平均寿命:

$$MTTE = \int_0^{\infty} R(t)\,dt = \sum_{i=1}^{n} \frac{1}{\lambda_i} - \sum_{1 \leq i < j \leq n} \frac{1}{\lambda_i + \lambda_j} + \cdots + (-1)^{n-1} \frac{1}{\lambda_1 + \lambda_2 + \cdots + \lambda_n} \tag{10-3-11}$$

进一步,若 $R_i(t) = e^{-\lambda t}$,$i = 1,2,\cdots,n$,则:

$$R(t) = 1 - (1 - e^{-\lambda t})^n,\quad MTTF = \sum_{i=1}^{n} \frac{1}{i\lambda} \tag{10-3-12}$$

因为

$$MTTF = \int_0^t \left[1 - (1 - e^{-\lambda t})^n\right] dt$$

令 $y = 1 - e^{-\lambda t}$,那么 $dt = \frac{1}{\lambda}\frac{1}{1-y}dy$,所以

$$MTTF = \frac{1}{\lambda}\int_0^t (1 - y^n)\frac{1}{1-y}dy = \frac{1}{\lambda}\int_0^t \sum_{i=0}^{n-1} y^i dy = \sum_{i=1}^{n} \frac{1}{i\lambda} \tag{10-3-13}$$

系统的失效率为:

$$\lambda(t) = \frac{n\lambda e^{-\lambda t}(1 - e^{-\lambda t})^{n-1}}{1 - (1 - e^{-\lambda t})^n} \tag{10-3-14}$$

三、表决系统

由 n 部件组成的系统,当 n 个部件中有 k 个或 k 个以上部件正常工作时,系统才正常工作 $(1 \leq k \leq n)$。即当失效的部件数大于或等于 $n - k + 1$ 时系统失效,这样的系统简记为 $k/n(G)$ 系统。假设 $X_1, X_2, \cdots, X_n$ 是这 n 个部件的寿命,且它们相互独立,若每个部件的可靠度均为 $R_0(t)$,若初始时刻所有部件都是新的,且同时开始工作,则系统的可靠度为:

$$R(t) = \sum_{j=k}^{n} \binom{n}{j} P\{X_{j+1},\cdots,X_n \leq t < X_1,\cdots,X_j\} = \sum_{j=k}^{n} \binom{n}{j} R_0^j(t)[1 - R_0(t)]^{n-j}$$
$$= \frac{n!}{(n-k)!(k-1)!}\int_0^{R_0(t)} x^{k-1}(1-x)^{n-k}dx \tag{10-3-15}$$

若部件寿命存在密度函数 $f_0(t)$,则系统的失效率为:

$$\lambda(t) = \frac{f_0(t)R_0^{k-1}(t)[1 - R_0(t)]^{n-k}}{\int_0^{R_0(t)} x^{k-1}(1-x)^{n-k}dx} \tag{10-3-16}$$

进一步,若每个部件的寿命都服从参数为 λ 的指数分布时,这时 $R_0(t) = e^{-\lambda t}$,则有:

$$R(t) = \sum_{i=k}^{n} \binom{n}{j} e^{-i\lambda t}(1 - e^{-\lambda t})^{n-1} \tag{10-3-17}$$

$$MTTF = \int_0^\infty \sum_{i=k}^{n} \binom{n}{j} e^{-i\lambda t}(1 - e^{-\lambda t})^{n-1} dt = \sum_{i=k}^{n} \frac{1}{\lambda}\binom{n}{i}\int_0^t (1-y)^{-i\lambda t} y^{n-i} dy$$

$$= \frac{1}{\lambda}\sum_{i=k}^{n} \binom{n}{i}\frac{\Gamma(i)\Gamma(n-i+1)}{\Gamma(n+1)} = \frac{1}{\lambda}\sum_{i=k}^{n} \frac{1}{i} \tag{10-3-18}$$

当部件的可靠度不相同时,可类似求得表决系统的各种可靠性指标。例如,一个 $2/3(G)$ 系统,部件中的可靠度为 $R_i(t), i=1,2,3$,则

$$R(t) = R_1(t)R_2(t)R_3(t) + R_1(t)R_2(t)[1 - R_3(t)] + R_1(t)[1 - R_2(t)]R_3(t) +$$
$$[1 - R_1(t)]R_2(t)R_3(t)$$
$$= R_1(t)R_2(t) + R_1(t)R_3(t) + R_2(t)R_3(t) - 2R_1(t)R_2(t)R_3(t) \tag{10-3-19}$$

表决系统的另一种形式是 $k/n(F)$ 系统,它表示 n 个部件组成的系统中,有 k 个或 k 个以上部件失效时,系统就失效。易见 $k/n(F)$ 系统等价于 $(n-k+1)/n(G)$ 系统。

表决系统有以下的特殊情形:
(1) $n/n(G)$ 系统或 $1/n(F)$ 系统等价于 n 个部件的串联系统。
(2) $1/n(F)$ 系统或 $n/n(F)$ 系统等价于 n 个部件的并联系统。
(3) $(n+1)/(n+2)(G)$ 系统和 $(n+1)/(n+2)(F)$ 系统属于多数表决系统。

四、串—并联系统

图 10-3-3 所表示的系统称为串—并联系统。若各部件的可靠度分别为 $R_{ij}(t), i=1, 2,\cdots,n, j=1,2,\cdots,m_i$,且所有部件的寿命相互独立,则根据串联系统和并联系统的公式,得:

$$R(t) = \prod_{i=1}^{n}\left\{1 - \prod_{j=1}^{m_i}[1 - R_{ij}(t)]\right\} \tag{10-3-20}$$

当所有 $R_{ij}(t) = R_0(t)$,所有 $m_i = m$ 时,有:

$$R(t) = \{1 - [1 - R_0(t)]^m\}^n \tag{10-3-21}$$

特别当 $R_0(t) = e^{-\lambda t}$ 时,有:

$$R(t) = [1 - (1 - e^{-\lambda t})^m]^n, MTTF = \frac{1}{\lambda}\sum_{j=1}^{n}(-1)^j\binom{n}{j}\sum_{k=1}^{m_j}(-1)^k\binom{m_j}{k}\frac{1}{k} \tag{10-3-22}$$

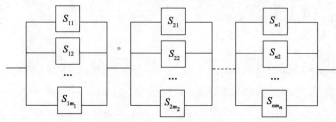

图 10-3-3 串—并联系统

五、并—串联系统

图 10-3-4 所表示的系统称为并—串联系统,各部件的可靠度分别为 $R_{ij}(t)$, $i=1,2,\cdots,n$, $j=1,2,\cdots,m_i$,且所有部件的寿命相互独立,则根据串联系统和并联系统的公式,得:

$$R(t) = 1 - \prod_{i=1}^{n}\left[1 - \prod_{j=1}^{m_i} R_{ij}(t)\right] \tag{10-3-23}$$

当所有 $R_{ij}(t) = R_0(t)$,所有 $m_i = m$ 时,有:

$$R(t) = 1 - [1 - R_0^m(t)]^n \tag{10-3-24}$$

特别当 $R_0(t) = e^{-\lambda t}$ 时,有:

$$R(t) = 1 - (1 - e^{-m\lambda t})^n, \quad MTTF = \frac{1}{m\lambda}\sum_{i=1}^{n}\frac{1}{i} \tag{10-3-25}$$

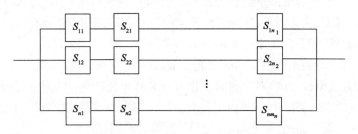

图 10-3-4 并—串联系统

六、桥式系统

由 5 个元件 $S_1, S_2, \cdots, S_5$ 组成的系统 S,如图 10-3-5 所示。这是一个典型的非串并联系统。当 S_5 工作时,系统变成 S_1、S_3 并联,与 S_2、S_4 的并联再串联;当 S_5 失效时,系统变成 S_1、S_2 串联,与 S_3、S_4 的串联再并联。

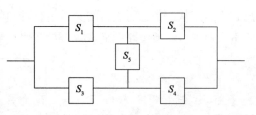

图 10-3-5 桥式系统

假设所有元件工作与否相互独立,可靠度函数分别是 $R_i(t)$, $i=1,2,3,4,5$,那么该系统 S 可靠度函数 $R(t)$ 为:

$$\begin{aligned}R(t) &= P\{S|S_5\}P\{S_5\} + P\{S|\overline{S_5}\}P\{\overline{S_5}\} \\ &= R_1(t)R_2(t) + R_3(t)R_4(t) + R_1(t)R_4(t)R_5(t) + R_2(t)R_3(t)R_5(t) - \\ &\quad R_1(t)R_2(t)R_3(t)R_4(t) - R_1(t)R_2(t)R_3(t)R_5(t) - R_1(t)R_2(t)R_4(t)R_5(t) - \\ &\quad R_1(t)R_3(t)R_4(t)R_5(t) - R_2(t)R_3(t)R_4(t)R_5(t) + 2R_1(t)R_2(t)R_3(t)R_4(t)R_5(t)\end{aligned} \tag{10-3-26}$$

第四节 交通系统可靠性分析

一、交通系统

交通是一个系统,由多个子系统构成,子系统之间相互联系、相互影响,形成了极其复杂的关系。当我们带着不同的问题去研究交通系统时,系统的范围、系统的结构、各子系统的关系都将不同。例如,当我们从交通工具的角度来研究交通系统时,就会把交通系统划分为轨道交通、汽车交通、自行车交通、步行交通等;当我们从出行者的角度来研究交通时,就有可能把交通系统划分为上班出行、上学出行、购物出行、娱乐出行等。凡此种种,不一而足。

交通系统非常的复杂,尤其是城市交通系统,我们很难用某种或某几种简单的方法表达或说明系统间的复杂关系。图10-4-1是城市交通系统各要素关系图,其中城市在其规划建设阶段就已经从总量上决定了交通需求和交通供给两大要素。在该阶段,规划者将根据城市的人口规模、经济水平和人们的社会活动特征等规划城市的用地规模、用地性质、用地强度和用地布局,这一方面决定了城市居民出行和货物流通的总量,另一方面也决定了城市的路网框架。因此,不同的土地利用特征对应着不同的交通需求特征。城市交通需求受多方面因素的影响。首先,它与城市路网结构有关。在一定的城市土地利用形态下,不同的路网结构(如棋盘状、放射状、放射与环路相结合)对应着不同的出行效率,表现在路网交通流状态下,即为不同的交通需求总量。其次,交通需求还与交通政策相关。在出行需求一定的情况下,不同的交通政策(如公交优先政策、限制私人小汽车政策等)将带来截然不同的交通需求。再次,交通结构(地铁、轻轨、公共汽车、自行车、小汽车等各种方式出行比例)对交通需求也有着非常重要的影响。研究表明,合理的交通结构会大大降低交通需求。实际上,交通需求、交通结构和交通政策之间相互作用,对城市交通状态产生着重要影响。城市路网、交通需求、交通结构综合作用便产生了城市交通流。交通流在交通组织、交通控制和交通诱导的支配和作用下,便构成了路网交通流状态。在这里,借助路网信息和交通流状态信息所进行的交通组织、控制、诱导,对交通流运行效率起着重要作用,进而影响城市交通需求。城市路网交通状态最终要影响甚至改变城市土地利用。

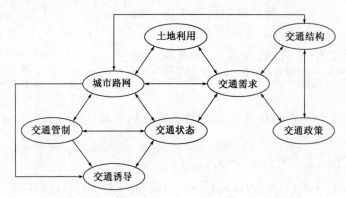

图10-4-1 影响城市交通的要素关系图

从上例足以看出交通系统极其复杂,甚至很多系统关系很难定量化表达。但交通系统并不是不可以被认识的,我们总可以通过各种手段不断地揭示和描述系统的运行规律,评价系统运行效果,确定改善系统方案,最终达到改善系统的目的。

二、可靠性分析方法

1.故障树分析法

故障树分析法(fault tree analysis),简称FTA法,它是一种从结果开始,自上而下逆向分析的逻辑分析方法。从故障的结果,即顶事件开始,FTA法把不希望发生的事件(失效事件)作为故障树的顶事件,并用规定的逻辑符号表示。通过分析故障的原因,逐步深入,直至找出故障的底事件,底事件也称基本事件。其特点是逻辑严密,表达直观,虽然它基本上是一种定性的、逻辑性的分析方法,但如果能给出基本事件的概率值,也能够做出定量的预估。FTA 一般的实施步骤如下:

(1)熟悉对象,合理选择顶事件。通常顶事件不宜太多,但要确切表达。

(2)故障树的建立与简化。通过对所收集资料的分析及与设计管理人员的沟通,构建故障树并做适当的简化。其特点是事件和逻辑关系都采用一定的符号来表示。

(3)定性分析。求取最小割集和最小路集。

最小割集的定义是:设故障树中有 n 个基本事件 $X_1, X_2, \cdots, X_n$, $C = \{X_{i1}, X_{i2}, \cdots, X_{in}\}$ 为部分基本事件的集合。C 中任意去掉一个事件,C 就不是故障树的割集,则 C 是故障树的一个最小割集。

(4)定量分析。计算顶事件的发生概率,评价各基本事件对顶事件的重要性,进行重要度分析和灵敏度分析。

2. 加权分配法

加权分配法考虑各子系统对于系统的重要程度,根据子系统发生故障后引起的整个系统故障的概率,来分配各子系统的可靠度。

定义
$$W_i = \frac{\text{由于第 } i \text{ 个子系统失效引起的系统故障次数}}{\text{第 } i \text{ 个子系统的总失效次数}} \quad (10\text{-}4\text{-}1)$$

为第 i 个子系统的加权因子,也称重要因子或重要度。

设系统由 n 个子系统串联组成,各子系统的可靠度都服从负指数分布。如第 i 个子系统 A_i 的可靠度为:

$$R_i = e^{-\lambda_i t_i}$$

第 i 个子系统的可靠度为:

$$\hat{R}_i = 1 - W_i(1 - R_i)$$

则整个系统的可靠度为:

$$R_s = \prod_{i=1}^{n} \hat{R}_i = \prod_{i=1}^{n} [1 - W_i(1 - R_i)] \approx \prod_{i=1}^{n} (1 - W_i F_i) \approx \prod_{i=1}^{n} e^{-W_i F_i} = \exp\left(-\sum_{i=1}^{n} W_i F_i\right) \quad (10\text{-}4\text{-}2)$$

如要求系统的可靠度指标为 R,则按等分配法分配到子系统的可靠度为:

$$R_i = (R)^{\frac{1}{n}}$$

考虑加权因子 W 时,求得:

$$\begin{cases} R_i = (R)^{\frac{1}{n}} = e^{-W_i F_i} \\ F_i = -\frac{i}{n} \frac{\ln R}{W_i} \end{cases} \quad (10\text{-}4\text{-}3)$$

如果子系统又是由 m_i 个单元组成,系统总单元数为:

$$N = \sum_{i=1}^{n} m_i$$

则有:

$$F_i = -\frac{m_i}{N} \frac{\ln R}{W_i} \quad (i = 1, 2, \cdots, n) \quad (10\text{-}4\text{-}4)$$

式中:m_i/N——系统的复杂因子。

【练习题】

1. 请给出可靠性理论的定义。
2. 请给出可靠性定义中三个规定和一个能力的解释。
3. 在可靠性理论中,常用的数学分布有哪些?
4. 请给出指数分布的定义。
5. 请给出对数正态分布的定义和性质。
6. 请简述交通系统的特性。
7. 交通系统的可靠性分析方法有哪些?
8. 请给出故障树分析法的定义和步骤。

参 考 文 献

[1] 吴和成. 系统可靠性评定方法研究[M]. 北京:科学出版社, 2006.
[2] 金星,洪延姬. 系统可靠性评定方法(精)[M]. 北京:国防工业出版社, 2005.
[3] 王琦. 实用模糊数学[M]. 2版. 北京:科学技术文献出版社, 1992.
[4] 张延欣, 吴涛. 系统工程学[M]. 北京:气象出版社, 1997.
[5] 张国志,杨光,巩英海. 复杂系统可靠性分析[M]. 哈尔滨:哈尔滨工业大学出版社, 2009.
[6] 马文·劳沙德,劳沙德,Rausand,等. 系统可靠性理论:模型、统计方法及应用[M]. 北京:国防工业出版社, 2010.
[7] 齐敏,李大健,郝重阳. 模式识别导论[M]. 北京:清华大学出版社, 2010.
[8] 万百五,韩崇昭,蔡远利. 控制论:概念、方法与应用[M]. 北京:清华大学出版社, 2009.
[9] 吴士力. 通俗模糊数学与程序设计[M]. 北京:中国水利水电出版社, 2008.
[10] Qing Ou. Fusing heterogeneous traffic data: parsimonious approaches using data-data consistency [D]. Technische Universiteit Delft, Delft, 2011.
[11] Dali Wei. Data-driven modeling and transportation data analytics [D]. Texas Tech University, Lubbock, 2014.
[12] 梁玉冰. 道路交通流运行状态可靠度动态评价方法研究[D]. 长春:吉林大学, 2009.
[13] 蒋忠海. 基于GO法的城市道路网络系统可靠度分析[D]. 武汉:华中科技大学, 2007.
[14] 李书涛. 城市轨道交通与常规公交换乘能力可靠性分析[D]. 北京:北京交通大学, 2008.
[15] 王殿海. 交通流理论[M]. 北京:人民交通出版社, 2002.
[16] 徐吉谦. 交通工程总论[M]. 北京:人民交通出版社, 1991.
[17] 许伦辉,罗强. 交通流理论习题解集[M]. 北京:人民交通出版社, 2010.
[18] 邵春福. 交通规划原理[M]. 北京:中国铁道出版社, 2004.
[19] 王炜,过秀成. 交通工程学[M]. 南京:东南大学出版社, 2011.
[20] 任福田,刘小明,荣建. 交通工程学[M]. 2版. 北京:人民交通出版社, 2008.
[21] 陆华普. 交通规划理论与方法[M]. 2版. 北京:清华大学出版社, 2006.
[22] 张生瑞. 交通流理论与方法[M]. 北京:中国铁道出版社, 2010.

人民交通出版社股份有限公司　公路教育出版中心
交通工程/交通运输类教材

一、专业核心课

1. ◆▲交通规划(第二版)(王　炜)………… 40元
2. ◆▲交通设计(杨晓光)………… 35元
3. ◆▲道路交通安全(裴玉龙)………… 36元
4. ▲交通系统分析(王殿海)………… 31元
5. ▲交通管理与控制(徐建闽)………… 26元
6. ▲交通经济学(邵春福)………… 25元
7. ◆交通工程总论(第四版)(徐吉谦)………… 42元
8. ◆▲交通工程学(第三版)(任福田)………… 40元
9. 交通工程学(第三版)(李作敏)………… 48元
10. ◆交通运输工程导论(第三版)(顾保南)………… 25元
11. 交通运输导论(黄晓明)………… 43元
12. 交通运输工程学(过秀成)………… 35元
13. Traffic Engineering 交通工程学(王武宏)………… 38元
14. Introduction to Traffic Engineering 交通工程总论
    (杨孝宽)………… 59元
15. ◆交通管理与控制(第五版)(吴　兵)………… 40元
16. 交通管理与控制(第二版)(罗　霞)………… 38元
17. Traffic Management and Control(罗　霞)………… 24元
18. 交通管理与控制案例集(罗　霞)………… 25元
19. ◆道路交通管理与控制(袁振洲)………… 40元
20. ▲道路交通设计(项乔君)………… 38元
21. 交通调查与分析(第二版)(王建军)………… 38元
22. ◆交通工程设计理论与方法(第二版)
    (梁国华)………… 36元
23. 交通工程设施设计(李峻利)………… 35元
24. ◆道路交通工程系统分析方法(第二版)
    (王　炜)………… 33元
25. 交通工程专业英语(裴玉龙)………… 29元
26. ◆智能运输系统概论(第三版)(杨兆升)………… 49元
27. 智能运输系统(ITS)概论(第二版)
    (黄　卫)………… 24元
28. 运输工程(第二版)(陈大伟)………… 39元
29. ◆运输经济学(第二版)(严作人)………… 44元
30. 运输组织(彭　勇)………… 40元

二、专业选修课

31. 微观交通仿真基础(张国强)………… 35元
32. ◆道路通行能力分析(第二版)(陈宽民)………… 28元
33. 道路运输统计(张志俊)………… 28元
34. ◆公路网规划(第二版)(裴玉龙)………… 30元
35. ◆城市客运交通系统(李旭宏)………… 32元
36. 综合交通枢纽规划理论与方法(何世伟)………… 46元
37. 交通项目评估与管理(第二版)(谢海红)………… 45元
38. 公路建设项目可行性研究(过秀成)………… 27元
39. 交通组织设计(张水潮)………… 30元
40. ◆交通运输设施与管理(第二版)
    (郭忠印)………… 38元
41. 交通预测与评估(王花兰)………… 45元
42. 道路交通安全管理法规概论及案例分析
    (裴玉龙)………… 29元
43. 交通工程基础方法论(臧晓冬)………… 38元
44. ◆交通与环境(陈　红)………… 30元
45. 道路交通环境影响评价(王晓宁)………… 25元
46. 交通地理信息系统(符锌砂)………… 31元
47. 高速公路通信技术(关　可)………… 36元
48. 交通供配电与照明技术(第二版)
    (杨　林)………… 36元
49. 信息技术在道路运输中的应用(王　炼)………… 42元
50. 运输市场管理(郭洪太)………… 38元
51. 交通类专业大学生职业发展与就业指导
    (白　华)………… 30元

了解教材信息及订购教材,可查询:"中国交通书城"(www.jtbook.com.cn)
天猫"人民交通出版社旗舰店"

注:◆教育部普通高等教育"十一五""十二五"国家级规划教材
　　▲交通工程教学指导分委员会推荐教材、"十三五"规划教材